Istifan Maroon

Burnout bei Sozialarbeitern

Istifan Maroon

Burnout bei Sozialarbeitern

Theorie und Interventionsperspektiven

Aus dem Englischen übersetzt von
Georgette Liedtke

Georg Olms Verlag
Hildesheim · Zürich · New York
2021

Die Deutsche Nationalbibliothek verzeichnet diese Publikation in der Deutschen Nationalbibliografie; detaillierte bibliografische Daten sind im Internet über *http://dnb.d-nb.de* abrufbar.

3. Auflage 2021
1. Auflage 2008, 2. Auflage 2017

www.olms.de

Printed in Germany
Umschlaggestaltung: Anna Braungart, Tübingen
ISBN 978-3-487-31217-0

Meinen lieben Eltern, Mary und Maroon Maroon

Inhalt

Kapitel 1
Einführung: Verbreitung und Komplexität von Burnout in der Sozialarbeit

Dieses Buch soll das Bewusstsein von Sozialarbeitern für die Ursachen des Burnout-Prozesses schärfen und sie dazu anleiten, vorhandene Unterstützungssysteme am Arbeitsplatz und im privaten Bereich angemessen zu nutzen.

Im Leben der meisten Menschen ist der Beruf ein zentrales Element. Er bestimmt ihren Lebensstil, ihren Lebensstandard, ihre sozialen Rahmenbedingungen und ihr Selbstbild. Gleichzeitig kann er die Hauptursache von Druck und Burnout sein und dadurch die physische und mentale Gesundheit beeinträchtigen (Kilfedder u. a., 2001; Mroczeck u. a., 2005; Raiger, 2005; Wright, 2005).

Burnout ist zu einem ernsten Problem des modernen Lebens geworden (Farber, 2000; Golembiewski u. a., 1998), mit schwerwiegenden Auswirkungen auf die berufstätige Person (Bruce u. a., 2005) und deren Arbeitsumfeld (Borritz u. a., 2006; Mroczeck u. a., 2005). Darüber hinaus hat Burnout eine wichtige soziale und wirtschaftliche Bedeutung (Freudenberger, 1974; 1980; Golembiewski u. a., 1998; Jackson, 1985; Leiter, 2005; Maroon und Matousek, 2005; Raiger, 2005; Wright, 2005).

Leiter und Maslach (2005) betonen, dass Burnout die größte Gefahr für die Arbeitswelt darstellt. Es breitet sich wie ein Virus in jede Nische aus, steigert Entfremdung und Zorn bei den Angestellten und sorgt für Konflikte am Arbeitsplatz (Halm u. a., 2005; Le Blanc u. a., 2007).

Die wissenschaftliche Beschäftigung mit Burnout ist relativ jung. Sie begann in den 1970er Jahren. Zu denjenigen, die sich früh unter verschiedenen Gesichtspunkten mit diesem Thema befasst haben, gehören Freudenberger (1974), der auch den Begriff geprägt hat, sowie Maslach und Jackson (1981) und Cherniss (1980). Sie und andere analysierten diesen Prozess bei Sozialarbeitern, Krankenschwestern, Lehrern und anderen Berufsgruppen, die in direktem Kontakt mit den Empfängern ihrer jeweiligen Dienstleistungen stehen. Die meisten Studien haben versucht, Antworten auf die Frage nach dem Wesen und den Anzeichen dieses Phänomens zu erhalten, wie es entsteht und wo es seinen Opfern auflauert. Was kann man tun, um es zu verhindern und wie soll man damit umgehen? Es war eine Zeit, in der die sozialen Systeme der westlichen Welt neu organisiert wurden, doch parallel zum wirtschaftlichen Druck wuchs unter jungen Menschen, die damals soziale Berufe ergriffen, auch das Pflichtbewusstsein.

Das akademische Interesse an diesem Thema nahm in den 1980er Jahren zu, so wie auch der Anteil älterer Menschen in den westlichen Gesellschaften anstieg. Gleichzeitig entwickelten sich staatlich geförderte Wohlfahrtssysteme weiter, da die Fürsorge für bedürftige Bevölkerungsgruppen immer mehr von privaten Einrichtungen und Institutionen wie den Kirchen auf staatliche Organe verlagert wurde. Dadurch wurden Sozialarbeiter stärker in die Verantwortung genommen, und der Druck auf sie intensivierte sich, denn sie mussten sich nun um eine größere Anzahl von Personen kümmern, deren Bedürftigkeit zudem ebenfalls gestiegen war.

Gravierende soziale und soziologische Prozesse in der westlichen Kultur wie Individualisierung, gesteigerter Wettbewerb, Leistungsdruck und soziale Entfremdung haben Sorgen und Burnout bei Menschen in sozialen Berufen gefördert. Einerseits haben sie zu einem stärkeren Bedürfnis nach Professionalität, Selbstverwirklichung und Zufriedenheit im Beruf geführt. Andererseits nahm bei Arbeitnehmern in helfenden Berufen die Frustration zu, hauptsächlich wegen der beschränkten Möglichkeiten sowohl zur Erfüllung ihrer eigenen Erwartungen als auch zur Befriedigung der Bedürfnisse ihrer Klienten und der Linderung von deren Nöten. Cherniss (1980) fügte diesen Motiven noch den Zerfall der Familie und der traditionellen Netzwerke hinzu, in deren Rahmen früher die Probleme vieler Bedürftiger gelöst werden konnten. Diese Menschen in Not mussten nun ebenfalls von den staatlichen Wohlfahrtsinstitutionen aufgefangen werden. All das führte zu verstärkten individuellen und familiären Problemen und zu einer höheren Belastung für diejenigen, die professionell Hilfe leisten sollten (Jenaro u. a., 2007; Ryan und Lane, 1997; Siebert und Siebert, 2007).

Die Literatur über Burnout in pflegenden und sozialen Berufen befasst sich mit enttäuschten Hoffnungen und der einst grenzenlosen Hingabe von jungen, energischen Menschen in sozialen Berufen, deren Ideale und Bereitschaft, anderen zu helfen, in Entfremdung und Gleichgültigkeit gegenüber den Schicksalen ihrer Klienten umgeschlagen sind (Etzion, 1988; Farber, 2000; Halm u. a., 2005; Leiter, 2005; Le Blanc u. a., 2007; Lessen u. a., 2005; Maslach, 1981; Ryan und Lane, 1997).

Was ist Burnout und wer „brennt aus"?

Burnout ist ein psychologischer und sozialer Begriff, ein Phänomen, das vorwiegend bei Angehörigen helfender Berufszweige (Rupert und Kent,

2007) auftritt. Zu dieser Gruppe gehören Sozialarbeiter*, Psychologen, Beschäftigte in Erziehung, Bildung oder Medizin und Psychiatrie sowie Pflegepersonal in Heimen und sozialen Einrichtungen (Bakker und Heuven, 2006; Fitzpatrick, 2007; Guyett, 2007; Templeton und Satcher, 2007). Die Eingrenzung der Definition auf Berufsgruppen, die sich um bedürftige Menschen kümmern, liegt in dem starken Druck begründet, von dem die tägliche Arbeit in diesen Bereichen gekennzeichnet ist (Cherniss, 1990; Freudenberger, 1974; Jackson und Maslach, 1982; Leiter und Maslach, 2005; Miller u. a., 1989; 1995; Mroczeck u. a., 2005; Murray, 2004; Ray und Miller, 1995; Wright, 2005).

Einige Aspekte der Arbeit in den helfenden Berufen machen diejenigen, die diese Berufe ausüben, verwundbarer als Angehörige anderer Professionen (Templeton und Satcher, 2007; Turton, 2007). Sie setzen sich in ihrem Berufsalltag intensiver mit Menschen auseinander (Skirow und Hatton, 2007; Strom und Mowbray, 2006) und tragen dadurch über einen langen Zeitraum eine schwere mentale Last. Das Engagement für den Klienten führt zu einem einseitigen Energiefluss – ausgehend vom Helfer –, der zu Erschöpfung und starkem Absinken der Selbstachtung führen kann (Casey, 1998; Edelwich und Brodsky, 1980; Fitzpatrick, 2007; Golembiewski u. a., 1998; Halbesleben und Bowler, 2007; Le Blanc u. a., 2007; Maslach, 1982; Miller u. a., 1995; Mroczeck u. a., 2005; Pines und Aronson, 1988; Schaufeli u. a., 1993; Strom und Mowbray, 2006; Templeton und Satcher, 2007).

Zuerst wurde der Begriff Burnout lediglich im Zusammenhang mit solchen Arbeitsplätzen gebraucht, wo Menschen in akuten Krisensituationen intensiv betreut wurden und ihre Zahl in Relation zu den Betreuern sehr hoch war. Hier war Burnout leicht zu erkennen: Psychiater begingen Selbstmord, und Ärzte litten unter Kopfschmerzen, Verdauungsstörungen, sie rauchten mehr, hatten familiäre Probleme und entwickelten weitere Anzeichen von emotionalem Druck, mit dem sie nur schwer umgehen konnten (Edelwich, 1980). Die wichtigsten Fragen ergaben sich aus den persönlichen Erfahrungen von Helfern, die nach einer relativ kurzen Periode intensiver Bindung zu ihren Patienten eine emotionale Ermüdung erreichten, das Interesse an ihrer Arbeit verloren und Unzufriedenheit mit der Beziehung zu ihren Patienten empfanden.

* Die in diesem Buch verwendeten männlichen Berufsbezeichnungen beziehen sich immer auch auf weibliche Personen.

Verzweiflung, Belastungen und Burnout kommen in der Sozialarbeit, im Vergleich zu anderen helfenden Berufen, besonders häufig vor. Darüber hinaus gibt es unter Sozialarbeitern unterschiedliche Abstufungen von Burnout, die offensichtlich von den Aufgabengebieten des einzelnen Helfers abhängen beziehungsweise davon, mit welcher Art von Klientel er arbeitet (Arches, 1991; Jenaro-Rio u. a., 2007; Maroon und Matousek, 2005; Mroczeck u. a., 2005; Pines, 1993; Poulin und Walter, 1993; Wright, 2005).

Es wird angenommen, dass Sozialarbeiter einem stärkeren Risiko unterliegen, Burnout zu entwickeln (Babock, 2003; Collins, 2005; Maroon, 1997; Maroon und Matousek, 2005; Pines und Kafri, 1981; Soderfeldt und Soderfeldt, 1995; Sze und Ivker, 1986).

Golembiewski u. a. haben 1998 die Ausmaße von Burnout im öffentlichen Dienst in den Vereinigten Staaten, Kanada sowie in anderen Ländern untersucht. Ihre Datenerhebung ergab, dass 44 Prozent, manchmal sogar bis zu 60 Prozent der Angestellten stark unter Burnout litten. Nach den Studien von Jenaro-Rio (2007) sind in Europa über 30 Prozent der Angestellten in diesem Bereich von Burnout betroffen (Paoli und Merllie, 2001).

Jedes Jahr beginnen Absolventen des Faches Sozialarbeit ihre Karriere in diesem Berufsfeld, die meisten von ihnen sind enthusiastisch, engagiert und hoch motiviert (Conrad und Keller-Guenther, 2006), sie widmen ihr Berufsleben dem Ideal, anderen Menschen zu helfen. Gleichwohl sind viele von ihnen bereits kurz vor Ablauf der ersten zwei Berufsjahre frustriert und leiden unter starkem Druck (Cherniss, 1995; Maroon, 1997; Ryan und Lane, 1997). Die meisten finden in ihrem Arbeitsumfeld weder persönliche noch professionelle Hilfe und fühlen sich schon bald „ausgebrannt". Folglich wendet sich eine große Zahl von ihnen für immer von der Sozialarbeit ab. Viele hatten die Sozialarbeit ohnehin mit größtenteils unrealistischen Vorstellungen aufgenommen (Cohen und Cohen, 1998; Ryan und Lane, 1997; Wiesel, 2003) – dies war der Hauptgrund für ihre Probleme (Cherniss, 1995; Faber, 2000; Leiter, 2005; Maroon, 1997; Miller u. a., 1989; 1995; Ray und Miller, 1991).

Die wichtigste Ursache für Burnout liegt darin, dass Sozialarbeiter den Wunsch haben, das Leben ihrer Klienten maßgeblich zu verändern sowie die Sozialpolitik zu beeinflussen. Sie erwarten, dass sie mentale und spirituelle Befriedigung aus ihrem Beitrag zum Wohlergehen der Schwachen ziehen können (Borritz u. a., Cohen und Cohen, 1998; Wiesel, 2003).

Der junge Sozialarbeiter hat sich für dieses Studienfach entschieden, viele Jahre darin investiert und anschließend mit viel Energie seine erste Arbeitsstelle angetreten. Doch die Schwierigkeiten, denen er sich gegenübersieht, der alltägliche Druck, den er zu bewältigen hat, die Kämpfe mit dem schwerfälligen bürokratischen System, die er ausfechten muss, und seine Bemühungen, die von niemandem wahrgenommen oder honoriert werden – all dies untergräbt Schritt für Schritt seine ursprüngliche Einstellung. Er hört auf, Neues anzustoßen und verliert das Interesse an der eigenen Arbeit. Mit der Zeit entwickelt er eine Abneigung gegen seine Kollegen und fängt an, feindselig auf diejenigen zu reagieren, die seine Hilfe benötigen. Der Enthusiasmus und die Initiative, die anfangs seine Arbeit geprägt hatten, weichen immer mehr der Verachtung und der Gleichgültigkeit. Depressive Stimmungen häufen sich, während sich das physische Wohlbefinden verschlechtert, der Körper ermüdet und der Geist ermattet. Er neigt dazu, mehr zu rauchen, zu viel zu trinken und zu essen. Familiäre Beziehungen verschlechtern sich, und es mögen sich sogar Selbstmordgedanken einschleichen. Hoffnungslosigkeit und Verzweiflung überwiegen, denn der Betroffene sieht keinen Ausweg mehr (Conrad und Keller-Guenther, 2006).

Während sich in der Forschungsliteratur keine allgemeingültige, umfassende Definition von Burnout bei Sozialarbeitern finden lässt, besteht Konsens darüber, dass dieses Phänomen seine Spuren im Leben und im Verhalten des Sozialarbeiters hinterlässt, sein Arbeitsumfeld und schließlich auch die Zielsetzung seiner Arbeit beeinflusst (Adali und Priami, 2002; Borritz u. a., 2006; Guyett, 2007; Halbesleben und Buckley, 2004; Mroczeck u. a., 2005; Wright, 2005).

Für die Institutionen, die Sozialarbeiter beschäftigen, bedeutet dies, dass die Effektivität der Arbeit verringert wird, dass Sozialarbeiter die Hoffnung für sich selbst und ihre Klienten verlieren und dadurch den Institutionen sowie den Hilfesuchenden Schaden zufügen (Farber, 1983; Freudenberger, 1974; Kahn, 1979; Maslach, 1982).

Burnout in den helfenden Berufen im Allgemeinen und besonders in der Sozialarbeit hat viele soziale und ökonomische Auswirkungen (Adali und Priami, 2002; Halbesleben und Buckley, 2004; Kilfedder u. a., 2001; Mroczeck u. a., 2005; Shirom, 2003). Krankheitsbedingte Ausfälle sind weit verbreitet, und viele Betroffene geben die Sozialarbeit schließlich ganz auf oder gehen vorzeitig in den Ruhestand (Claxton u. a., 1998; Woodward u. a., 1999). Leiter und Maslach (2005) haben beispielsweise herausgefunden, dass die amerikanische Wirtschaft durch die verringerte Arbeitsleistung und die vielen Krankheitstage der Betroffenen jährlich 300 Milliarden Dollar verliert. Ihre Studie ergab, dass der Schaden für die allgemeine Gesundheit durch Burnout so groß ist wie durch Rauchen und Übergewicht zusammen.

Burnout ist eine sehr schmerzhafte Erfahrung, dennoch: rechzeitig erkannt, kann das Syndrom verhindert oder zumindest der Schaden in Grenzen gehalten werden. Diese Erfahrung kann für den Betroffenen der erste Schritt zur stärkeren Selbstwahrnehmung werden, zu bedeutenden Veränderungen in seinem Leben und zur Stärkung seiner Persönlichkeit.

Zum Inhalt

In Kapitel 2 werden die theoretischen Aspekte von Burnout vorgestellt und mehrdimensionale Faktoren und Prozesse behandelt sowie eine vergleichende Diskussion darüber geführt, wie sich dieses Phänomen auf die unterschiedlichen helfenden Berufe auswirkt.

Kapitel 3 setzt sich mit den verschiedenen Instrumenten zur Diagnose und Behandlung von Burnout auseinander.

In Kapitel 4 liegt das Augenmerk auf dem Umgang mit dem Syndrom und auf seiner Behandlung. Zunächst steht das Burnout beim einzelnen Sozialarbeiter im Mittelpunkt. Im Folgenden werden dann verschiedene Interventions- und Unterstützungssysteme am Arbeitsplatz und im privaten Umfeld untersucht sowie die Möglichkeiten und die Bedeutung sozialer Netzwerke bei der Bekämpfung des Syndroms erörtert.

Kapitel 2
Was ist Burnout? Definition, Ursachen, Verlauf

Die Erforschung des Burnout-Syndroms ist eine wichtige Aufgabe für Sozialarbeit, Sozialpsychologie, Anthropologie, Medizin und die Kommunikationswissenschaften. Man hofft, Muster und Verbindungen im privaten und beruflichen Beziehungsgeflecht zu finden, die Menschen in den helfenden Berufen beeinflussen.

Die vielen Studien, die in den letzten Jahren über Burnout durchgeführt wurden, spiegeln die unterschiedlichen Sichtweisen auf dieses Phänomen und seine mannigfaltigen Elemente wider. Die Forschungsübersicht enthüllt ein komplexes und vielschichtiges Bild, dem es allerdings in den Beschreibungen, Definitionen und Einzelheiten an Klarheit mangelt (Leiter und Maslach, 2003; dies., 2005; Miller u. a., 1989; dies., 1995).

2.1 Forschungsbericht und Definitionen von Burnout

Es gibt zwei Hauptansätze in der Burnout-Forschung. Die Klinische Psychologie (Freudenberger, 1974) betrachtet das Phänomen vor dem Hintergrund von persönlichen Faktoren im Leben des Einzelnen; Burnout ist aus diesem Blickwinkel eine innere psychische Reaktion. Für die Sozialpsychologie, hauptsächlich von Maslach (1982) vertreten, geht Burnout auf äußere Einflüsse zurück, nämlich auf die Arbeit und das Berufsumfeld.

Der Ansatz der Klinischen Psychologie

Es war der Psychoanalytiker Freudenberger (1974), der den Begriff Burnout in die wissenschaftliche Diskussion eingeführt hat. Der Begriff entstand während seiner Arbeit in Rehabilitationszentren für Drogenabhängige und beschrieb die emotionale, physische und intellektuelle Erschöpfung der Helfer, verursacht durch ständige mentale Belastung. Diese Erschöpfung manifestiert sich als chronische Müdigkeit, Krankheitsanfälligkeit, Mangel an Zufriedenheit und als Gefühl des Versagens, Hilf- und Hoffnungslosigkeit sowie als eine zunehmend negative Einstellung der Arbeit und dem Leben im Allgemeinen gegenüber. Diese Symptome treten in beruflichen Situationen auf, in denen der Helfer viel von sich selbst preisgeben und fortwährend Aufmerksamkeit für die Probleme anderer Menschen aufbringen muss – ohne dass ihm selbst dafür Respekt, Ermutigung oder Unterstützung zuteil werden.

Zunächst vermutete Freudenberger, dass Burnout nur bei denjenigen vorkommt, die in vorderster Front Hilfe leisten, denn auf diese richtete er sein Augenmerk: Helfer im klinischen Bereich, die sich mit besonders schwierigen Patienten auseinander setzen mussten – Familien in schweren Krisen, Alkoholikern, Drogenabhängigen. Doch später, als Burnout angesichts neuer Erkenntnisse und Erfahrungswerte neu definiert wurde, weitete sich der Begriff aus und wurde auf alle helfenden Berufe angewandt. Freudenberger stellte fest, dass sich das Burnout-Syndrom entwickelte, wenn die Erwartungshaltung des Helfers im scharfen Gegensatz zur Realität stand: Eine Person, die sich selbst bei der Arbeit so hohe Maßstäbe setzt, ist in der Regel ein sehr engagierter und hingebungsvoller Idealist.
Laut Freudenberger manifestiert sich Burnout in allen Bereichen: in der Beziehung zum Klienten und dem Arbeitgeber, aber auch außerhalb der Berufswelt, indem es Haltung, Gefühle und Persönlichkeit des Betroffenen verändert.

In Folge der Beobachtungen, die man bei stark unter Burnout leidenden Helfern machte, wurden zwei unterschiedliche Typen identifiziert, die besonders empfänglich für das Syndrom sind. Zur ersten Kategorie gehören diejenigen, die unter einem Minderwertigkeitskomplex gegenüber Freunden und Familie leiden. Diese Menschen haben in ihrem Leben emotionale Deprivation erfahren, sie wuchsen mit einem unnahbaren, autoritären Vater auf, der seinen Kindern gegenüber seine Gefühle nicht auszudrücken vermochte. Sie empfanden ihre Mütter als streng, kalt, autoritär sowie aktiv und karrierebewusst. In den Untersuchungen wurden diese Helfer als empfindsam und passiv eingeschätzt, sie hatten ein geringes Maß an Ehrgeiz: Das Wichtigste für sie war, geliebt zu werden. In die zweite Kategorie fallen die Kinder von ehrgeizigen, fordernden und aktiven Vätern, die als Vorbilder empfunden wurden, sowie von hilfsbereiten, behütenden Müttern, die ihre Liebe offen zeigten. Menschen, die dieser zweiten Kategorie zugeordnet werden, betrachten sich selbst als gesellig, talentiert und ehrgeizig.

All diese Menschen haben das starke Gefühl, „alleine" zu sein. Sowohl in der Kindheit als auch in der Pubertät hatten sie Schwierigkeiten, sich auszudrücken und sich zu behaupten. Persönliche Erfahrungen haben viele von ihnen für Enttäuschungen sensibilisiert, und da sie sich alleine fühlen, neigen sie dazu, sich voll und ganz mit ihrer Arbeit zu identifizieren und Selbstverwirklichung in ihrem Beruf zu suchen.

Diese Personen sind leistungs- und wettbewerbsorientiert, ihre Einstellung ist von hohem Arbeitsethos gekennzeichnet, und sie zeigen die Bereitschaft, große Anstrengungen auf sich zu nehmen, um ihre Ziele zu erreichen. Sie haben das Bedürfnis, aus der Menge herauszuragen und geschätzt zu werden. Den Arbeitsmarkt betreten sie mit naiven Idealen. Da sie Akzeptanz suchen, finden sie es unmöglich, nein zu sagen, und ihr Urteil wird zunehmend subjektiv. Erschöpfung sowie das Gefühl der Isolation halten sie davon ab, andere Menschen um Hilfe zu ersuchen – sie verlassen sich ausschließlich auf sich selbst.

Die Symptome von Burnout zeigen sich auf der Verhaltensebene sowie in emotionalen und kognitiven Bereichen und können auch somatisch werden. Freudenberger (1982) beschäftigt sich auch mit der Relation zwischen den Helfern mit gefährdeten Persönlichkeiten und den Charakteristika der Organisationen, die sie beschäftigen. Hier kommt dem Zusammenspiel von mehreren Komponenten eine wichtige Rolle zu: Das Bedürfnis, Leistung zu bringen und wettbewerbsfähig zu bleiben, sowie die hohe Anzahl von Klienten mit vielfältigen Problemen schaffen ein Umfeld, das zu Burnout führen kann.

Freudenbergers Ansatz zur Behandlung von Burnout legt den Schwerpunkt auf die Bedeutung der individuellen Persönlichkeit. Wie tief und wie lang die Behandlung zu sein hat, richtet sich nach der Schwere der Symptome, nach der Persönlichkeit des Einzelnen und nach dessen Leistungsfähigkeit vor dem Ausbrechen der Krankheit. Die Behandlung zielt sowohl darauf ab, die Identität des Betroffenen wiederherzustellen, als auch darauf, ihn zu befähigen, die Kontrolle über sein Leben wiederzugewinnen.

Der sozialpsychologische Ansatz

Dieser Ansatz wurde von einer Gruppe von Forschern entwickelt, deren Untersuchungsgegenstand vorwiegend die helfenden Berufe waren. Burnout wurde in drei Teilbereichen analysiert: Stresspsychologie – hier geht es um die allgemeinen Ursachen von umweltbedingtem Stress und den Umgang damit –, die komplementären Bereiche Druck und Zufriedenheit in der Arbeitswelt sowie Burnout innerhalb der helfenden Berufe (Leiter und Maslach, 2005; Maslach, 1982; Pines u. a., 1981).

Hier liegt der Forschungsschwerpunkt auf Burnout als einer besonderen Art von Stress, der aus dem sozialen Verhältnis zwischen Dienstleistungsanbieter und Dienstleistungsempfänger resultiert. Die Anhänger dieser Schule betrachten Burnout nicht als ein Phänomen, das aus der speziellen individuellen Konstitution hervorgeht, sondern von den besonderen Gegebenheiten der Umwelt und dem Druck der beruflichen Pflichten verursacht wird.

Es ist offensichtlich, dass viele Menschen in den helfenden Berufen mit dem herausragenden Merkmal ihrer Branche zurechtkommen müssen: Sie haben täglich mit den physischen, emotionalen und sozialen Problemen ihrer Klienten zu tun, die von Gefühlen wie Wut, Angst und Verzweiflung sowie von körperlichen Beschwerden begleitet werden. Es ist nicht immer möglich, diese Probleme zu lösen (Maslach und Jackson, 1981). Dieser Druck zermürbt den Helfer mit der Zeit, beeinträchtigt seinen Alltag, und in einigen extremen Fällen bricht er sogar vollständig seine Tatkraft.

Maslach (1982) zieht die Schlussfolgerung, dass der ständige enge Kontakt mit Menschen, vor allem wenn er intensive emotionale Beteiligung verlangt, einen starken Druck im Helfer aufbaut und zu Burnout führt. Maslachs Definition der „Berufe, die mit einer starken emotionalen Bürde verbunden sind“, lässt sich auf viele helfende Berufe anwenden, wobei jeder einzelne seine spezifische Bürde mit sich bringt. Gemeinsam ist all diesen, dass es den Helfern unmöglich ist, über einen längeren Zeitraum unter Druck zu arbeiten und Mitgefühl für andere Menschen aufzubringen. Unter solchen Umständen ist Burnout unvermeidbar.

Spätere Ansätze

Es gibt neuere Entwicklungen in der Forschung über Burnout, die über die beiden geschilderten Hauptansätze hinausgehen. Eine dieser Richtungen betrachtet Burnout als ein Problem von Diskrepanz, das heißt der Kluft zwischen der Wahrnehmung des Individuums und der Realität des Arbeitsalltags.

Eine andere Theorie beschäftigt sich mit der Erhaltung der Ressourcen (Hobfoll und Freedy, 1993; Lazarus, 1991; Monat und Halbesleben, 2007) und besagt, dass Stress entsteht, wenn eine der folgenden drei Bedingungen vorliegt: wenn Menschen ihre Ressourcen bedroht sehen, wenn Ressourcen dahinschwinden – beispielsweise bei Arbeitslosigkeit – und wenn die Ressourcen unzureichend für die Aufgabe sind oder nicht die erwarteten Ergebnisse zeitigen.

Personen, deren Arbeit angemessen vergütet wird und die ein hohes Maß an Professionalität an den Tag legen, verfügen über mehr persönliche Ressourcen, ihnen gelingt es besser, dem Druck Stand zu halten, so dass die Gefahr von Burnout vermieden oder verringert wird (Hobfoll und Freedy, 1993; Janssen u. a., 1999; Lee und Ashforth, 1996).

Gemäß dieser Theorie sind die Erfordernisse der Arbeit zu einer schweren Belastung für die Ressourcen der Arbeitnehmer geworden, es wird eine

Spannung aufgebaut, die schließlich zu emotionaler und physischer Erschöpfung führt. Da die Rollenerwartungen in der Regel dazu tendieren, Ressourcen aufzubrauchen, müssen diese kultiviert und gegen zukünftigen Raubbau geschützt werden, unter anderem durch physische und emotionale Unterstützung durch Vorgesetzte, Kollegen oder Supervisoren am Arbeitsplatz beziehungsweise in entsprechenden Trainingseinheiten.

Bei einer anderen zentralen Theorie, die auch auf das Burnout-Syndrom angewendet wird, geht es um die Selbstwirksamkeit. Diese wird definiert als das Selbstvertrauen eines Individuums in seine Fähigkeit, zu organisieren und notwendige Aktivitäten auszuführen, um bestimmte Ziele zu erreichen. Es handelt sich hierbei um die realistische Einschätzung dessen, was ein Individuum innerhalb eines bestimmten Projekts effizient leisten kann (Bandura, 1997). Anstrengungen zu unternehmen, um kreativ zu sein, Probleme zu lösen und sich selbst zu organisieren, sind Teil der Selbstwirksamkeit, die nicht mit einem Gefühl der emotionalen Leere, Erschöpfung und mangelnder Selbstverwirklichung, den Kennzeichen von Burnout, koexistieren kann. Mit anderen Worten: Burnout vernichtet das Gefühl der Kontrolle und Zielorientierung, das für die Selbstwirksamkeit notwendig ist (Bandura, 1997; Brouwers und Tomic, 2000; Cherniss, 1993; Fernando-Domenech, 2006; Friedman, 2000; Friedman und Farber, 1992; Leiter, 1992; Schwaezer und Greenglass, 1999).

Die Forscher nehmen an, dass der Verfall der Selbstwirksamkeit der Burnout-Erfahrung zugrunde liegt und von äußeren Faktoren beeinflusst wird (Cherniss, 1993; Friedman, 2000; Friedman und Farber, 1992; Goddard u. a., 2006; Green u. a., 2006; Leiter, 1992). Die einzelnen Institutionen können die Selbstwirksamkeit des Individuums entweder verbessern oder unterminieren. Arbeitgeber, die ihren Angestellten Selbstständigkeit in ihrem Arbeitsumfeld zugestehen, erhöhen damit deren Loyalität. Dies führt dazu, dass sich Angestellte stärker mit den Zielen ihrer Arbeitgeber identifizieren und deren Leistungen auch als die eigenen ansehen. Die Effizienz ihrer Arbeit steigt, die Gefahr von Burnout wird reduziert. Ein System hingegen, das Selbstmanagement und -kontrolle unterdrückt, schwächt die Verbindung zwischen den Arbeitnehmern und ihrer Aufgabe. Es hindert sie daran, ihre Ziele zu erreichen, verringert ihre Selbstwirksamkeit und erhöht ihre Anfälligkeit für Burnout. Fachleute, die sich ihrer Fähigkeiten sicher sind, erwarten, Befriedigung aus ihnen zu ziehen. Bekommen sie diese Befriedigung nicht, wächst die Wahrscheinlichkeit für Burnout (Friedman, 2000).

Pines und Yafe (2001) vertreten eine existentielle Sichtweise in Bezug auf Burnout. Ihrer Meinung nach stellt Burnout die Abwesenheit der existentiellen Bedeutung dar, die Individuen von ihrer Arbeit erwarten. Gemäß den Autoren ist die Berufswahl ein komplexer, facettenreicher Prozess, der die Gesamtheit des Lebens eines Individuums betrifft und einschließt – seine Fähigkeiten, Interessen, Ambitionen, Ressourcen, Beschränkungen und Bedürfnisse. Diese Entscheidung erfolgt mehr oder weniger bewusst. Unbewusste Faktoren für die Berufswahl sind die Menschenbilder und die Beziehungen, die die persönliche und die Familiengeschichte des Einzelnen reflektieren. Menschen ergreifen einen Beruf, der ihnen erlaubt, signifikante Kindheitserlebnisse zu reproduzieren oder in der Kindheit nicht erfüllte Bedürfnisse zu befriedigen. Aber auch Träume und Erwartungen, die durch die Familie weitergegeben wurden, beeinflussen diese Wahl. Sie geht einher mit Hoffnungen, Ambitionen, Erwartungen und einer starken emotionalen Beteiligung des ganzen Menschen. Beruflicher Erfolg schenkt hoch motivierten Individuen eine existentielle Bedeutung und heilt teilweise die Wunden der Kindheit. Wenn sie jedoch das Gefühl haben, bei ihrer Arbeit zu versagen, sie nicht richtig zu erledigen, oder wenn diese ihnen keinen Lebenssinn mehr vermittelt, führt dies zu Burnout.

Definitionen und Forschungstand – ein Überblick

Die Publikationen zu Burnout spiegeln unterschiedliche Wahrnehmungen, Sichtweisen und verschiedene Elemente des Phänomens wider – sowie einen Mangel an Klarheit in ihren Beschreibungen und Definitionen (Cherniss, 1990; Maslach, 1982; Pines u. a., 1981). Einige Definitionen sind weit gefasst, andere sind deutlicher zugespitzt, einige generalisieren stark, während manche sich auf spezielle Symptome beschränken und wiederum andere Burnout als einen Prozess beschreiben (Errera, 1989; Maslach, 1982; Pines u. a. 1981; Stav, 1982).

Freudenberger (1974) hat in seiner Studie festgestellt, dass Psychologen, die sich freiwillig gemeldet haben, um mit Drogenabhängigen zu arbeiten, schrittweise ihre Energie verloren und dass ihre Motivation und ihr Engagement mit der Zeit abnahm. Er beschreibt die Probleme in den helfenden Berufen, die entstehen, wenn Sozialarbeiter, Ärzte, Krankenschwestern, Lehrer und Psychiater das Leben ihrer Klienten und Patienten zu beeinflussen hoffen, dabei aber zu viele Fehlschläge erleben. Ärzte und Pflegepersonal sehen Patienten leiden und sterben, Lehrer müssen mit überfüllten Klassen und unmotivierten Schülern zurechtkommen, und Sozialarbeiter ringen mit den Problemen von Klienten ohne Hoffnung und ohne Unterstützung aus ihrem Umfeld. Die Enttäuschungen häufen sich, die Helfer zerschneiden Bindungen und verlieren ihre Energie. Versagen und Schmerz betäuben ihre Gefühle, sie schotten sich innerlich ab und entfremden sich von der Arbeit und von sich selbst.

Freudenberger (1980) vergleicht Burnout mit einem Gebäude, das durch Feuer zerstört wurde. „Wenn Sie je ein Gebäude gesehen haben, das bis auf die Grundmauer niedergebrannt war, wissen Sie, dass dies kein angenehmer Anblick ist. Die Struktur, früher voller Aktivität und Vitalität, ist nun nichts als ein bröckelndes Memento des Lebens und der Energie, die sie einst beherbergte. Vielleicht sehen Sie einige Betonblöcke oder Fensterrahmen, das Skelett des Hauses ist noch intakt: Doch wenn Sie hinein gehen, werden Sie die volle Kraft der Zerstörung und des Untergangs erblicken.“ Er bezieht das Burnout-Konzept auf alle Gebiete des menschlichen Strebens, nicht nur auf die Arbeitswelt.

Dabei verwendet er Websters Definition von Burnout als Ermüdung und Schwäche, den Verlust von Kraft aufgrund von übertriebenen Anforderungen an die eigenen Energien und Ressourcen. Diese Definition bringt Erschöpfung mit übermäßigen Belastungen in Zusammenhang, mit zu großem Engagement, das zu psychischer Verwirrung führt. Dies wiederum verursacht Burnout-Symptome, die sich auf alle Lebensbereiche auswirken.

Maslach (1976) folgt Freudenberger (1974) in dieser Definition, sie schärft jedoch den Begriff und entwickelt ihn weiter. Sie beschreibt ihn als einen stetigen, systematischen Prozess der Ermattung, des wachsenden Zynismus und des Verlusts von Engagement den Klienten gegenüber. Ihrer Meinung nach hat das Phänomen seine Wurzeln in einer Dynamik, die dem spezifischen Arbeitsumfeld inhärent ist, wie zum Beispiel in bürokratischen Hürden, Überarbeitung und Stress verursachenden Rollenkonflikten.

Während in den verschiedenen Lexika Burnout allgemein als Versagen, als aus Energie- und Ressourcenverlust resultierende Abgeschlagenheit und Erschöpfung beschrieben wird, fügt Maslach (1976) das wichtige Element der negativen Veränderung hinzu – sowohl in der Arbeitseinstellung als auch in der Art und Weise, wie auf den Druck reagiert wird. Die erste Veränderung betrifft den Mangel an Mitgefühl für die Klienten sowie die Tendenz, ihnen ohne jede Zuneigung und mit auffallender Distanz zu begegnen. Der ausgebrannte Helfer neigt zu Vermeidung, Gleichgültigkeit, Negativismus, Fatalismus, sinkender Motivation, Mangel an Ehrgeiz und an Mitgefühl, unruhigem Verhalten und Wut gegen Klienten und Kollegen. Darüber hinaus besteht die Neigung, Klienten, Kollegen sowie dem System und dessen Widerstand gegen Veränderungen die Schuld für Fehlschläge zu geben. Der unter Burnout leidende Helfer wird kalt, streng und unflexibel – und er verliert seine Kreativität.

Die *Berkeley Planning Association* (1977) definiert Burnout in erster Linie als das Ausmaß, in dem Helfer sich von ihren ursprünglichen Zielen und von ihrer früheren Wahrnehmung der Bedeutung ihrer Arbeit entfernt haben. Hier meint Burnout also Entfremdung und Distanzierung von Klienten und Kollegen im Kontrast zum Ausmaß an Engagement, das nötig wäre, um der eigenen Rolle angemessen gerecht zu werden. Diese Beschreibung bezieht sich vor allem auf die Symptome von Burnout.

Für Kahn (1979) ist Burnout ein Syndrom von unangemessener Einstellung Klienten und sich selbst gegenüber, die sich häufig in unangenehmen körperlichen und emotionalen Symptomen zeigt. Auch hier liegt also der Schwerpunkt auf den Krankheitszeichen.

Daley (1979) baut seinen Ansatz zur Definition von Burnout bei Sozialarbeitern, ähnlich wie Maslach (1982), auf das Modell des menschlichen Verhaltens in Drucksituationen auf. Der durch die Umwelt entstehende Druck interagiert demnach mit bestimmten Facetten der Persönlichkeit und führt zu Spannungen, die eine unterschiedliche Stärke und Dauer haben können. Dabei besteht die Gefahr, dass der sich verstärkende Druck einen inneren Konflikt verursacht, was wiederum zu Frustration führt, da der Sozialarbeiter unmöglich die Ziele erreichen kann, die er sich selbst gesetzt hat. Um mit dieser Frustration zurechtzukommen, zieht er sich in die Defensive zurück und distanziert sich physisch und/oder emotional vom Fokus des Druckes. Dieses innere Ringen kann zu Erschöpfung führen, die sich in der Unfähigkeit ausdrückt, mit der Lage umzugehen und sich ihr anzupassen, tiefe Ängste können dabei entstehen. Als Ausweg sucht sich der Sozialarbeiter ein anderes Betätigungsfeld mit weniger Spannungen. Sollte er diese Möglichkeit nicht haben, bleibt er an seinem Arbeitsplatz und das Burnout-Syndrom schreitet weiter fort.

Cherniss (1980) bietet eine detaillierte Definition: Bei ihm ist Burnout ein Prozess, in dessen Verlauf sich die Einstellung und das Verhalten des betroffenen Arbeitnehmers aufgrund von arbeitsbedingtem Druck verschlechtern. Seine Theorie, so wie die von Maslach (1982) und Pines u. a. (1988), betrachtet das Phänomen auf der institutionellen Ebene – die Erklärungsansätze beziehen sich hier auf den Einfluss des Arbeitgebers und der arbeitsinhärenten Gegebenheiten auf die Reaktionen des einzelnen Arbeitnehmers. Cherniss sieht im Burnout das Ergebnis eines Missverhältnisses zwischen dem, was der Helfer gemäß eigener Wahrnehmung gibt, und dem, was er dafür zurückerhält. Dies ist die letzte Stufe im erfolglosen Bemühen, mit dem Druck des Berufsumfelds umzugehen. Wenn der Helfer das Gefühl hat, dass er sich nicht länger um seine Klienten kümmern kann, zieht er sich aus der aktiven Rolle zurück und entwickelt passive Strategien und Verhaltensmuster wie beispielsweise den mechanischen oder apathischen Umgang mit den ihm Betrauten.

Cherniss (1980), der anhand von Interviews eine Studie über junge Berufsanfänger im Bereich der sozialen Dienstleistungen erstellt hat, fand heraus, dass die „Quellen von Spannung und Druck" aus den folgenden Punkten bestehen: (a) Misstrauen, (b) Konflikten innerhalb der Institution, (c) rigiden Rollenstrukturen, (d) isolierenden Arbeitspraktiken und (e) verhärteten Mustern unkommunikativer sozialer Interaktion, die mit mangelhaftem Kommunikationsverhalten am Arbeitsplatz verbunden sind. Diese Faktoren veranlassen ihn zu der Feststellung, dass es in erster Linie das Gefühl von Hilflosigkeit angesichts von Fehlschlägen sei, das zu Burnout führe.

Eldwich und Brodsky (1980) betonen den Entwicklungsprozess von Burnout und legen ihren Schwerpunkt auf die Untersuchung einer breiten Palette von Arbeitsbedingungen, welche zu einem Prozess mit anfänglichen Phasen der Enttäuschung und Desillusionierung und dem später andauernden Verlust von Idealen und Zielbewusstsein beim Helfer führen. Dieser Theorie zufolge ist Burnout ein zyklischer Prozess, dessen Stadien sich während des Arbeitslebens eines Individuums mehrfach wiederholen können.

Veninga und Spradley (1982) arbeiten die psychologischen Aspekte heraus – für sie ist Burnout ein psychischer Zustand, der durch verbrauchte Energiereserven, niedrige Resistenz gegen Krankheiten, verstärkten Pessimismus und Unzufriedenheit gekennzeichnet ist. Der Arbeitnehmer ist öfter abwesend und arbeitet ineffizient.

Pines u. a. (1981) waren unter den ersten, die aufgrund ihrer Forschungen eine multidimensionale, empirische Definition boten. Sie sehen im Burnout eine physische, mentale und emotionale Erschöpfung, begleitet von niedrigem Selbstwertgefühl, die dadurch entsteht, dass das Individuum chronischem Stress ausgesetzt ist. Die Autoren bemerken, dass trotz individueller Unterschiede in Intensität und Häufigkeit Burnout immer von drei Faktoren gekennzeichnet ist:

1. Physischer Erschöpfung, die sich in geringer Energie, chronischer Müdigkeit, Schwächegefühl, niedriger Resistenz gegen Krankheiten, häufigen Kopfschmerzen, Übelkeit, Muskelverspannungen, Nacken- und Rückenproblemen, veränderten Essgewohnheiten, Gewichtsveränderungen und anderen psychosomatischen Beschwerden niederschlägt;

2. Emotionaler Erschöpfung verbunden mit Depression, Hilf- und Hoffnungslosigkeit, dem Gefühl, in einer Falle zu sitzen, das die Depression noch verschlimmert und bis zum Selbstmord führen kann. In diesem Zustand hat der Betroffene das ständige, unkontrollierbare Bedürfnis zu weinen, er hat das Gefühl, jegliche Kontrolle verloren zu haben. Er empfindet emotionale Leere, meint, nichts mehr geben zu können und verwendet die wenigen verbleibenden Energien, um sich durch die Welt zu schleppen, deren er überdrüssig ist. Ein Betroffener sagt: „Ich habe manchmal das Gefühl, ich sollte nicht nur Sie, sondern auch meine Klienten und meinen Vorgesetzten darüber informieren, dass ich ebenfalls Probleme habe.“ Darüber hinaus hat der unter diesem Zustand Leidende den intensiven Wunsch, allein zu sein, er meidet den Kontakt zu anderen Menschen und neigt zu Intoleranz;
3. Mentaler Erschöpfung, die mit einer negativen Haltung und Einstellung des Betroffenen zu seiner Arbeit, zu anderen Menschen und dem Leben generell einhergeht. Er hat Minderwertigkeitskomplexe und ein niedriges Selbstwertgefühl, hinzu kommt die Empfindung, nirgendwo hineinzupassen und inkompetent zu sein. Der Sozialarbeiter entwickelt eine vorher ungekannte Kälte und Feindseligkeit gegenüber anderen Menschen. Es ist ein gefährlicher Prozess, der dazu führt, dass der Betroffene den Wert seiner Klienten nicht mehr wahrnimmt und in Beziehungen gefühllos wird. Außerdem werden andere Menschen in ihrer Empfindsamkeit, ihren Gedanken, Impulsen und menschlichen Eigenschaften von ihm nicht mehr als gleichberechtigt angesehen. Der Sozialarbeiter, der sich in diesem Stadium der Dehumanisierung befindet, hat keine Verbindung mehr zur Identität seiner Klienten, er betrachtet sie nicht mehr als menschliche Wesen. Der Helfer reserviert seine Gefühle für sich selbst, ist weniger empathisch, der Klient ist für ihn nur noch eine Ansammlung von Problemen, nicht länger ein Individuum. Ein Betroffner sagt charakteristischerweise: „Ich will diesen Tieren nicht mehr helfen.“ Ein anderer: „Sie verdienen es, so zu leben.“

Später präsentierten Pines und Aronson (1988) eine detailliertere Definition: Demnach ist Burnout ein Zustand physischer, emotionaler und mentaler Erschöpfung, verursacht durch langes Engagement in emotional schwierigen Situationen. Sie fügen ihrer Begriffsbestimmung das Konzept des Überdrusses hinzu und betrachten das Phänomen als über die Arbeitswelt hinaus relevant.

Maslach und Jackson (1981, 1986) haben eine sozialpsychologische Definition mit Schwerpunkt auf der institutionellen Ebene und der sozialen Umwelt des Arbeitsplatzes entwickelt. Burnout wird als ein dreidimensionales Syndrom angesehen:

1. Emotionale Erschöpfung – das Gefühl leerer Energiereserven und der Ermüdung, physische, häufiger noch psychische und emotionale Entkräftung, das Fehlen emotionaler Ressourcen, Empfindungslosigkeit und Unfähigkeit, Beziehungen aufzubauen, Vertrauenskrise, Mangel an Interesse und Enthusiasmus.
2. Depersonalisation – die Entfaltung negativer und unangemessener Haltung den Klienten gegenüber, die Tendenz zur Entfremdung. Dies verursacht eine Verschlechterung der Verbindung zwischen Helfer und Klient.
3. Reduzierte persönliche Leistungsfähigkeit – in dieser Situation reagiert der Sozialarbeiter negativ auf seine eigene Arbeit und seine Leistungen. Die schlechte Stimmung wird begleitet von Rückzug, sinkender Kreativität, der Unfähigkeit, mit Problemen umzugehen, und dem Gefühl persönlichen Versagens.

Diese Erklärung betont die einzigartige Natur von Burnout, die es von anderen stressbedingten Syndromen unterscheidet. Burnout erwächst aus der Beziehung zwischen Helfer und Klient oder Patient, deshalb ist es typisch für soziale Berufe.

Die Hervorhebung des Erschöpfungszustands in Maslachs und Jacksons Burnout-Theorie geht mit der sehr wichtigen Annahme einher, dass das Syndrom vorwiegend bei Menschen auftritt, deren Arbeit eine starke emotionale Beteiligung erfordert. Es trifft diejenigen, deren Arbeit einen engen persönlichen Kontakt mit Menschen notwendig macht und ist eine innere persönliche Erfahrung, die bestimmte Gefühle, Haltungen, Motivationen und Erwartungen miteinander verbindet. Sie führt zu Sorgen und Unbehagen, beeinträchtigt die Leistungsfähigkeit des Individuums. In diesem Fall ist die Erschöpfung ein Zeichen dafür, dass der Helfer seine Arbeit ursprünglich mit einem hohen Maß an Interesse und Engagement aufgenommen hat, im Gegensatz zu derjenigen Ermüdung, die monotone Arbeitsplätze kennzeichnet. Depersonalisation wird als Antwort auf die Erschöpfung betrachtet und zeigt sich im Nachlassen des Engagements Klienten gegenüber, bis hin zu ihrer Behandlung als Objekte statt als menschliche Wesen. Das Gefühl, keine Leistung mehr zu bringen, macht den Helfer blind für tatsächliche Erfolge, in die er viel Mühe investiert hat.

Die drei Komponenten von Burnout sind voneinander abhängig. Sie werden auf einer Skala gemessen, die Maslach und Jackson 1981 konzipiert haben (*Maslach Burnout Inventory* – MBI) und die in der heutigen Forschung das führende Instrument ist (Schaufeli und Enzmann, 1998; Vanheule u. a., 2007).

Im Jahre 1996 haben Maslach u. a. eine neue Skala entworfen (*Maslach Burnout Inventory – generelle Erhebung* – MBI). Sie misst Burnout in allen Berufsbereichen anhand folgender Kriterien:

1. Erschöpfung bei Berufstätigen, einschließlich Ermüdung und Spannungen bei der Arbeit.
2. Zynismus gegenüber dem Beruf, entspricht der Depersonalisation in der ursprünglichen Skala. Dazu gehört auch die negative und distanzierte Einstellung der Arbeit gegenüber.
3. Persönliche Effizienz des Berufstätigen bei seiner Arbeit, entspricht der persönlichen Leistungsfähigkeit in der früheren Skala, betont aber stärker die eigene Erwartungshaltung des Individuums.

Golembiewski und Munzenrider (1988) untermauern die Aussagen von Maslach und Jackson (1981) und definieren Burnout als einen dynamischen Prozess, der durch das Ungleichgewicht zwischen den Ressourcen des Sozialarbeiters und den Erfordernissen seiner Arbeit in Gang gesetzt wird. Dies drückt sich in emotionalen Spannungszuständen, Ermüdung und Erschöpfung aus sowie in der veränderten Einstellung und dem verändertem Verhalten Klienten gegenüber. Den Problemen am Arbeitsplatz begegnet der Betroffene defensiv, durch Vermeidung und Rückzug (Schaufeli und Bunck, 1996).

Für Shirom (1989), wie auch für Maslach und Jackson (1981), ist emotionale Erschöpfung der signifikanteste Ausdruck von Burnout. Die anderen Symptome, Depersonalisation und verringertes Selbstwertgefühl, werden als Ergebnis und Weiterführung von dieser betrachtet. Shirom beschreibt Burnout als Erschöpfung und ständige Müdigkeit: „leere Akkus“ auf der physischen, der emotionalen und der mentalen Ebene. Er unterscheidet die vorübergehende von der chronischen Müdigkeit und der ständigen Erschöpfung, welche dadurch verursacht werden, dass der Sozialarbeiter einem zu starken Druck ausgesetzt ist. Diese Ansicht wird durch andere Untersuchungen gestützt, die ebenfalls der Erschöpfungskomponente eine zentrale Rolle einräumen (Garden, 1987).

Etzion konzentriert sich, anders als die Vertreter der oben dargestellten Ansätze, auf den psychischen Einfluss von Burnout. Für sie handelt es sich um einen Prozess, der die emotionalen Ressourcen des Individuums verschleißt und aushöhlt. Hervorgerufen wird dies durch nicht genau definierte, mehrdeutige Druckkomponenten. Anders als die Forscher, die Burnout als das Scheitern im Umgang mit Druck am Arbeitsplatz ansehen, betrachtet sie Burnout als einen Prozess, der es verhindert, mit Druck zurechtzukommen. Sie ist der Meinung, dass das Individuum das Burnout-Syndrom entwickelt, weil es nicht die Unterstützungsmechanismen bei der Arbeit in Anspruch genommen hat beziehungsweise nicht die Ressourcen entwickelt hat, die es ihm ermöglicht hätten, dem Stress zu widerstehen.

Monat und Lazarus (1991) verwenden in ihrer Definition die Theorie von der Bewahrung der Ressourcen und bemerken, dass Burnout und Stress dann entstehen, wenn das innere Gleichgewicht gestört ist und wenn die Ressourcen eines Individuums nicht geeignet sind für die Erfordernisse der Arbeit sowie für die emotionalen Belastungen, die es dabei auf sich nehmen muss.

Farber (2000) schlägt eine allgemeine Definition vor: Burnout ist ein Syndrom, das mit der Berufswelt zusammenhängt. Der Betroffene sieht bei seiner Arbeit eine Kluft zwischen seinen Bemühungen (Input) und der Kompensation (Produktivität). Diese Wahrnehmung wird von persönlichen, organisatorischen und sozialen Faktoren beeinflusst. Burnout kommt häufig bei denjenigen vor, die sich direkt mit Hilfe suchenden Klienten beschäftigen müssen, und ist gekennzeichnet durch die Distanzierung von ihnen sowie durch eine zynische Reaktion ihnen gegenüber. Dies geht einher mit emotionaler und physischer Erschöpfung sowie psychischen Symptomen wie Unruhe- und Angstzuständen, Traurigkeit und niedrigem Selbstwertgefühl. Farber betont, dass das Gefühl von Burnout die allgemeine Arbeitsatmosphäre im Westen (nicht nur in den helfenden Berufen) widerspiegelt: den hohen Leistungsdruck, die Notwendigkeit, Erwartungen anderer zu erfüllen – meistens die der Vorgesetzten –, den intensiven Wettbewerb, die Motivation und den Wunsch, Geld zu verdienen. Es reflektiert auch den Wunsch des Helfers, seine Arbeit möge nützlich und wichtig sein. Andere Elemente in den helfenden Berufen tragen dazu bei, Burnout zu verstärken, wie zum Beispiel die schweren Probleme der Klienten und das hohe Arbeitspensum, das es zu erfüllen gilt.

Friedman (1995) betont, dass es sich um einen Prozess handelt, und stützt sich auf Edelwich und Brodsky (1980). Er definiert Burnout als ein Syndrom der Müdigkeit und der Unzufriedenheit, das sich sowohl äußerlich als auch innerlich ausdrückt. Laut Friedmann läuft dieser Prozess in verschiedenen Phasen ab. Die erste Phase ist der Mangel an Erfüllung und das

Gefühl, das eigene Potential nicht entfalten zu können. Kennzeichnen der nächsten Stufe bildet die physische Ermüdung, begleitet von Symptomen der emotionalen Erschöpfung. Dies kann zur Konsequenz haben, dass der Betroffene seine Arbeit aufgibt.

Später hat Friedman (2000) untersucht, wie die einzelnen Elemente, die Burnout kennzeichnen, im Inneren zusammenhängen, und er fand heraus, dass jedes Element einzigartig in seiner Schwere ist. Die Variablen, die benutzt wurden, waren die Grundelemente, die in den meisten Burnout-Definitionen enthalten sind: physische und emotionale Erschöpfung, Mangel an persönlicher und beruflicher Erfüllung. Er kam zu dem Ergebnis, dass emotionale Erschöpfung den heftigsten Ausdruck der Burnout-Erfahrung darstellt, danach ordnet er in abnehmender Reihenfolge physische Erschöpfung und Mangel an beruflicher Befriedigung ein, die vorwiegend in derselben Phase auftreten. Auf der niedrigsten Stufe im Hinblick auf die Schwere des Syndroms steht der Mangel an persönlicher Erfüllung.

Burnout bei helfenden Berufen wird auch als das Ergebnis von Ungerechtigkeit und des Mangels an Gegenseitigkeit in der Beziehung zwischen Helfer und Klient angesehen (Truchot und Deregard, 2001; Truchot u. a., 2000). Dieser Theorie zufolge haben die Helfer das Gefühl, mehr Energie zu investieren als der Klient, aber weniger dafür zurückzuerhalten. Das erklärt, warum Sozialarbeiter, die eine Gegenseitigkeit erwarten und dann feststellen, dass sie ihr Ziel, das Wohl des Klienten zu erhöhen, nicht erreichen, ein niedriges Selbstbild entwickeln und zu Burnout neigen (Truchot u. a., 2000). Im Gegensatz dazu stellte sich heraus, dass eine Haltung, die ganz dem Geben und den Bedürfnissen der Klienten zugewandt ist und die keine Kompensation erwartet, ein potentieller Faktor zur Verringerung und Vermeidung von Burnout ist.

Charakteristika der Komponenten und Definitionen von Burnout und ihre Gemeinsamkeiten

In den verschiedenen Definitionen von Burnout haben sich drei zentrale Komponenten herauskristallisiert.

1. Gefühle: negative Einstellungen und Beziehungen.
2. Fokus: Einige Emotionen des Berufstätigen haben ihre Ursache in ihm selbst (interner Fokus) und andere kommen aus einer Quelle außerhalb seiner Person, meist aus seinem Arbeitsumfeld (externer Fokus).
3. Zeit: Die aktuellen Gefühle des Berufstätigen unterscheiden sich von denen, die er zu einem früheren Zeitpunkt hatte. Damals hatte er positi-

ve Empfindungen seiner Arbeit und seinen Klienten gegenüber, was sich in Hingabe und Zuwendung zeigte. Nun sind seine Gefühle negativ oder gleichgültig.

Obwohl sich die Definitionen unterscheiden, gibt es einige Elemente, die allen Theorien gemeinsam sind:

1. Der Burnout-Prozess verläuft individuell.
2. Burnout ist ein innerer psychischer Prozess, in dessen Verlauf bestimmte Gefühle, Verhaltensweisen, Motive und Erwartungen an den Tag gelegt werden.
3. Es ist eine negative Erfahrung für das Individuum, verbunden mit emotionalem Druck, Unbehagen und Dysfunktion.
4. Die meisten Definitionen beschreiben nicht nur physische, sondern vor allem psychische emotionale Erschöpfung, die Gleichgültigkeit und Mangel an Vertrauen nach sich zieht.
5. Die negativen Gefühle des Helfers werden mit der Zeit intensiver und dem Klienten in Form von Depersonalisation entgegengebracht. Dieser Begriff bedeutet, dass der Helfer sich in seiner Beziehung zum Klienten abschätzig oder unangemessen verhält.
6. Der Helfer zeigt sich selbst und seinen Leistungen gegenüber eine negative Einstellung. Dies äußert sich durch finstere Stimmungen, Depression und Rückzug aus der Verantwortung. Die Kreativität sinkt ebenso wie die Fähigkeit, mit Problemen umzugehen. Das gesamte persönliche Verhalten kann eine Veränderung erfahren.
7. Obwohl der Burnout-Begriff noch immer hauptsächlich mit Druck am Arbeitsplatz in Verbindung gebracht wird, ist er nun auch auf emotionale Spannungen außerhalb des beruflichen Umfeldes ausgedehnt, zum Beispiel auf die Beziehungen zur Familie und zu Freunden.
8. Burnout ist chronisch. Die meisten Forscher unterscheiden zwischen ständiger, beharrlicher Ermattung und zeitweiligen Ermüdungserscheinungen. Letztere sind das Ergebnis von Anstrengungen und verschwinden durch Erholung und Urlaub.
9. Burnout ist keine einzelne Krankheit, sondern ein unabhängiger Risikofaktor, der zu einer Reihe von Krankheiten führen kann.
10. Burnout ist ein Spiegel, der uns grundlegende Probleme der westlichen Gesellschaften vor Augen führt, darunter Individualismus, Wettbewerb und Leistungsorientiertheit, das Streben nach Selbstverwirklichung und die Suche nach Lebenssinn, aber auch soziale Entfremdung und Mangel an Zusammenhalt in Familie und Gemeinschaft.

Das Verhältnis von Burnout zu verwandten Phänomenen

Es sind viele Zweifel geäußert worden, ob es sich bei Burnout tatsächlich um ein einzigartiges Phänomen handelt. Seine Symptome ähneln anderen emotionalen Zuständen wie Stress und Depression. Etzion (1980) argumentiert jedoch, dass gerade das Überlappen dieser beiden Symptome das Konzept von Burnout als Ausdruck von psychischem Stress rechtfertigt. Die Einzigartigkeit von Burnout liegt nicht in seinen psychischen Manifestationen, die tatsächlich anderen Stresszuständen ähneln, sondern in seiner Ursache und Entwicklung.

In der Vergangenheit hielten viele Forscher die Symptome von Burnout für Zeichen von Faulheit, Gleichgültigkeit oder mangelndem Arbeitsethos. Diese Auffassung änderte sich, seit Studien demonstriert haben, dass psychisches Burnout sehr viel tiefer reicht. Es zeigt sich durch eine Veränderung im Verhalten des Sozialarbeiters über einen gewissen Zeitraum hinweg: dem Übergang von einem hoch engagierten, verantwortungsbewussten und sehr mitfühlenden Verhaltensmuster zu einem von Erschöpfung und Hilflosigkeit geprägten. Darüber hinaus fällt auf, dass die Burnout-Symptome bei denjenigen Sozialarbeitern am stärksten auftreten, die anfangs die meiste Energie an den Tag legen und weniger Interesse an materieller Kompensation haben (Edelwich 1980). Diejenigen, die eine hohe Vergütung für ihre Arbeit erwarten, neigen hingegen eher dazu, Einstellungen wie Entfremdung sowie berufliche Dysfunktion zu entwickeln.

Druck und Burnout

Für Seley (1976) ist Druck das individuelle Maß körperlicher Ermüdung und Zerissenheit, verursacht durch die Stresssituationen im Leben des Betroffenen. Die psychischen Reaktionen, auf die er bei seiner Untersuchung stieß, nennt er „das allgemeine Anpassungssyndrom“. Druck entwickelt sich in drei Phasen: (a) Warnung, (b) Widerstand und (c) Erschöpfung. In der dritten Phase entsteht Burnout (Pines und Aronson, 1981). Arbeitsbedingte Ursachen von Druck sind:

1. Schwierige körperliche Bedingungen.
2. Exzessive objektive oder subjektive Belastungen am Arbeitsplatz.
3. Die zwischenmenschlichen Beziehungen am Arbeitsplatz, das Verhältnis des Sozialarbeiters zu Kollegen und Supervisoren.
4. Die organisatorischen Strukturen und das Klima am Arbeitsplatz wie zum Beispiel die allgemeine Politik des Arbeitgebers, Ausschluss der Mitarbeiter von Entscheidungen oder Mangel an konstruktiver Kritik.

5. Der Einfluss von Karriereperspektiven, das heißt ungünstige Beförderungspolitik, unangemessener Status des Berufstätigen oder Angst vor Arbeitslosigkeit.
6. Die Rolle innerhalb der Organisation: Rollenkonflikte, unklare Rollenverteilungen, Rollenüberladung und andere Variablen, die zu Stress im Arbeitsumfeld führen.

Die meisten Forscher betrachten Angemessenheit und Kompatibilität sowie gegenseitigen Einfluss von Arbeitnehmer und Arbeitgeber als die Desiderata für beide Seiten. Wenn die individuellen Qualitäten und das Arbeitsklima kompatibel sind, funktioniert die Organisation effektiver und der einzelne Arbeitnehmer hat das Gefühl, dass seine Fähigkeiten besser zur Geltung kommen und er sich selbst verwirklichen kann. Unter solchen Bedingungen ist der Arbeitnehmer zufrieden, hoch motiviert, engagiert und gefestigt. Sind andererseits die individuellen Qualitäten und das Klima am Arbeitsplatz nicht kompatibel, etwa wenn die verlangten Bemühungen den Arbeitnehmer überfordern, die Kompensation ungenügend ist oder wenn seine persönlichen oder sozialen Werte bedroht sind, dann fühlt sich der Arbeitnehmer unzufrieden und unter Druck (Balas, 2004; Caplan, 1987; Freedy, 1993; Hobfoll u. a., 2007).

Führende Wissenschaftler stimmen darin überein, dass Druck bei der Arbeit unvermeidbar ist und dass ein gewisses Maß sogar notwendig ist, um Arbeitnehmer zu Leistung zu motivieren, um erfolgreich neuen Herausforderungen zu begegnen und um in unsicheren und mehrdeutigen Situationen zu Effektivität anzuregen. Ein völlig stressfreies Arbeitsumfeld kann auch zu Hilflosigkeit führen (Dedrick und Raschke, 1990; Lazarus, 1966; Shea, 1990). Wenn ein Individuum meint, dass eine bestimmte Vorgabe oder ein angestrebtes Ziel innerhalb des Möglichen liegt, aber nur durch eine Anstrengung von seiner Seite zu erreichen ist, betrachtet er die Situation als Herausforderung. Doch wenn das Ziel außerhalb des Erreichbaren liegt und der Druck unkontrollierbar, lang anhaltend und zu intensiv ist, wächst die Wahrscheinlichkeit, dass die Situation als negative Erfahrung und Bedrohung empfunden wird (Dedrick und Raschke, 1990; Wisniewski und Gargiulo, 1997). Dies führt zu psychischen Spannungen und Frustrationen (Smylie, 1990), zu Angstzuständen, Wut, Schuldgefühlen, Depression, zu psychischen Problemen, Verlust von Fähigkeiten sowie zu kognitiven Störungen und sozialem Fehlverhalten (Burrows, 2007; Lazarus 1966).

Starke und ständige Belastungszustände, die nicht behandelt werden, führen zu Burnout (Barnard u. a., 2006; Carayon, 1993; Leiter, 2005; Roy, 1999).

Verschiedene Faktoren dienen dabei als Bindeglied zwischen Umweltbedingungen und der subjektiven Wahrnehmung des Burnout durch das Individuum: die kognitive Verarbeitung der Belastungen und die Wahl der damit zusammenhängenden Strategie (Greenglas u. a., 1994), das jeweilige Maß an Engagement (Reilly, 1994), der persönliche Charakter und die Neigungen (Farber, 1991), das Vorhandensein von effektiven Systemen, um mit dem Druck umzugehen (Dedrick und Raschke, 1990) und ein verfügbares Unterstützungssystem (Manlove, 1994; Sarros und Sarros, 1992; Tuettemann und Punch, 1992).

Im Hinblick auf Schwere und Ablauf unterscheidet sich Burnout wesentlich von bloßen Druckzuständen. Während Druck mit seinen emotionalen und physischen Anpassungssymptomen ein vorübergehender Zustand ist, entsteht Burnout bei ungelösten Anpassungsschwierigkeiten und wird von chronischen Störungen begleitet. Da die Differenz hauptsächlich im Zeitfaktor liegt, können Druckzustände und Burnout nicht allein anhand ihrer Symptome unterschieden werden. Sie müssen im Nachhinein im Hinblick darauf untersucht werden, ob der Anpassungsprozess erfolgreich war (kein beruflicher Druck mehr) oder ob er ins Stocken geraten oder gar zusammengebrochen ist (burnout). Die meisten Forscher sehen Letzteres als ein Phänomen an, das sich mit der Zeit entwickelt und daraus resultiert, dass der Betroffene Stress verursachenden Ereignissen oder schwierigen und repressiven Umweltbedingungen ausgesetzt ist (Cherniss, 1980; Farber, 1983; Greenglass u. a., 1994; Kokkinos, 2007; Maslach und Schaufeli, 1993; Megill, 2002; Reilly, 1994).

Depression und Burnout

Burnout und Depression sind zwei unterschiedliche Phänomene, obwohl sie in mehreren Punkten Gemeinsamkeiten aufweisen. Vor allem Burnout mit schweren Symptomen wie Gleichgültigkeit und Rückzug ähnelt der Depression (Burrows, 2007; Iacovides u. a., 2003).

Emotionaler Burnout unterscheidet sich von Depression trotz der gemeinsamen Ausprägungen wie beispielsweise Unzufriedenheit, Hilf- und Hoffnungslosigkeit. Burnout ist ein psycho-soziales Konzept, Depression ein klinisches. Liegt eine Depression vor, ist die Vergangenheit des Individuums der zentrale Fokus des pathologischen Syndroms und seiner Behandlung. Bei Burnout und dessen Bewältigung liegt das Augenmerk auf der aktuellen Umwelt. Obwohl besonders schwere Fälle von Burnout in Depression münden können, stehen hier soziale, nicht persönliche Aspekte im Vordergrund.

Oft wird Burnout von Depressionszuständen begleitet, doch sind diese nicht von Dauer und umfassen nicht alle Lebensbereiche des Individuums. Diese depressiven Phasen des Burnout sind für gewöhnlich temporär, sie haben Auswirkungen auf einen ganz bestimmten, begrenzen Bereich des Lebens, selbst Betroffene mit schweren Symptomen sprechen meist bereits auf eine kurze Behandlungsphase positiv an. Im Verlauf der Therapie werden die Veränderungen untersucht, die im Arbeitsumfeld zu erfolgen haben, nicht in der Persönlichkeit des Sozialarbeiters. Schon bald merken die Betroffenen einen signifikanten Unterschied in ihren Gefühlen und in ihrer Leistungsfähigkeit und zwar ohne die Zuhilfenahme von Medikamenten. Bereits ein kurzer Zeitraum von professioneller Intervention erlaubt es Personen, die unter mentalem Burnout leiden, ihre berufliche Funktion wieder effektiv auszuüben. Ganz anders liegt der Fall bei Depression – hier ist eine lange Behandlung, zum Teil mit Psychopharmaka, nötig.

Zufriedenheit und Burnout

Es gibt zahlreiche Studien zur beruflichen Zufriedenheit bei Sozialarbeitern (Arches, 1991; Evans und Huxley, 2006; Gleason-Wynn und Mindel, 1999; Latham und Leddy, 1987; McLean und Andrew, 2002; Piko, 2006; Siefert u. a., 1991; Vinokur-Kaplan u. a., 1994). Thomas und Tymon (1994) verweisen auf das Ausmaß, in dem der Sozialarbeiter mit seinem Gehalt, seinen Beförderungschancen, seiner Beziehung zu Kollegen und seinem aktuellen Aufgabenfeld zufrieden ist. Die Gründe für Zufriedenheit können intrinsischer Natur sein wie aufgewendete Bemühungen, persönliche Leistung, Engagement, Kontrolle über Arbeitsmethoden, Verantwortlichkeit und Herausforderung (McLean und Andrew, 2000) oder extrinsischer Natur wie Anerkennung, Beförderung, Feedback, Gehalt und andere Zuwendungen sowie Beteiligung und Einfluss bei Entscheidungsprozessen (Gleason-Wynn und Mindel, 1999).

Burnout ist abzugrenzen von beruflicher Unzufriedenheit. Letztere ist lediglich ein emotionaler Zustand, der durch spezifische Aspekte der Arbeitssituation beeinflusst wird (Gehalt, Beförderung, Supervision, die Art der Arbeit, Beziehungen am Arbeitsplatz). Diese sind jedoch nur ein kleiner Teil derjenigen Elemente, die Burnout ausmachen. Burnout-Symptome entstehen hauptsächlich durch die Situation des Individuums selbst, weniger durch externe Aspekte.

2.2 Wahrnehmung und Symptome von Burnout

Da die Forscher, die sich mit Burnout beschäftigen, aus unterschiedlichen wissenschaftlichen Disziplinen kommen, ist es unvermeidlich, dass sie das Phänomen aus differenten Perspektiven betrachten und jeweils andere Erklärungsansätze finden. Dennoch gibt es einen generellen Konsens über die Symptome (Barnett u. a., 1990; Demmer, 2004; Fox, 2003; Leiter, 2005; Ross u. a., 2002).

Die Symptome von Burnout können moderat, partiell und temporär sein, je nachdem, in welcher Phase der Betroffene sich gerade befindet. Auch andere Umweltfaktoren spielen dabei eine Rolle (Barling und Taylor, 2004). Die Reaktionen sind ebenfalls unterschiedlich und abhängig davon, welche Symptome zusammentreffen: Manche Individuen reagieren nur physisch, andere emotional, wiederum andere zeigen auf beiden Gebieten Reaktionen (Adams u. a., 2006; Mroczeck u. a., 2005; Ross u. a., 2002).

Burnout-Symptome können jedoch auch tief liegend und mehrdimensional sein und einen großen Schaden beim Sozialarbeiter verursachen. In dem Artikel „Wer heilt die Heiler?“ beschäftigen sich Strom und Mowbray (2006) mit diesem Problem.

Wenn alle körperlichen und geistigen Systeme richtig funktionieren und sich in Harmonie miteinander befinden, ist der menschliche Organismus ein ausgezeichneter Energieproduzent, der Mensch kann viel Enthusiasmus für seine Arbeit aufbringen, fast den ganzen Tag arbeiten, wenige Stunden schlafen und am nächsten Morgen wieder erfrischt aufwachen, mit Elan für den neuen Tag. Diejenigen, die von Burnout betroffen sind, haben ihre Arbeit einst mit einem Übermaß an Energie angetreten, die andere um sie herum ansteckte. Sie waren die ersten, die sich neuen Aufgaben widmeten und bildeten der Mittelpunkt jeder Gruppe: Sie hatten Charisma und Einfluss. Das Problem liegt darin, dass diese Sozialarbeiter davon ausgingen, dies würde sich immer so fortsetzen. Sie erkannten keinerlei Schwäche an und waren es nicht gewohnt, zu verlieren. Die Hauptschwierigkeit bei der Diagnose von Burnout in der ersten Phase ist, dass die Betroffenen glauben, ihre gegenwärtige Ermüdung sei nur temporär, denn sie gewinnen ihre Energie größtenteils aus den Früchten ihrer Arbeit. Doch wenn ihre Arbeit nicht mehr die gewünschten Erfolge bringt, sinkt der Energiespiegel und Burnout setzt ein. Die ersten Symptome treten auf, wenn der Sozialarbeiter anfängt, Langeweile und Müdigkeit zu empfinden, wenn er zunehmend passiv wird, sich zurückzieht und weniger Initiative bei der Arbeit und in seinem Privatleben entwickelt (Deary u. a., 1996).

Wichtig ist es, festzuhalten, dass Burnout-Symptome keine Krankheit, sondern ein Warnsignal sind. Sie zeigen sich in unterschiedlicher Stärke, doch muss man sie rechtzeitig erkennen und behandeln. Die große Gefahr bei Burnout ist sowohl die Unfähigkeit, die Symptome und ihre Intensität zu bemerken, als auch die Verleugnung des eigentlichen Problems. Erschöpfung kündigt die erste Phase des Burnouts an, während die Verleugnung die zweite Phase einläutet. Maslach und Schaufeli (1993) haben folgende gemeinsame Elemente der meisten Symptome herausgearbeitet:

1. Dysphorische, das heißt, verstimmende Symptome wie mentale und emotionale Erschöpfung, Müdigkeit und Depression werden deutlich.
2. Der Schwerpunkt liegt auf der mentalen und auf der Verhaltensebene, weniger auf den physischen Symptomen, obwohl es in einigen Fällen auch umgekehrt sein kann.
3. Die Symptome treten bei „normalen" Menschen auf, die keine psychopathologische Vorgeschichte haben.

Maslach und Jackson (1981) haben ein Instrument entwickelt, um Burnout zu untersuchen. Sie teilen die Symptome in drei Kategorien ein. Als emotionale Erschöpfung bezeichnen sie Gefühle wie Hilf- und Hoffnungslosigkeit, Depression und in schweren Fällen sogar Selbstmordgedanken. In diesen Fällen können sich allgemeine Stresssymptome wie Drogen- und Alkoholmissbrauch zeigen. Die zweite Kategorie ist Depersonalisation, der Verlust positiver Gefühle wie Respekt den Klienten gegenüber, bis hin zu dem Punkt, wo der Klient überhaupt nicht mehr als menschliches Wesen empfunden wird. Dieses Symptom ist auch mit Kälte und einer abwertenden Einstellung zu sich selbst verbunden. Die dritte Kategorie ist das Gefühl, weniger zu leisten: Der Betroffene meint, ihm fehlten Wissen und Fähigkeiten auf manchen Gebieten, und er entwickelt negative Emotionen im Hinblick auf seine eigene Selbstverwirklichung.

Später stellten Maslach und Jackson (1986) fest, dass diese Symptome im Kern die Verteidigungsmechanismen des Sozialarbeiters gegen Schmerz und Frustration darstellen, wenn er nicht die Mittel hat, in angemessener Weise mit dem Druck umzugehen (Adai und Priami, 2002; Balas, 2004; Kilfedder u. a., 2001; Ross u. a., 2002). Der Sozialarbeiter verliert das Interesse an seiner Arbeit, er entfernt sich emotional immer mehr von Klienten und Kollegen und zwar in dem Maße, wie Depression und physische Beschwerden zunehmen. (Mroczeck u. a., 2005; Raiger, 2005; Salanova u. a., 2005; Wright, 2005). Wenn sich Burnout offenbart, so Maslach und Jackson (1981), setzt das emotionale Zentrum des Betroffenen aus, nichts bedeutet ihm mehr etwas, er hat keinerlei optimistische Gefühle mehr, nur noch negative.

Pines u. a. (1981) beschreiben Fälle von Burnout bei Krankenschwestern, die auf den onkologischen Stationen Kranke im letzten Stadium eines Krebsleidens pflegen. Sie wählen diese besondere Arbeit mit großem Zutrauen, Enthusiasmus und dem ausgeprägten Willen, den Patienten zu helfen. Doch trotz des körperlichen und emotionalen Einsatzes der Krankenschwestern, trotz ihrer Identifikation mit den Patienten und ihrer Empathie und trotz ihres überwältigenden Wunsches, zu helfen, sterben die Patienten bald und lassen die Krankenschwestern „leer" zurück. Während die Patienten auf der Station liegen, versuchen die Krankenschwestern, als Reaktion auf diesen Druck, unbewusst ein wenig emotionale Distanz zu ihnen zu halten. Doch die Patienten fordern dennoch viel ein und zeigen wenig Wertschätzung für die Menschen, die sie umsorgen, denn sie sind voll und ganz mit ihren eigenen Ängsten und ihrem eigenen Leid befasst. Dieses fehlende oder negative Feedback verstärkt die Tendenz der Krankenschwestern, die Patienten, denen sie helfen sollten, herabzusetzen oder sogar zu beleidigen, was wiederum ein Gefühl der Schuld und der Scham in ihnen auslöst. Diese schmerzhaften Empfindungen in einer Situation der Hilf- und Hoffnungslosigkeit wiederholen sich ständig, führen zu dem Gefühl, in einer Falle zu sitzen, und schließlich zu Erschöpfung und Verwirrung, was erneut Ärger und Beleidigungen generiert (O'Hara u. a., 1996; Strom und Mowbray, 2006).

Man kann also die Schlussfolgerung ziehen, dass die Betroffenen mit ihrem Leid und den Versagensgefühlen einen hohen Preis zahlen. Um sich selbst zu schützen, versuchen Helfer eine physische, emotionale oder intellektuelle Distanz zwischen sich und ihren Klienten oder Patienten schaffen – eine Art von Flucht.

Körperlicher Abstand gibt dem Sozialarbeiter Raum, sich zu verteidigen. Typischerweise steht ein großer Schreibtisch zwischen ihm und dem Klienten, Stapel von Büchern liegen auf allen Stühlen, so dass der Klient dort nicht lange bleiben kann. Gespräche finden während festgelegter Sprechstunden statt, es wird eine streng aussehende Sekretärin gewählt, und der Raum wird mit Sorgfalt so ausgestattet, dass der Klient sich unwohl fühlen muss. Viele Sozialarbeiter tendieren dazu, sich nicht hinzusetzen, sondern in großem Abstand vom Klienten zu stehen, manchmal die Türklinke in der Hand, während sie ein kurzes, unpersönliches Gespräch führen und jeden Augenkontakt vermeiden. Die Anliegen und Angelegenheiten des Klienten werden in offiziellen Schreiben abgewickelt.

Emotionale Distanz ist die Verteidigungslinie des Sozialarbeiters gegen Druck und Versagensgefühle, wenn er keine körperliche Distanz schaffen kann. Einige Forscher bezeichnen dies als den Panzer gegen die emotionalen Angriffe des Klienten. Der typische Monolog eines Sozialarbeiters könnte lauten: „Als ich meine Arbeit aufnahm, war ich in alle Details im Leben der 40 Familien, die ich zu betreuen hatte, tief involviert. Doch ich begann mein mentales Gleichgewicht zu verlieren, wurde müde, also habe ich mich innerlich entfernt und habe begonnen, die Probleme nur noch als die ihren und nicht mehr als die meinen anzusehen. Ich schaffte es, meine Haltung von absoluter Beteiligung in eine reservierte Beteiligung umzuwandeln und zog mich zurück. Schließlich wurde ich gleichgültig und hartherzig und befand mich emotional so weit weg von ihnen, dass ich sie kaum noch ertrug." Es ist sehr bezeichnend, dass sich emotionale Distanzierung so weit entwickeln kann, dass sie jegliche Beziehung zum Klienten zerstört. Wenn sie endgültig wird, kann der Sozialarbeiter seine Emotionen überhaupt nicht mehr an sich heranlassen. Die Distanzierung, die als Schutz gegen besonders schwierige, fordernde Klienten dienen sollte, wird nun auf alle Klienten ausgedehnt, aber auch auf Kollegen und außerhalb des Arbeitsumfeldes sogar auf den Familien- und Freundeskreis.

Mentale Entfremdung ist eine weitere Strategie, die den Sozialarbeiter vor Überidentifikation mit seinen Klienten bewahrt und eine Distanz zu ihnen aufbaut. Sie bewirkt, dass er den Klienten als weniger menschlich ansehen, Beziehungen auf einer objektiven und abstrakten Weise definieren und so die Intensität der emotionalen Beteiligung reduzieren kann. Um nicht unter der Last der Gefühle zusammenzubrechen, greift der Sozialarbeiter zu „Intellektualität" und „Objektivität": Der Klient wird zu einem „interessanten diagnostischen Problem" statt „unter Höllenqualen zu leiden". Einen anderen Fluchtweg stellt die Einstellung dar, die Forscher „Generalisation" nennen. So mag ein Sozialarbeiter sein ausbleibendes Eingreifen mit den Worten rechtfertigen: „Sie sind sowieso alle verloren."

Cherniss (1980 und 1995) unterteilt Verhaltensmuster in fünf Kategorien:

1. Psychosomatisch: das Gefühl der Mattheit während des Arbeitstages, intensive Müdigkeit nach Feierabend, die Einnahme von Beruhigungsmitteln, Schlafstörungen, häufige Kopfschmerzen und Verdauungsstörungen.
2. Psychisch-Behavioristisch: täglicher Widerwille, zur Arbeit zu gehen, der ständige Blick zur Uhr während der Arbeitszeit, das Gefühl, zu versagen, niedriges Selbstwertgefühl, Wut, Feindseligkeit, Protest, Schuldgefühle,

Scham, Mangel an Initiative, Gleichgültigkeit, Antagonismus, die Unfähigkeit, sich zu konzentrieren, Distanz und Entfremdung, der Eindruck, auf der Stelle zu treten, häufige Abwesenheit vom Arbeitsplatz, Selbstbezogenheit, Widerstand gegen Veränderungen, Misstrauen oder sogar Paranoia.

3. Klientenbezogen: Verlust der positiven Gefühle Klienten gegenüber, Kontaktvermeidung, Unfähigkeit, sich auf ihre Probleme zu konzentrieren, Zynismus und Schuldzuweisungen, Festklammern an Verordnungen und bürokratischen Vorgehensweisen.
4. Kollegenbezogen: Vermeidung von Diskussionen über die Arbeit mit Familie, Freunden und Kollegen.
5. Interpersonell: Eheprobleme, Konflikte mit der Familie.

Freudenberger (1980) fügt zehn typische Symptome hinzu.

1. Erschöpfung: Energieverlust und das Gefühl von Müdigkeit, begleitet durch erste Anzeichen von Verzweiflung. Das potentielle Burnout-Opfer hat Schwierigkeiten, mit der Erschöpfung umzugehen, denn sie steht im Gegensatz zu seinem gewohnten Elan. Müdigkeit ist das sichtbarste Zeichen von Burnout auf dieser Stufe.
2. Entfremdung und Isolation: Entfremdung ist ein Schutz gegen Schmerz und Enttäuschung: „Es ist mir egal." Auf diese Weise wird der Schmerz neutralisiert, aber auch die Fähigkeit zu helfen wird stark verringert. Dies kann zu Isolation, Abstumpfung, Diminution und Depression führen.
3. Langeweile und Zynismus: Sie stehen in einer Wechselwirkung, Entfremdung ist die Ursache beider. Wenn eine Person das Gefühl hat, sich am äußeren Rand seiner Welt zu befinden, statt in ihrem Zentrum, ist es schwer für ihn, Interesse für diese Welt aufzubringen. Das führt zu Selbstzweifeln sowie zu Zweifeln an seinen Freunden und an humanitären Motiven.
4. Ungeduld und Reizbarkeit: Sie erwachsen aus Frustration aufgrund von geringen Leistungen. Je weniger eine Person leistet, desto ungeduldiger wird sie, Negativismus ist die Folge. Ein Individuum, das unter Burnout leidet, gerät schnell in Wut, zeigt Verwirrung, hat Schwierigkeiten, seine Emotionen zu kontrollieren und ist durch Kleinigkeiten aus der Fassung zu bringen. Er hat kein Vertrauen zu Supervisoren oder Kollegen, und sein Verhalten kann paranoide Züge annehmen.
5. Das Gefühl, einzigartige Fähigkeiten zu besitzen: „Niemand außer mir kann diese Arbeit machen". Es ist eine Fantasie, die einen Mangel an Vertrauen zu anderen und auch zu sich selbst ausdrückt.

6. Misstrauen: das Gefühl, trotz Bemühungen, nicht geschätzt zu werden. Es bringt Streit und Zorn mit sich.
7. Paranoia: der Verdacht des Betroffenen, dass andere ihn falsch beurteilen sowie ihm Schaden zufügen, seine Arbeit unterminieren und seine Beförderung verhindern wollen. Dadurch wird er misstrauisch gegen alle Menschen in seinem Umfeld.
8. Verlust des Zielbewusstseins: Im fortgeschrittenen Stadium von Burnout erfolgt eine Entfremdung von der Umwelt, alles gerät außer Kontrolle. Das Gedächtnis funktioniert nicht gut, was die Unruhezustände und Ängste vermehrt. Denkprozesse verschlechtern sich aufgrund der ständigen Unruhe. Die kognitiven Fähigkeiten und die Konzentration sind aufgrund der inneren Rastlosigkeit beeinträchtigt.
9. Psychosomatische Phänomene sowie ihre psychischen und physischen Manifestationen: Kopfschmerzen, lange anhaltende Grippeerkrankungen und Rückenschmerzen sind Anzeichen dafür, dass etwas nicht stimmt und dass der Betroffene das Problem verdrängt.
10. Depression mit ihren zahlreichen Aspekten: Sie kann in manchen Fällen von Burnout verursacht sein. Ein genereller depressiver Zustand hält lange an und betrifft alle Lebensbereiche. Der Patient verliert jegliches Interesse, schläft viel, sieht keinen Sinn mehr in seinem Leben – dies kann sogar zu Selbstmord führen. Durch Burnout verursachte Depression ist im Gegensatz dazu temporär und beeinträchtigt hauptsächlich die Arbeit des Betroffenen. Es ist möglich, dass er an seinem Arbeitsplatz Passivität oder Reizbarkeit an den Tag legt, sich aber in seinem privaten Umfeld normal verhält. Wer unter genereller Depression leidet, kann die Lebensbereiche nicht trennen, seine Schuldgefühle betreffen deshalb alles, was nicht so ist, wie es sein soll. Sind die depressiven Zustände durch Burnout verursacht, reagiert der Betroffene eher zornig.

Laut Unger (1980) sind die Burnout-Symptome entweder körperlicher, psychischer oder verhaltensbezogener Natur:

Individuelle Burnout Symptome		
Physisch	*Psychisch*	*Behavioristisch*
Physische Erschöpfung / Ermüdung	Starrheit Veränderungen gegenüber / Verlust der Flexibilität	Schlechte Leistungen / Unzufriedenheit bei der Arbeit
Depression	Verlust des Mitgefühls / Apathie	
Schlaflosigkeit oder verstärktes Schlafbedürfnis	Zynismus / Negativismus	Verringerte Kommunikation / Rückzug
Kopfschmerzen	Emotionale Erschöpfung / Verlust der emotionalen Kontrolle	Hohe Personalfluktuation / Arbeitsplatzwechsel
Magen- und Darmbeschwerden / Geschwüre	Schlechte Stimmung / Gefühl der Sinnlosigkeit	Häufiges Fehlen am Arbeitsplatz
Häufige und lang anhaltende Erkältungen		Verlust des Enthusiasmus für die Arbeit
Gewichtsab- oder zunahme	Verlust der Geduld / Reizbarkeit	Verstärkter Drogenmissbrauch
Kurzatmigkeit	Unfähigkeit, mit belastendem Stress umzugehen	Eheprobleme und verstärkte Konflikte mit der Familie
Bluthochdruck	Gefühle wie Wut / Bitterkeit / Ablehnung / Widerwille	
Hohe Cholesterinwerte		Hoher Alkoholkonsum
Herzkrankheit	Langeweile	Mangel an Zielen bei der Arbeit / Unfähigkeit, Prioritäten zu setzen
Beeinträchtigte Sprache		
Sexuelle Dysfunktion	Vermindertes Selbstbild	Anfälligkeit für Unfälle

	Dehumanisierung des Klienten / Neigung, ihn abzustempeln	Häufige Beschwerden über die Arbeit
	Verlust der Ideale / Desillusionierung	Vergesslichkeit / schlechte Konzentration
	Frustration	„Workaholismus“
	Unfähigkeit, Entscheidungen zu treffen	
	Gefühl der Machtlosigkeit	
	Misstrauen / Paranoia	
	Schuldgefühle / Gefühl, zu versagen	
	Depression	
	Entfremdung	
	Verstärkte Besorgnis	
	Übersteigertes Selbstvertrauen / Neigung, hohe Risiken einzugehen	
	Stagnation	
	Gefühl, besonders wichtig zu sein / Glaube, allwissend zu sein	
	Verlust des Charisma	

Quelle: Unger, D. (1980)., *Superintendent Burnout: Myth or Reality?*, (Ph. D. Dissertation, The Ohio State University, Columbus.

2.3 Burnout als dynamischer Prozess

Wenn man die Burnout-Forschung über die Jahre hinweg verfolgt, stellt man fest, dass eine allmähliche Verlagerung stattgefunden hat: von der Betrachtung von Burnout als einer Ansammlung von Symptomen, wie dies für frühere Studien typisch war (Borritz u. a., 2006), hin zu einer moderneren, systematischeren Beschreibung der dynamischen Phasen, die zu Burnout führen. Burnout wird dabei als ein definierter Prozess verstanden (Leiter, 1993). Dieser Prozess ist langsam, sogar so langsam, dass der Betroffene selbst ihn überhaupt nicht bemerkt (Farber, 2000; Golembiewski u.a. 1990;

Miller 1990; Raiger, 2005; Schaufeli u. a. 1993; Veninga und Spradley, 1982; Wright, 2005). Burnout ist eine kontinuierliche Entwicklung und weder ein einmaliges Vorkommnis noch eine traumatische Reaktion auf plötzliche Veränderungen, denn die Ursachen des Syndroms wirken fortwährend. Dadurch sind sie nur schwer identifizierbar und unterminieren langsam und latent die Ressourcen des Individuums (Ashford und Lee, 1997; Farber, 2000; Leiter, 1998; ders., 2005; Maroon, 1997; Miller u. a., 1990; Raiger, 2005).

Einige Forscher beschreiben den Prozess als hierarchisch, andere als zyklisch innerhalb eines geschlossenen Kreislaufs (Halbesleben und Bowler, 2007). Manche Studien sehen in der Entwicklung von Burnout einen kumulativen Prozess, der durch den inneren Druck des Berufstätigen entsteht (Cherniss, 1995) und stufenweise abläuft (Edelwich und Brodsky, 1980). Außerdem betonen sie den Zusammenhang von Burnout und Dienstalter: Je geringer das Dienstalter des Sozialarbeiters im Beruf und an seinem Arbeitsplatz, desto größer die Wahrscheinlichkeit für Burnout.

Für Pines u. a. (1981) ist Burnout eine Erosion in der menschlichen Psyche, ein sich allmählich verbreitendes Übel, welches das Individuum mit der Zeit in einen Zustand hineinzieht, aus dem es sich nur schwer befreien kann. Diese Erosion beginnt mit emotionaler Erschöpfung aufgrund der endlosen Belastungen der Arbeit, welche die Ressourcen des Individuums untergraben. Später baut der Sozialarbeiter einen Verteidigungsmechanismus gegen die emotionalen Anforderungen seiner Klienten auf, indem er sein Engagement reduziert, eine psychologische Schranke zwischen sich und den Erfordernissen der Arbeit errichtet und seine Ideale und Hoffnungen aufgibt. Er hält Nähe und Empathie aus seinen zwischenmenschlichen Beziehungen heraus und legt eine strenge, zynische und entfremdete Haltung an den Tag. Diese Reaktion schadet jedoch seinem eigenen Wohlbefinden, seinem Sinn für Effizienz bei der Arbeit und seiner Tauglichkeit für den Beruf. Die Welt scheint seine gesamten Bemühungen um Fortschritt zu vereiteln, er betrachtet seine eigenen Leistungen als unbedeutend.

In der Arbeitspsychologie wird die Berufslaufbahn in verschiedene Stadien unterteilt, die alle Berufstätigen durchlaufen. Die Dauer des einzelnen Stadiums, seine typischen Manifestationen und seine Intensität variieren je nach Individuum. Buchanan (1974) schlägt eine Unterteilung in drei Phasen vor: Die erste Phase, in den ersten zwei Jahren der Berufstätigkeit, ist gekennzeichnet von Unsicherheit und Spannungen aufgrund der Angst, bei neuen, ungewohnten Aufgaben Fehler zu machen. Der Berufstätige braucht Ermutigung und Akzeptanz, um diese Zeit bewältigen zu können. Dies ist die kritischste Periode, denn sie hat den bedeutendsten und prägendsten

Einfluss auf die Herausbildung der beruflichen Identität. Die zweite Phase erreicht der Berufstätige meist im dritten und vierten Jahr. Der Schwerpunkt verlagert sich nun vom Sicherheitsbedürfnis auf das Bemühen, leistungsfähig zu sein und Aufgaben optimal auszuführen. Die Furcht, zu versagen, ist jedoch durchaus noch vorhanden. In der dritten Phase, ab dem fünften Berufsjahr, kristallisieren sich Arbeitsmethoden und Loyalität zur Arbeit und zum Arbeitgeber heraus.

Die Phasen der Berufslaufbahn von Sozialarbeitern und ihre Relation zu Burnout

Anfängliches Arbeitsengagement – die ersten zwei Jahre der Berufstätigkeit

Die üblichen Gründe für die Berufswahl des Sozialarbeiters sind Idealismus und ein gewisses Sendungsbewusstsein. Diese Motive verstärken sich im Allgemeinen während der Ausbildung (Conrad und Keller-Guenther, 2006; Ryan und Lane, 1997), nicht zuletzt durch den gesellschaftlich vermittelten Eindruck, der Sozialarbeiter habe die alleinige Verantwortung für das Wohl des Klienten. Dieser „Berufsmythos“ (Farber, 1991) besagt, dass soziale Dienste (a) immer interessant sind; (b) die Fähigkeiten einer gut ausgebildeten Person erfordern; (c) von mitfühlenden und empfindsamen Menschen geleistet werden; (d) flexibel und autonom auszuführen sind; (e) den Sinn für Kollegialität fördern; und (f) durch Dankbarkeit und Wertschätzung belohnt werden. Deshalb ist die erste Phase seiner Berufstätigkeit kritisch für den jungen, frisch aus der Ausbildung kommenden Sozialarbeiter. Er muss, durchdrungen von Enthusiasmus und großen Erwartungen, seine Zielsetzungen und seinen Platz im realen Arbeitsumfeld finden.

Nun wird er mit den Problemen und Hürden des Arbeitsalltags konfrontiert, auf die er während seiner Ausbildung nicht genügend vorbereitet worden war. Dazu gehören die Schwierigkeiten, die Situation der Klienten zu verbessern, ganz unabhängig davon, wie groß die Bemühungen des Sozialarbeiters auch sind, sowie die Unmöglichkeit, die Ergebnisse der eigenen Arbeit tatsächlich zu messen und zu beurteilen, aber auch die Bürokratie, die die Autonomie der Sozialarbeiter beschränkt und Konflikte zwischen ihnen verursacht.

Der Verlust an Idealismus, Enthusiasmus und Engagement als Reaktion auf Belastungen und schlechte Arbeitsbedingungen kann prinzipiell in jeder Phase der Berufstätigkeit auftreten. Doch kommt diesen ersten Jahren, wenn der Sozialarbeiter die Studentenrolle hinter sich lässt und durch Praktika und auf seiner ersten Arbeitsstelle Erfahrungen sammelt, eine Schlüsselstellung in Bezug auf Verhaltensänderungen zu. Jetzt nehmen berufliche Vorstellungen, Werte, Einstellungen und Zielorientierung Gestalt an. Es ist die Phase, in der der Grundstein für die allgemeine Richtung der beruflichen Entwicklung gelegt wird – und auch für den Burnout-Prozess.

Cherniss (1980) beobachtete 28 junge Arbeitnehmer in helfenden Berufen (Sozialarbeiter, Ärzte und Pflegekräfte in der Psychiatrie, Krankenschwestern, Lehrer usw.) und beschrieb die Veränderungen, die diese in ihren ersten drei Berufsjahren durchliefen. Er stellte fest, dass die jungen Helfer am Anfang ihrer Berufstätigkeit zahlreichen Druckzuständen ausgesetzt waren. Die Lösungsansätze, die sie anwendeten, um mit den Problemen fertig zu werden, veränderten auch ihre Methoden und ihr Arbeitsverhalten. Diese Veränderungen können negativ sein und zu Burnout führen. Cherniss bemerkt in seiner Studie, dass alle Helfer ihre neuen Positionen mit Gefühlen starker Unsicherheit und Zweifel bezüglich ihrer Arbeitseffizienz angetreten haben. Diese „Kompetenzkrise" ist eine ernst zu nehmende Stress-Quelle bei den jungen Helfern und eine potentielle Ursache für Burnout, falls die negativen Gefühle stärker werden und länger anhalten. In mehreren der geschilderten Fälle trat Burnout dann auch tatsächlich ein.

Burnout als fortschreitender, kumulativer Prozess

Wenn der hoch motivierte Sozialarbeiter seine Karriere beginnt, blockieren mangelnde Arbeitserfahrung und der tägliche Druck seinen Weg zur optimalen Leistungsfähigkeit. Die Motivation sinkt deshalb, und die erste Burnout-Phase beginnt (Pines, 1993).

Als Reaktion auf den Druck und die Frustrationen setzen Entfremdung von der Arbeit und emotionale Distanz zum Klienten ein, besonders wenn der Sozialarbeiter selbst keine aktiven Schritte unternimmt, um sich dem Burnout zu stellen, und auch am Arbeitsplatz keinerlei Unterstützung verfügbar ist (Borritz u. a., 2006; Cherniss, 1995; Maroon und Matousek, 2004; Mroczeck, 2005; Raiger, 2005; Wright, 2005). Er ist weniger engagiert und mitfühlend und sieht in seinen Klienten eher „Feinde" als unschuldige Opfer, sein anfänglicher Idealismus und sein Sendungsbewusstsein verwandeln sich in Apathie – „er macht nur noch seinen Job".

Solche Haltungen und Verhaltensweisen steigern sein Gefühl der Inkompatibilität. Später bewirken stärkerer Druck und sein Glaube, zu versagen, die Verringerung seiner psychischen Anteilnahme. Seine Arbeit hat keine Bedeutung mehr für sein Leben, was sich in folgenden Verhaltensweisen ausdrückt:

1. Er setzt sich bescheidenere Ziele: Der Sozialarbeiter konzentriert sich lediglich auf wenige Klienten, mit denen er einfacher zurechtkommt, während er andere nahezu ignoriert. Dies wird in lakonischen Bemerkungen wie der Folgenden deutlich: „Irgendwann habe ich mich nur noch mit einem Klienten intensiv beschäftigt." Der Sozialarbeiter hat nur noch niedrige Erwartungen, und wenn er überhaupt Interventionen plant, dann lediglich mit „leichten", unbedeutenden Zielen, die dem Klienten nicht zu mehr Unabhängigkeit verhelfen.
2. Er flüchtet sich in Schuldzuweisungen: Wenn der Sozialarbeiter nicht einmal mehr bescheidene Ziele erreicht, wenn er schon in kleinen Dingen versagt und jedes neuerliche Versagen seinem Kummer zusätzliche Nahrung gibt, wie soll er diese Niederlagen dann akzeptieren? Die Lösung ist, anderen die Schuld dafür zu geben: „Die Rahmenbedingungen stimmen nicht, deshalb kann ich meinen Klienten nicht helfen." Wenn der Klient zu seinen zerstörerischen Verhaltensweisen zurückkehrt, neigt der Sozialarbeiter dazu, den Klienten dafür verantwortlich zu machen, ohne die Möglichkeit seiner eigenen Unfähigkeit oder Unsensibilität in Erwägung zu ziehen. Er befreit sich auf diese Weise von seinen Schuldgefühlen. In der nächsten Stufe hört er auf, nach alternativen Behandlungsmethoden für seine Klienten zu suchen.
3. Seine Empathie für den Klienten nimmt ab: Der Helfer stößt auf unerwartete Schwierigkeiten während der therapeutischen Begegnungen und er beginnt, dem Klienten die Schuld dafür zu geben, statt die eigene Verantwortung und die eigene Rolle sowie seine Gefühle dem Klienten gegenüber zu hinterfragen. Idealismus, Vertrauen und der Glaube an die persönliche Stärke des Klienten schwinden, und er empfindet sogar Feindseligkeit wie an Aussagen deutlich wird wie: „Die Klienten sind undankbar und denken eingleisig. Ich hasse sie."
4. Er strebt nach persönlichen Vorteilen: Diejenigen, die eine Karriere in den helfenden und Dienstleistungsberufen anstreben, sind in der Regel Altruisten, die anderen Menschen helfen und dienen wollen – jedenfalls am Anfang ihrer Laufbahn. Später neigen sie dazu, sich mehr und mehr auf ihre persönlichen Bedürfnisse zu konzentrieren und sich darüber zu beschweren, dass diese nicht befriedigt werden könnten und dass sie ausgebeutet würden. Ihre eigenen Wünsche sind nun an die erste Stelle gerückt. Hingabe und Empathie für andere Menschen verkümmern und verschwinden schließlich. Extrinsische Faktoren wie Gehalt, Arbeitsstunden und zusätzliche Pflichten werden wichtiger in dem Maße, wie Sozialarbeiter ihre Arbeit als frustrierend und undankbar empfinden.

5. Er scheidet aus dem Beruf aus: Wenn der neue Sozialarbeiter seine Ziele niedriger steckt und schrittweise seine Empathie und sein Mitgefühl für seine Klienten verliert, dann beginnt er spüren, dass er nicht mehr fähig ist, andere zu beeinflussen und positive Ergebnisse zu erzielen. Da ihn die eigenen Probleme ganz in Anspruch nehmen, sinkt sein Mitgefühl und er verliert sein Sendungsbewusstsein. Er investiert weniger Zeit und Energie in seine Arbeit, verteidigt sich auf diese Weise gegen Schmerz und emotionale Verluste. Schließlich gibt er seine Arbeit ganz auf.

Farber (2000) stellt ein weiteres detailliertes Modell vor, das auf ältere Studien Bezug nimmt. Er konstatiert, dass alle dynamischen Modelle von Burnout die verringerte Fähigkeit zur Reaktion seitens des Berufstätigen aufdecken. Zuerst treten Symptome wie körperliche Ermüdung auf, als Höhepunkt des Prozesses folgt die emotionale Erschöpfung.

In dem Versuch, die dynamische Entwicklung des Burnout-Phänomens zu beschreiben, beobachtete Freudenberger (1977) Angestellte in Pflege- und Dienstleistungsberufen. Er fand heraus, dass der Prozess tief im Inneren des Helfers unbewusst abläuft und dieser deshalb sich selbst gegenüber die Probleme nicht zugeben kann. Erste Anzeichen für Burnout treten laut Freudenberger auf, wenn der Helfer mehr und mehr Mühe in seine Arbeit investiert und zugleich immer weniger Ergebnisse erzielt, dies frustriert und isoliert ihn. Die großen Anstrengungen laugen ihn mental und emotional aus, lassen ihn weniger effektiv und dafür in seinen Ansichten und seinem Verhalten zynischer werden.

Golembiewski u. a. (1989) legen den Schwerpunkt ihrer Burnout-Forschung bei Berufstätigen auf den Entwicklungsprozess über einen längeren Zeitraum hinweg und betonen seine Dynamik.

Dem Prozess-Modell nach Cherniss (1980) zufolge läuft Burnout in drei Stufen ab: (a) ein Ungleichgewicht entwickelt sich zwischen den Ressourcen und den Anforderungen (Druck); (b) dieses Ungleichgewicht macht sich durch Angst- und Spannungszustände sowie durch Erschöpfung bemerkbar; (c) es erfolgen Verhaltensänderungen wie beispielsweise die Tendenz, Klienten nicht als menschliche Wesen zu behandeln. In diesem Ungleichgewicht zwischen Anforderungen und Ressourcen beginnt der Helfer, Frustration und Widerwillen zu empfinden, gleichzeitig ist er angespannt, müde, zornig und unzufrieden. Der Prozess mündet in defensive Verhaltensmuster, in emotionale Isolation, psychischen Rückzug, Zynismus, Strenge, Verlust von Enthusiasmus, Sendungsbewusstsein und all dessen, was den Sozialarbeiter früher ausmachte und ihn ursprünglich in diesen Beruf geführt hatte (Conrad und Keller-Guenther, 2006; Ryan und Lane, 1997).

Edelwich und Brodsky (1980) erweitern das Modell von Cherniss (1980). Sie beschreiben verschiedene Phasen, in denen der Helfer schrittweise sein Interesse verliert. Gleichzeitig schwindet sein Enthusiasmus, und er entwickelt ein negatives Selbstbild sowie feindselige Gefühle gegenüber Kollegen. Ernsthafte Erwägungen, Initiative und Verantwortungsgefühl verwandeln sich in Routine, Verachtung und Indifferenz. Die Beziehungen zu Freunden und zur Familie verschlechtern sich, der Betroffene empfindet Hilf- und Hoffnungslosigkeit im Umgang mit ihnen, all dies führt zu physischer und emotionaler Erschöpfung. Die Autoren betonen, dass der Burnout-Prozess unentrinnbar ist, ein Teufelskreis, der sich mehrmals im Berufsleben des Betroffenen wiederholt. Sie arbeiten ein fünfstufiges Modell heraus, dessen Ausgangspunkte Enthusiasmus und idealistische Hingabe des Helfers für seine Arbeit sind. Am Ende steht physischer und emotionaler Rückzug:

1. Anfänglicher Idealismus kennzeichnet diese Phase, es ist die Zeit der großen Hoffnungen sowie der großen Kluft zwischen Erwartungen und Wirklichkeit, wenn der Sozialarbeiter zu enthusiastisch ist, um innere und äußere Beschränkungen zu erkennen. Seine Rolle als Sozialarbeiter hat die oberste Priorität für sein Leben. In dieser Phase läuft er Gefahr, sich zu sehr mit seinem Klienten zu identifizieren und dessen Bedürfnisse mit den eigenen zu verwechseln. Gängige Beschreibungen des Seelenzustandes auf dieser Stufe sind „aufgeregt", „erregt", „selig", „von Gott auserwählt", aber auch „ängstlich", sogar „in Panik" wegen den extrem hohen Erwartungen auf vielen Gebieten. Edelwichs und Brodskys Interviews haben exzessive Erwartungen an den Tag gebracht. So fragten sie zum Beispiel einen Berater im Sozialdienst, der einst von seinen eigenen Trinkgewohnheiten geheilt worden war, wie er sich während der ersten Wochen gefühlt habe, in denen er nun in einer Klinik für Alkoholentzug arbeitete: „Ich war der Martin Luther King der Alkoholiker und führte sie in das Gelobte Land." Auf die Frage, wie er die ersten Wochen an seinem Arbeitsplatz im Sozialdienst erlebt habe, antwortet ein Sozialarbeiter: „Ich war voller neuer Ideen, mit denen ich das Leben der Klienten verbessern zu können glaubte." Der Leiter eines Heims für straffällig gewordene Mädchen sagte: „Ich hatte vor, die Fehler, die die Gesellschaft seit über hundert Jahren beging, gutzumachen." Ein Sozialarbeiter in der Drogenberatung: „Ich saß auf meinem weißen Ross und predigte die geistige Gesundheit und das Übel des Drogenmissbrauchs als wären sie das Evangelium. Ich stellte mir eine Gruppentherapie im Yankee Sta-

dium vor, bei der ich 10.000 Leute heilte." Verallgemeinert kann man feststellen, dass der Anfänger in der Sozialarbeit glaubt, er könne den Klienten retten, dass seine Arbeit positive Implikationen für sein eigenes berufliches Fortkommen und seine Lebensqualität haben würde. Er glaubt, die Klienten würden sich sofort ändern, ganz gleich, welche Probleme und welche inneren Widerstände sie auch haben mögen, und dass sie sofort seine Hilfe annehmen würden. Der junge Sozialarbeiter erwartet auch, Kontrolle über seine Klienten zu erlangen und sie leiten zu können – diese würden ihn dafür lieben.

2. Die Phase der Stagnation: Der Sozialarbeiter erbringt noch die notwendige Leistung an seinem Arbeitsplatz, aber die Arbeit füllt ihn nicht mehr ganz aus. Andere Dinge wie finanzielle Vergütung, angenehme Arbeitsstunden und die berufliche Entwicklung werden für ihn ebenfalls wichtig. Zu diesem Zeitpunkt befindet sich der Sozialarbeiter immer in dem gleichen Trott und er empfindet den Verlust seiner ursprünglichen Hoffnungen und Ziele, die zu seiner Berufswahl geführt hatten, als schmerzhaft.
3. Die Phase der Frustration: Das Gefühl der Unfähigkeit, den Klienten helfen zu können, steht im scharfen Gegensatz zum Machtgefühl der ersten, enthusiastischen Phase, als der Sozialarbeiter noch das Leben der Klienten ändern wollte und sich in dem Glauben befand, dies auch tatsächlich schaffen zu können. Die Frustrationsphase generiert nun die gegenteiligen Gefühle. Darüber hinaus können sich bei dem Betroffenen zu diesem Zeitpunkt, als Reaktion auf die arbeitsbedingte Frustration, emotionale und physische Probleme sowie Verhaltensstörungen bilden.
4. Die Phase der Indifferenz: Der Sozialarbeiter entwickelt Gleichgültigkeit als ein natürliches Verteidigungssystem gegen Frustration, wenn er von seiner Arbeit extrem enttäuscht ist, diese aber braucht, um zu existieren. Er sorgt sich nun mehr um die eigene Gesundheit und seinen Seelenfrieden und widmet seiner Arbeit nur noch minimale Zeit. Er fürchtet Herausforderungen und ist unzufrieden mit seiner Rolle am Arbeitsplatz.
5. Die Behandlung von Burnout: Der Sozialarbeiter kann aus dem Teufelskreis ausbrechen, indem er seinen Arbeitsplatz aufgibt oder sich für eine längere Zeit beurlauben lässt. Er kann eine andere Art von Arbeit aufnehmen, sich fortbilden oder die Karriereleiter hochklettern. Auf diese Weise ist es ihm möglich, aus dem Burnout-Prozess gestärkt und erneuert hervorzugehen, mit einem größeren Selbstbewusstsein, das zur Weiterentwicklung der Persönlichkeit beiträgt.

Veninga und Spradley (1982) liefern uns eine bildhafte Beschreibung der fünf Phasen des Burnout-Prozesses:

„Flitterwochen" heißt bei ihnen die erste Phase, die des Enthusiasmus und der Zufriedenheit. Aber es wird zu viel Energie dabei verbraucht.

„Kraftstoffknappheit" ist die zweite Phase, typisch dafür sind Unzufriedenheit und Ineffizienz. Es tritt verstärkt Müdigkeit auf, begleitet von Schlaflosigkeit.

„Etwas geschieht mit mir", das sind die Gedanken des Betroffenen in der dritten Phase. Er merkt nun, dass irgendetwas in seiner Arbeit und in seinem Leben schief läuft. An diesem Punkt fühlt er chronische Erschöpfung, physische Krankheiten, starken Zorn und Depression.

Phase vier ist die „Krise". Der Sozialarbeiter verfällt in tiefen Pessimismus und in Selbstzweifel, er wird geradezu besessen von seinen Problemen.

Die fünfte Phase wird beschrieben als „mit dem Kopf gegen die Wand schlagen". Arbeitsresultate und Verhalten sind inzwischen ein schweres Problem, seine physische und emotionale Gesundheit sind stark gefährdet.

Kafry und Etzion (1978) betonen die Verzweiflung, die Frustration und die emotionalen Störungen gegen Ende des Burnout-Prozesses:

Die erste Phase beginnt mit Unzufriedenheit am Arbeitsplatz und entwickelt sich zur negativen Einstellung gegen diesen. Helfer, die bei der Berufswahl Enthusiasmus, Initiative und Selbstvertrauen ausgestrahlt hatten, beginnen über körperliche Ermüdung zu klagen, negative Gefühle ihrer Arbeit gegenüber zu entwickeln, sie werden lethargisch und gleichgültig, legen Verachtung und Ungeduld an den Tag.

In der zweiten Phase richtet sich die negative Haltung auch gegen andere, im Allgemeinen gegen Supervisoren, Kollegen, Untergebene, Klienten, Familienangehörige und Freunde. Intoleranz kennzeichnet den Umgang mit anderen Menschen. Dies ist fruchtbarer Boden für unangenehme private und berufliche Interaktionen und für die Verschlechterung der sozialen und familiären Beziehungen. Beide Phasen haben ernste negative Konsequenzen sowohl für die persönliche als auch für die berufliche Ebene.

In der dritten Phase entwickelt sich eine negative Haltung gegen sich selbst heraus. Das Individuum beginnt, Verzweiflung und Frustration zu spüren. Es hat nicht mehr die Fähigkeit und auch keine Hoffnung, seine Probleme zu bewältigen. Grundlegende Zweifel an seiner Eignung und seiner geistigen Gesundheit machen sich beim Helfer breit. Das körperliche Befinden verschlechtert sich, Ermattung und depressive Zustände nehmen überhand. Der Betroffene neigt dazu, mehr zu rauchen, zu trinken und zu essen, was seine Beschwerden und seine Feindseligkeit gegenüber sich selbst und seiner Umgebung noch verstärkt. So wird er in einen Teufelskreis geschleudert, und in einigen extremen Fällen ist er sogar selbstmordgefährdet.

Friedman (1995 und 2000) hat seine Beschreibung des Entwicklungsprozesses auf zwei Hauptphasen von steigender Intensität beschränkt. In der ersten Phase hat der Berufsanfänger ein Gefühl unerfüllten persönlichen Potentials, gefolgt von dem Glauben, sich auch beruflich nicht verwirklichen zu können. Daraus resultieren Symptome physischer Ermüdung und zunehmende emotionale Erschöpfung. Der Zustand erreicht seinen Höhepunkt, wenn der Sozialarbeiter seinen Arbeitsplatz aufgeben will (Farber, 1991; Garden, 1987). Diese Thesen sind jedoch nicht empirisch belegt.

Die systematischste und wissenschaftlich am stärksten fundierte Beschreibung von Burnout stammt von Maslach (1982) und stützt sich auf zahlreiche empirische Daten. Hier werden die Gefahren der Entmenschlichung, die mit dem Prozess verbunden sind, besonders deutlich hervorgehoben. Er läuft schrittweise ab, der erste Ausbruch ist lediglich ein Auslöser für weitere. Maslach betont, dass Burnout ein chronischer Zustand ist, der sich über Monate oder sogar Jahre hinziehen kann. In der Anfangsphase ist es schwierig zu erkennen, denn die meisten Betroffenen sind talentierte, unabhängige Individuen, die ihre Schwächen und Probleme gut zu verbergen wissen.

Aufgrund von Maslachs weitreichenden Untersuchungen, in deren Rahmen sie sich mit verschiedenen Berufen im Gesundheits- und Sozialwesen beschäftigt hat, lassen sich drei Hauptphasen von Burnout herausarbeiten: Der engagierte Sozialarbeiter, der sich stark für seine Klienten einsetzt, wird von deren emotionalen Anforderungen überwältigt. Seine Psyche antwortet mit emotionaler Erschöpfung. Ein emotional erschöpfter Helfer kann jedoch nichts mehr von sich geben, er isoliert sich psychisch und emotional und nimmt die Rolle eines Rädchens im Getriebe an; er leistet nur noch Dienst nach Vorschrift.

Der Helfer entwickelt Entfremdung wie einen Reflex und reagiert sehr harsch oder gar nicht mehr auf die Bedürfnisse anderer Menschen. Die Kombination von Isolation, Entfremdung und Entmenschlichung kennzeichnet die zweite Stufe des Burnout-Syndroms: die Depersonalisation. Der Sozialarbeiter wird zynisch seinen Klienten gegenüber, er sieht immer weniger Möglichkeiten, ihre Situation zu verändert, hat überhaupt keine Erwartungshaltung mehr. Doch diese negative Einstellung vermittelt dem Sozialarbeiter auch Schuldgefühle, die wiederum verhindern, dass er in angespannten Situationen emotional angemessen funktionieren kann. Er entwickelt Techniken, mit Hilfe derer er sich weiter distanzieren und isolieren kann, bis hin zu dem Punkt, wo er Klienten nicht mehr als menschliche Wesen ansieht. Er macht die Opfer selbst für ihre Probleme verantwortlich. Dieser Prozess ist im höchsten Maße schädlich für den Sozialarbeiter, er verliert sein menschliches Mitgefühl, seinen Sinn für Gegenseitigkeit und sein Einfühlungsvermögen. Noch größer ist allerdings der Schaden bei den Klienten, die zu Objekten einer kalten, analytischen Haltung werden. Der Betroffene erreicht emotionale Isolation durch verbale Techniken wie negatives Abstempeln: „Sie sind wie Tiere", sowie durch Verteidigungsmechanismen wie Intellektualisierung, Verleugnung und Rückzug, damit er die Situation objektiv und emotionslos betrachten kann.

Die dritte Komponente des Burnout-Syndroms ist das Gefühl der verminderten Leistungsfähigkeit. Der Helfer ist unzufrieden mit sich selbst und meint, versagt zu haben. Da er die Bedürfnisse seiner Klienten nicht erfüllen kann, vermindern sich, in seiner eigenen Beurteilung, sein Talent und seine Fähigkeiten, anderen zu helfen. Symptome von Depression können jetzt auftreten. Einige geben ihre Arbeit auf und suchen sich eine Betätigung, die weniger zwischenmenschliche Spannungen mit sich bringt.

Die drei Phasen lassen sich folgendermaßen zusammenfassen:

Emotionale Erschöpfung → Depersonalisation →
Verminderte persönliche Leistungsfähigkeit

Im Weiteren wenden Maslach u. a. (1997) ihre Aufmerksamkeit den Unterstützungsmechanismen zu, die Burnout verhindern können. Das wichtigste Mittel, um berufliche Ziele und professionelle Standards zu erhalten, sind persönliche, arbeitstechnische und soziale Unterstützungssysteme wie zum Beispiel gemeinsame Ziele und Werte. Je besser eine Institution auf diese Elemente eingeht, desto geringer ist die Gefahr von Burnout bei ihren Angestellten.

Ziele und Erwartungen
Allgemein
Gruppenspezifisch
Persönlich

↓ ↓

Unterstützendes Umfeld	**Stressverursachendes Umfeld**
Vorhandensein positiver Faktoren Abwesenheit negativer Faktoren	Vorhandensein negativer Faktoren Abwesenheit positiver Faktoren
↓	↓
Ziele erreicht und Erwartungen erfüllt	Ziele nicht erreicht und Erwartungen nicht erfüllt
↓	↓
Erfolg	Scheitern
↓	↓
Existenzielle Signifikanz	Burnout

Quelle: Pines, A., Aronson, E. (1988), *Existential Model of Burnout.*

2.4 Burnout als multidimensionaler Prozess

Die meisten Modelle erklären die Entwicklung von Burnout als eine Konsequenz aus Inkompatibilität und Reibungen zwischen Individuen und ihrer beruflichen wie privaten Umwelt. (Cherniss, 1980; ders., 1991; Cooper und Payne, 1991; Demmer, 2004; Evans und Huxley, 2006; Goddard u. a., 2006; Leiter und Maslach, 2005; Maslach und Goldberg, 1998; Mroczek u. a., 2005; O'Brien und Page, 1994; Piko, 2006; Raiger, 2005; Schneider, 1998).

In der Forschungsliteratur werden meist die Stressfaktoren in der Arbeitsumgebung in den Vordergrund gestellt und für Burnout-Fälle verantwortlich gemacht (Goddard u. a., 2006; Leiter, 2005), nicht die persönlichen Eigenschaften des Berufstätigen. Laut Maslach (1982) gibt es keine schlechten Menschen, nur schlechte Situationen. Sie schränkt dies jedoch ein: Da nicht alle gleichermaßen von Burnout betroffen seien, wie sie betont, und die Zeit, in der dieser Prozess abläuft, zudem von Person zu Person variieren kann, müssen die persönlichen Qualitäten des Einzelnen also doch teilweise eine Rolle spielen.

Green u. a. (2006) und Stalker u. a. (2007) heben die arbeitsimmanenten Ursachen von Burnout aus folgenden Gründen hervor: (a) Untersuchungen über individuelle Charakterzüge haben, im Vergleich zu den weitreichenden Belegen über den Einfluss von Umweltfaktoren, nur widersprüchliche und schwache Erklärungen für den jeweiligen Ablauf und die Schwere von Burnout geliefert. Es wurde festgestellt, dass bestimmte Arbeitsmilieus Burnout geradezu epidemieartig auslösen, so dass sogar die stärksten Charaktere davon betroffen sind, während in anderen Milieus, die durchaus nicht vollkommen ohne objektive Spannungszustände sind, weniger Burnout-Fälle vorkommen (Burke und Greenglass, 1995; Golembiewski und Minzenrider, 1988; Maslach und Leiter, 1997); (b) Intervention und Kontrolle sind einfacher bei Umweltvariablen durchzuführen als bei individuellen – dieser Umstand lässt es als gerechtfertigt erscheinen, dass die Forschung sich auf die Umweltvariablen konzentriert; (c) es ist absurd, die Erklärungsansätze und die Interventionsstrategien auf das Individuum zu fokussieren, es dadurch für seine Probleme allein verantwortlich zu machen und zur „Selbstheilung" und Neudefinition seiner Wahrnehmung und seiner Persönlichkeit anhalten zu wollen. Burnout-Opfer haben das Gefühl begrenzter Selbstverwirklichung und sind ihrer selbst und ihrer Fähigkeiten, sich zu ändern, unsicher. Deshalb ist es wenig effektiv, das Augenmerk auf das Individuum zu richten und auf seine Möglichkeiten, an sich zu arbeiten. Vielmehr sollte man sich auf die institutionellen Faktoren konzentrieren, beziehungsweise auf den konkreten Arbeitsplatz selbst; (d) die Forschung belegt, dass die Möglichkeiten, das Verhalten des Individuums zu ändern, beschränkt sind und die Versuche, die unternommen wurden, seine Haltung zu modifizieren, ineffektiv geblieben sind, wenn nicht auch gleichzeitig die beruflichen Spannungen reduziert wurden (Berg, 1994; Huberman, 1993).

Aus der Fachliteratur lassen sich vier verschiedene Kategorien von Hauptvariablen herausarbeiten, die miteinander korrelieren und Burnout bewirken können:

- Persönliche Variablen – der Hintergrund des Sozialarbeiters
- Variablen der Beziehung zwischen Sozialarbeiter und Klient / Klientenstruktur
- Variablen des Arbeitsumfeldes
- Soziokulturelle Variablen

2.4.1 Persönliche Variablen – der Hintergrund des Sozialarbeiters

Obwohl die meisten Theorien den Einfluss der Umwelt auf Burnout betonen (Maslach und Pines, 1979), sind auch persönliche Variablen wichtig (Cooper und Payne, 1991; Oginska, 2006; Stalker u. a., 2007).

In der Forschung besteht Konsens darüber, dass es individuelle Unterschiede im Burnout-Muster gibt, die mit den jeweiligen charakteristischen Persönlichkeitsmerkmalen der Betreffenden zusammenhängen (Maslach, 1982).

Diese Merkmale können in zwei Hauptgruppen unterteilt werden: demographische Variablen wie Alter, Geschlecht, Familienstand, Bildungsniveau und Dienstalter sowie personenspezifische Variablen, die die Anfälligkeit für Burnout erklären können. Für den Sozialarbeiter sind die Letzteren besonders wichtig, denn sie stellen ein wesentliches Instrument zu seiner Heilung dar.

Demographische Variablen

Alter:
Druckzustände und Burnout sind in der Regel häufiger bei jungen Berufstätigen zu finden (Alimoglu und Donmez, 2005; Bellani u. a., 1996; Demmer, 2004; Poulin und Walter, 1992; Randall, 2007). Jüngere Sozialarbeiter berichten außerdem eher über ein hohes Ausmaß an emotionaler Erschöpfung und Depersonalisation, andererseits aber auch über ein starkes Streben nach Selbstverwirklichung. Die meisten Studien weisen darauf hin, dass ältere oder erfahrenere Sozialarbeiter weniger sensibel auf Druckzustände am Arbeitsplatz reagieren. Dies wurde durch ihre „psychische Reife“ erklärt, die zu moderateren Erwartungen und leichterer Akzeptanz von Schwierigkeiten führe. Sie haben Strategien entwickelt, um mit Druck am Arbeitsplatz umzugehen. Im Gegensatz dazu kam Gann (1980), der Burnout bei amerikanischen Sozialarbeitern untersucht hat, zu dem Ergebnis, dass diese, je älter sie waren, auch umso anfälliger für Burnout waren. Lau und Cohen (2005) schließen daraus, dass es zwei kritische Phasen für die Burnout-Anfälligkeit gibt: in der Anfangszeit der Berufstätigkeit und spät im Berufsleben (Alimoglu und Donmez, 2005; Maslach und Jackson, 1981).

Geschlecht:
Bei der Betrachtung derjenigen Studien, die sich mit dem Zusammenhang zwischen Burnout und Geschlecht beschäftigen, kristallisiert sich kein klarer Konsens heraus. Einige Studien (Dolan u. a., 2003) stellen fest, dass Frauen eher von Burnout-Symptomen berichten als Männer. Dies mag die Ansicht stützen, dass Gefühlsäußerungen und das Eingestehen von Schwäche bei Frauen gesellschaftlich eher akzeptiert sind, bei Männern jedoch als unangebracht angesehen werden (Kokkinos, 2006; Pines u. a., 1981; Zahn-Waxler u. a., 1991). Maslach und Jackson (1981) sind zu der Schlussfolgerung gelangt, dass Frauen sich auf der Skala der emotionaler Erschöpfung selbst höher einschätzen als Männer, jedoch tiefer, was ihre persönlichen Leistungen betrifft.

Pines und Kafry (1978) untersuchen die Wirkung von Druck speziell auf Frauen. Dabei stoßen sie auf das Problem der Proportionalität, denn Frauen sind in helfenden und sozialen Berufen (Bildung, Sozialarbeit, Wohlfahrt usw.) überrepräsentiert. Sie üben in diesen Berufen dieselben Tätigkeiten aus wie auch in ihren traditionellen gesellschaftlichen Rollen als Ehefrauen und Mütter: Sie erziehen, sie helfen und beraten. Die Belastung der Doppelrolle macht sie anfälliger für die Gefahren von Burnout als Männer. Die Autoren folgern aus ihren Studien, dass Frauen weniger Abwechslung, Unabhängigkeit, Einfluss und Kompensation aus ihrer Berufstätigkeit ziehen und dass sie unter stärkerem Druck und übertriebenen Anforderungen seitens ihrer Umwelt leiden.

Auch im Hinblick auf die geschlechtsspezifischen Variablen gibt es Studien, die keine Unterschiede in der Anfälligkeit für Burnout feststellen. Einige Untersuchungen berichten sogar von mehr Burnout-Fällen bei Männern (Bakker u. a., 2002; Bellani u. a., 1996; Demmer, 2004; Lessen u. a., 2005).

Familienstand:
Im Allgemeinen gibt es mehr Fälle von Burnout unter alleinstehenden Sozialarbeitern als unter verheirateten. Dies spricht für die wichtige Rolle der Familie als Rückhalt. Gleichzeitig muss man auch berücksichtigen, dass es sich bei ledigen Sozialarbeitern oft um jüngere Menschen handelt, die erst am Anfang ihrer Karriere stehen und dadurch ohnehin schon anfälliger für Burnout sind (Alimoglu und Domes, 2005).

Bildungsniveau:
Bildung ist ein demographisches Element, das der Sozialarbeiter vor oder während seiner Berufstätigkeit erwirbt. Laut Cherniss (1990) vermindert Bildung die Gefahr für Burnout, da sie dem Individuum einen Sinn für seine persönlichen Entwicklungsmöglichkeiten verleiht. Es hat dadurch eher das Gefühl, auch etwas zu bekommen und nicht nur zu geben. Dies steht jedoch auch im Zusammenhang mit dem jeweiligen Arbeitgeber und dessen Bereitschaft, die Weiterbildung seiner Angestellten zuzulassen und zu unterstützen. Darüber hinaus glaubt Cherniss, dass Institutionen, die Wissenserwerb als angestrebtes Ziel ansehen, Burnout unter ihren Mitarbeitern reduzieren. Wenn Angestellte in sozialen Diensten, die eine akademische Ausbildung haben, unter Druckzuständen oder Burnout leiden, können sie ihnen besser widerstehen als ihre Gehilfen oder Pfleger im selben System (Demir u. a., 2003; Maslach und Jackson, 1981).

In der Forschung finden sich jedoch auch abweichende Meinungen über den Zusammenhang von akademischer Ausbildung und Burnout. Unter Krankenschwestern im öffentlichen Gesundheitswesen ist Burnout umso seltener, je höher ihr Bildungsstand ist (Demir u. a., 2003). Im Gegensatz dazu wurde bei Krankenschwestern auf Intensivstationen eine positive Korrelation zwischen Burnout und hohem Bildungsstand ermittelt (Maslach u. a., 2001). Wahrscheinlich lässt sich diese Divergenz mit den höheren Erwartungen und dem Sendungsbewusstsein der Menschen erklären, die sich für hochqualifizierte Berufe entscheiden – Berufe, die große Kompetenz im Umgang mit problematischen Klienten in Notsituationen erfordern (Lee und Wang, 2002).

Dienstalter:
Im Hinblick auf das Dienstalter als Variable für Burnout gehen die Forschungsmeinungen ebenfalls auseinander. Takeda u. a. (2005) sind der Ansicht, dass Berufsanfänger anfälliger dafür sind als erfahrene Sozialarbeiter. Sie erklären sich dies mit dem „Realitätsschock“, den junge Helfer in den ersten Jahren ihrer Tätigkeit erleiden. Im Vorfeld ihrer Berufsaufnahme gehen sie davon aus, dass die Arbeit für sie ein Mittel zur Selbstverwirklichung sein würde. Die Enttäuschung kommt schnell und führt dazu, dass viele Sozialarbeiter, die den Burnout-Prozess durchlaufen haben, ihre Tätigkeit in diesem Berufsfeld aufgeben. Diejenigen, die von Burnout weniger betroffen sind, bleiben und erreichen ein höheres Dienstalter. Cherniss (1990) kommt zu dem gleichen Ergebnis wie Takeda u. a. (2005). Er stellt fest, dass Dienstalter und Erfahrung die Sozialarbeiter „dickhäutiger“ machen und sie dazu befähigen, mit Druck und Burnout souveräner umzugehen. Halm u. a. (2005) sind hingegen der Ansicht, dass ständiger, über Jahre wachsender Druck das Risiko von Burnout erhöht.

Personenspezifische Variablen

Trotz der großen Wichtigkeit der Variablen, die zu der Rolle am Arbeitsplatz und zum gesamten Arbeitsumfeld in Beziehung stehen, ist es für das Verständnis von Burnout unerlässlich, sich mit den personenspezifischen Variablen zu beschäftigen: Druck und Burnout sind schließlich psychische, emotionale, subjektive und erfahrungsbedingte Phänomene, die typisch für die Selbstwahrnehmung in der Sozialarbeit sind. Die beiden Ebenen können nicht voneinander getrennt werden (Bandura, 1979; Oginska-Bulik, 2006; Stalker u. a., 2007; Truchot u. a., 2001).

Der einzelne Sozialarbeiter bringt seine personenspezifischen Variablen in seine Rolle mit hinein, sie sind seine wichtigsten professionellen Instrumente. Diese Variablen sind nie allein für Burnout verantwortlich, sondern immer nur in Verbindung mit denjenigen, die aus seiner Umwelt und Familie resultieren.

Bestimmte persönliche Eigenschaften und Neigungen beschleunigen und verstärken das Auftreten von Burnout-Symptomen. Am anfälligsten sind engagierte, hingebungsvolle, mit ihren eigenen Gefühlen stark beteiligte Individuen, die sich selbst hohe Standards setzen – im Gegensatz zu denen, die sich ganz „auf den Sachverhalt konzentrieren", das heißt, nüchterner sind und die beschränkten Handlungsmöglichkeiten bei ihrer Arbeit akzeptieren. Für die potentiellen Burnout-Opfer steht der umfassende Hilfsaspekt im Vordergrund, ihre Motivation erwächst aus sozialem Engagement, dem Bedürfnis, mit Menschen zu arbeiten und denen, die in Not sind, zu helfen. Sie machen Überstunden und arbeiten unter extremem Druck, sie nehmen Arbeit mit nach Hause und sind nicht dazu imstande, sich davon zu distanzieren und zu entspannen. Sie nehmen nur kurz oder sogar gar keinen Urlaub. Sie fühlen sich ständig im Wettbewerb mit anderen und setzen sich unrealistisch hohe Ziele.

Der erste Forscher, der in diesem Zusammenhang der Persönlichkeit der betroffenen Sozialarbeiter Bedeutung beigemessen hat, ist Freudenberger (1974) – und zwar infolge seiner eigenen persönlichen Erfahrungen durch klinische, nicht durch statistische Forschungen. In seinem letzten Buch berichtet Freudenberger (1980) detailliert darüber, wie er selbst als Psychiater an Burnout gelitten hat. Neben seiner normalen Arbeit in einem New Yorker Krankenhaus hatte er eine Klinik gegründet, wo ehrenamtliches Personal Patienten unentgeltlich behandelte. Er fing seine Arbeit frühmorgens im Krankenhaus an und setzte sie dann in seiner Klinik bis Mitternacht fort. Nach einiger Zeit war er zu erschöpft, um aus dem Bett aufzustehen. Er untersuchte daraufhin, was ihn in diesen Zustand gebracht hat und kam zu dem Schluss, dass das Problem in seiner eigenen Psyche verwurzelt war.

Nicht alle Persönlichkeiten tendieren zu Burnout. Eine bescheidene Person mit geringen Ansprüchen ist weniger gefährdet. Eine dynamische Persönlichkeit strebt jedoch das Ideal von perfektionierter Leistung an. Freudenberger sieht die Crux bei der Wahl eines helfenden Berufes darin, dass jeder zukünftige Sozialarbeiter sich über seine eigene Motivation bewusst werden muss. Er sollte Ausgleich und Unterstützung suchen und in der Lage sein, sich die richtigen Fragen zu stellen: Hat er den Beruf gewählt, um mangelnde Aufmerksamkeit seitens seiner Eltern zu kompensieren? Sehnt er sich nach Macht? Ist sein Leben unbefriedigend? Glaubt er seine eigenen Probleme durch die Behandlung seiner Klienten lösen zu können? Erwartet er mehr von seinen Klienten zu bekommen, als er ihnen selbst geben kann? Versucht er einem durch die Gesellschaft festgelegten Standard gerecht zu werden statt den eigenen Werten? Ist er einer Philosophie zum Opfer gefallen, die Fehlschlägen keinen Raum zugesteht? Und vor allem: Hat er aufgehört, das Konzept von Erfolg und Scheitern zu hinterfragen, das ihm von außen auferlegt wurde? Reproduziert er Verhaltensmuster, die in seiner Kindheit geprägt wurden? Freudenberger nennt drei Typen von potentiellen Burnout-Opfern:

1. Der engagierte und gefühlsmäßig stark beteiligte Sozialarbeiter, der mit einem hohen Aufwand an Zeit und emotionalen Ressourcen arbeitet: Die Kompensation, die er dafür erhält, steht in keiner Relation zu seiner Investition. Er neigt dazu, sich zu viel Arbeit aufzubürden, die er außerdem zu intensiv leistet. Den Erfolgsdruck hat er sich zum Teil selbst auferlegt und verstärkt dadurch noch denjenigen, den die Klienten und sein Arbeitgeber ohnehin schon auf ihn ausüben. Die Hauptursache von Burnout in dieser Situation sind die endlosen, unerfüllten Bedürfnisse der Klienten, die fortwährend eine hohe Erwartungshaltung an den Tag legen. Der Helfer ist dadurch ständig in der Geberrolle. Diese Sozialarbeiter, deren Tür immer offen steht für ihre Klienten, sind bald ausgelaugt und gelangen an den Punkt der Erschöpfung.
2. Der Sozialarbeiter, der seine Arbeit als Mittel zur Erfüllung persönlicher Bedürfnisse ansieht: Er verbringt immer mehr Zeit an seinem Arbeitsplatz, bis er sich selbst schließlich ganz aufgibt und überhaupt keine wichtigen Beziehungen mehr außerhalb der Arbeit pflegt. Er entwickelt bald Burnout-Symptome, denn das Privatleben ist wesentlich für die mentale Gesundheit.
3. Die autoritäre Persönlichkeit, die immer alles im Griff haben muss, weil sie glaubt, niemand könne ihre Arbeit so gut machen wie sie selbst: Sie hat einen negativen Einfluss auf die Institution und die Kollegen und kann die selbstverursachten Belastungen nicht bewältigen. Freudenberger betrachtet diese autoritären Persönlichkeiten als anfällig für Burnout aufgrund ihres ausgeprägten Bedürfnisses nach Kontrolle und Leistung. Da der Alltag in den helfenden Berufen voller Situationen steckt, die der Helfer nicht kontrollieren kann, bringt ihn dies aus dem Gleichgewicht.

Pines u. a. (1981) führen den Ansatz von Freudenberger (1974) weiter. Sie ziehen aus ihren Untersuchungen den Schluss, dass Berufsanfänger, gerade weil sie meist voller Enthusiasmus und Hingabe sind und so hohe Ideale haben, auch besonders verletzlich sind. Wenn der Wunsch, zu helfen, aufgrund der Arbeitsbedingungen oder des Klientenverhaltens unerfüllt bleibt, entwickeln Helfer Spannungszustände und glauben persönlich verantwortlich und folglich selbst Schuld am Scheitern zu sein.

Cherniss (1980) führt ebenfalls Persönlichkeitsmuster auf, die Burnout fördern können: (a) Jene, die im hohen Maße an neurotischen Angstzuständen leiden, ein rigides Über-Ich und hochgesteckte Ziele haben – diese Menschen bestrafen sich selbst, wenn sie ihre Ziele nicht erreichen; (b) Wettbewerbsorientierte Menschen, für die Leistungsdruck ein fester Bestandteil ihrer Lebensweise ist.

Schwaezer und Greenglass (1999) behaupten, dass Burnout kein Zustand, sondern ein Persönlichkeitsmerkmal beziehungsweise eine Tendenz ist, die im Laufe des Berufslebens eines Individuums manifest wird. Wie sollte es sonst erklärbar sein, dass nicht alle Sozialarbeiter innerhalb einer Institution Burnout-Symptome entwickeln?

Die meisten Forscher sind jedoch der Ansicht, dass personenspezifische Faktoren Bindeglieder zwischen Stresszuständen und Burnout sind. Mit anderen Worten, der Einfluss der sozialen Kräfte, die in Richtung Burnout wirken, wird durch die Interpretation des einzelnen Sozialarbeiters gelenkt und gefiltert. Die Kombination der Persönlichkeitsstruktur einerseits (zum Beispiel emotionale und physische Stärke, Neigung, sich Stresssituationen auszusetzen) und der arbeitsimmanenten Situation andererseits (Grad der bürokratischen Intervention, Zahl der Klienten und Schwere ihrer Probleme usw.) entscheidet darüber, welche Druckelemente den stärksten Einfluss auf das jeweilige Individuum ausüben.

Die personenspezifischen Variablen, die systematisch mit Burnout bei Sozialarbeitern in Zusammenhang gebracht werden, sind Selbstbild, Kontrollüberzeugung und Selbstwirksamkeit.

Selbstbild:
Das Selbstbild ist eine personenspezifische Variable, durch die das Individuum mit der Welt interagiert. Es ist ein System von Wahrnehmungen bezüglich Identität, Selbstzufriedenheit, Selbstliebe, Verhaltensmustern, Selbstkritik und Selbstakzeptanz. Eine positive Einschätzung der eigenen Person ist ein kritischer und starker Faktor, um Burnout zu kontrollieren. Sie beeinflusst direkt die Wahrnehmung der eigenen Leistung und dient als wichtige Vermittlungsvariable zwischen dem arbeitsimmanenten Druckfaktor und dem subjektiven Druckgefühl. Sozialarbeiter mit einer positiven Selbstein-

schätzung fühlen sich leichter in Situationen ein und sind besser darauf vorbereitet, Schwierigkeiten bei ihrer Arbeit zu bewältigen.

Viele Forscher sehen eine Verbindung zwischen Selbstbild und Burnout, weil es mit Depersonalisation und emotionaler Erschöpfung in Beziehung steht. Je besser das Selbstbild des Sozialarbeiters, desto weniger fühlt er sich erschöpft und depersonalisiert (Dorman, 2003; Poulin und Walter, 1992). Es gibt also eine positive Korrelation zwischen dem Selbstbild und der empfundenen Selbstverwirklichung (Gil-Monte und Ma Peiro, 1998).

Kontrollüberzeugung :

Kontrolle ist ein umfassendes Verfahren, charakteristisch für gesunde Individuen, deren Umwelt für sie begreiflich ist. In ihrem bedeutungsvollen, geordneten und berechenbaren Leben spielt Kontrolle eine zentrale und entscheidende Rolle. Auch in der Burnout-Forschung steht das Konzept der Kontrolle über das eigene Schicksal in Opposition zu der Hilf- und Hoffnungslosigkeit, die Burnout charakterisieren. Anders ausgedrückt, um Burnout zu überwinden, muss das Individuum aktiv werden und Initiative ergreifen, damit es auf das, was in seiner Umwelt geschieht, reagieren kann.

Der Begriff Kontrollüberzeugung bezeichnet die Gewissheit des Individuums im Hinblick auf seine Fähigkeit, sein Schicksal durch sein eigenes Verhalten selbst zu lenken (Rotter, 1966). Die internale und die externale Kontrollüberzeugung befinden sich in einem Kontinuum. Erstere ist die Neigung des Individuums, zu glauben, dass es den Ablauf der Ereignisse beeinflussen kann, und auch dementsprechend zu handeln. Letztere bezieht sich auf die Annahme des Individuums, dass Ursachen, die jenseits der eigenen Einflussnahme sind, die Ereignisse in seinem Leben determinieren (Wooten, 1992).

Kontrollüberzeugung wird auch beschrieben als die generelle Erwartung, dass Belohungen, Erfolge und Ergebnisse im Leben entweder durch die Aktivität des Individuums kontrolliert werden (internaler Fokus) oder durch andere Kräfte (externaler Fokus). Rotter (1966) vertritt die Meinung, dass Kontrollüberzeugungen vor allem in zweideutigen Situationen zum Tragen kommen. Je weniger klar definiert eine objektive Situation ist, desto größer ist die Rolle, die die Persönlichkeit des Sozialarbeiters bei der Wahrnehmung der Situation und dem Umgang mit ihr spielt. Wenn zum Beispiel Supervisoren dem Sozialarbeiter gegenüber nicht klar umreißen, wie viel Kontrolle ihm zugestanden wird, gibt die Tendenz des Sozialarbeiters zu internaler oder externaler Kontrollüberzeugung den Ausschlag für sein Verhalten.

Viele Autoren, die institutionelle Umgebungen untersuchen, konzentrieren sich auf die internale Kontrollüberzeugung (Spector, 1986). Drei grundlegende Hypothesen kristallisierten sich dabei heraus. Erstens: Kontrollüberzeugungen haben direkten Einfluss auf die Wahrnehmung des Individuums. Zweitens: Sie haben direkten Einfluss auf die Ergebnisse der Arbeit. Drittens: Kontrollüberzeugungen haben eine integrative Wirkung, denn sie vermitteln zwischen Umweltbedingungen und der Reaktion des Individuums auf diese (Jackson, 1989).

Einer der Forscher, die sich mit dem Einfluss der Kontrollüberzeugung auf die Wahrnehmung des Sozialarbeiters beschäftigen, ist Spector (1994). Er fand eine bedeutende Korrelation zwischen Kontrollüberzeugung und der Empfindung von Autonomie und Befriedigung. Andere Studien zeigen ebenfalls, dass es eine positive Übereinstimmung zwischen internaler Kontrollüberzeugung und der Auffassung gibt, dass eigenes Bemühen zu gesteigerter Arbeitsleistung führt und diese in adäquater Weise belohnt wird (Broedling, 1975; Dorman, 2003; Kimmons und Greenhaus, 1976). Jackson (1989) betont, dass die Ergebnisse dieser Studien als Beleg für die starke Wirkung der Kontrollüberzeugung auf das Erkennen der arbeitsimmanenten Möglichkeiten betrachtet werden können.

Untersuchungen haben gezeigt, dass eine externale Kontrollüberzeugung Sozialarbeiter anfälliger für Burnout macht, während eine internale davor schützen kann (Demmer, 2004; Donald u. a., 2001; Dorman, 2003; Glass und McKnight, 1996; McDough, 2000; Payne, 2001; Westman und Etzion, 1995).

Viele Studien weisen auf die Existenz einer Verbindung hin zwischen den personenspezifischen Variablen, der Wahrnehmung von Kontrolle und dem Ort, an dem diese tatsächlich ausgeübt wird einerseits, und den signifikanten Resultaten wie Befriedigung, Motivation, emotionales Wohlbefinden und physische Gesundheit andererseits (Dorman, 2003; Spector, 1986; Thompson, 1981; Westman, 1992). Um dies zu illustrieren, wurden zwei Gruppen von Berufstätigen im Gesundheitswesen miteinander verglichen, die unterschiedlich schwer an Burnout litten. Es stellte sich heraus, dass die Mitglieder der Gruppe mit den stärkeren Symptomen weniger soziale Unterstützung von Seiten ihrer Umgebung erfahren hatten und selber meinten, weniger Kontrolle über ihre Arbeit zu haben als die Angehörigen der anderen Gruppe (Shirom, 1998).

In der Gruppe, die Burnout besser widerstehen konnte, wurde ein Zusammenhang festgestellt zwischen Kontroll- und Beteiligungsmerkmalen und dem Bedürfnis, Leistung zu erbringen. Dieses Bedürfnis motiviert in erheblichem Maße wirtschaftlichen Fortschritt und kulturelle Entwicklung in allen menschlichen Gesellschaften. Maclelland (1961), der sich mit Persönlichkeitspsychologie beschäftigt, führte mehrere Studien über den Typus des „Achiever" durch, also über den stark leistungsorientierten Menschen. In seinen Ergebnissen zeigt sich, dass das Erfolgsmotiv nicht nur für die Gesellschaft, sondern auch für die mentale Gesundheit des Individuums wichtig ist. Menschen vom Typus „Achiever" sind entsprechend erfolgreicher, insbesondere in der Geschäftswelt, als andere. Das „Erfolgssyndrom", wie Maclelland es nennt, umfasst moderate Risikobereitschaft, energische und zielorientierte Aktivität, verantwortungsbewusstes Verhalten, den Wunsch, Ergebnisse vorherzusehen und die Neigung, auf längere Sicht zu planen.

Erfolg und Leistung sind eng mit Burnout verknüpft. Erfolgreiche Menschen sehen sich selbst und ihre Welt positiv und leiden seltener unter Burnout, während diejenigen, die von Scheitern und Fehlschlägen betroffen sind, eine hohe Burnout-Anfälligkeit aufweisen. Die Proportionalität zwischen Erfolg und Burnout indiziert jedoch keinen kausalen Zusammenhang: Fehlschläge mögen zu Burnout führen und Burnout zu Fehlschlägen, doch ist es auch möglich, dass bestimmte individuelle oder situationsbedingte Merkmale sowohl Burnout als auch das Gefühl des Scheiterns bedingen (Brohl, 2006).

Selbstwirksamkeit:

Selbstwirksamkeit bedeutet, dass das Individuum seinen eigenen Fähigkeiten vertraut und daran glaubt, bestimmte Aufgaben und Projekte erfolgreich durchführen zu können. Die meisten Forscher sind sich darin einig, dass sie durch Ausbildung, Erfahrung und Feedback steigt (Gist und Mitchell, 1992).

Der überragende Theoretiker auf dem Gebiet der Kontrollforschung, Bandura (1982), führt an, dass menschliches Verhalten von zwei verschiedenen Kontrollerwartungen beeinflusst wird. Die erste ist die sogenannte „response-outcome", die Ergebniserwartung. Diese bezeichnet das Maß der Erwartung dessen, dass eine bestimmte Verhaltensweise auch das gewünschte Ergebnis nach sich zieht. In manchen Fällen verzichtet das Individuum auf eine Erfolgsvorhersage, weil die Umwelt keine Rückmeldung gibt, voreingenommen ist oder negativ reagiert. Die zweite Kontrollerwartung ist die Selbstwirksamkeit, die eine zentrale Rolle in Banduras (1986) Theorie der Kontrollwahrnehmung spielt. Er definiert den Begriff als das Urteil der Menschen über ihre Fähigkeit, zu organisieren und Aktionen auszuführen, um bestimmte Arten von Leistungen zu erzielen. Später (1997) erweitert er seine Definition und stellt fest, dass es bei der jeweils empfundenen Selbstwirksamkeit um den Glauben an die eigene Fähigkeit geht, Motivation und kognitive Ressourcen für notwendige Aktionen zu mobilisieren, um Kontrolle über Aufgaben und deren Anforderungen ausüben zu können.

Um ein hohes Maß an Selbstwirksamkeit zu erzielen, muss also das Individuum an die eigene Fähigkeit glauben, die entsprechende Motivation und Erkenntnis für seine Ziele aufzubringen zu können. Bandura betont, dass die Wahrnehmung der Selbstwirksamkeit bei der Arbeit für die physische und mentale Gesundheit des Berufstätigen von großer Bedeutung ist.

Empirische Studien belegen den Zusammenhang zwischen Burnout und der Art und Weise, wie Individuen ihre Selbstwirksamkeit empfinden (Brissie u. a., 1988; Brouwers und Tomic, 2000; Van-Dick und Wagner, 2001; Woosley, 2001). Es wird angenommen, dass Helfer mit einem hohen Maß an Selbstwirksamkeit dazu tendieren, die Zusammenarbeit mit Kollegen zu suchen und auch zu erreichen. Sie betrachten die Kooperation mit ihren Mitmenschen und ihre Beziehungen zu ihnen als positiv. Sie fällen arbeitsrelevante und emotionale Entscheidungen, die Einfluss auf ihre Arbeitsbedingungen haben, sie schaffen es, Klienten zu helfen und empfinden oppositionelles Verhalten als weniger bedrohlich (Demerouti u. a., 2002; Fernando-Domenech, 2006).

Dies entspricht auch der bereits geschilderten Theorie von Cherniss (1995), derzufolge ein Ungleichgewicht zwischen Ressourcen und Anforderungen psychischen Druck verursacht. Eine wichtige Rolle bei der Untersuchung des Burnout-Prozesses spielt die Frage, ob der Berufstätige bestimmten Anforderungen gerecht wird, wie Leistungsfähigkeit, effektive Aufgabenerfüllung und Selbstwirksamkeit (Bandura 1997). Verletzung oder Störung dieser Komponenten verursacht Druck- und Spannungszustände und führt zu Burnout.

Cherniss (1990) sagt auch, dass Selbstwirksamkeit nicht als globaler Bestandteil der Persönlichkeit angesehen werden kann. Im Zusammenhang mit Burnout sollte man von beruflicher Selbstwirksamkeit sprechen. Er teilt diese in drei verschiedene Typen ein: aufgabenbezogene, zwischenmenschliche und institutionelle. Beim ersten Typ handelt es sich um technische Aspekte der beruflichen Rolle (im sozialen Dienst ist dies die Fähigkeit des Sozialarbeiters, effektiv, geschickt und angemessen mit den professionellen Mitteln umzugehen, um den Kontakt zum Klienten aufzubauen, aufrechtzuerhalten und ihm zu helfen). Die zwischenmenschliche Selbstwirksamkeit ist die Fähigkeit, harmonisch mit Kollegen und direkten Vorgesetzten zusammenzuarbeiten. Die dritte Form der Selbstwirksamkeit bezieht sich auf das Vertrauen des Sozialarbeiters in seine Fähigkeit, soziale und politische Kräfte innerhalb seiner Institution zu beeinflussen.

Rollenanforderungen, die dem Sozialarbeiter wenig Kontrolle gewähren, führen zu Druckzuständen, Dysfunktion und negativen Emotionen. Mangel an Kontrolle über die Rollenanforderungen ist die Hauptursache für emotionale Spannungen und Gesundheitsprobleme bei Sozialarbeitern. Die Wahrnehmung der eigenen Tauglichkeit mildert die negative Wirkung des Kontrollverlustes. Bandura (1986) schlägt vier Quellen vor, die für die Entwicklung der Selbstwirksamkeit essentiell sind: Kontrollerfahrung, Erfahrung der indirekten Kontrolle, verbale Überzeugung und physiologische Wachsamkeit. In der Arbeitswelt bedeutet Kontrollerfahrung, dass das Individuum die Möglichkeit hat, Entscheidungen zu treffen, Herausforderungen anzunehmen und seine persönlichen Fähigkeiten zu nutzen. Bandura (1997) ergänzt, dass die Wahrnehmung der Selbstwirksamkeit zwischen Umweltelementen am Arbeitsplatz und Ergebnisvariablen, einschließlich Burnout, vermittelt. Menschen, die ihre eigene Selbstwirksamkeit als hoch einschätzen, verwenden die Konfrontation, um Probleme in ihrem Arbeitsumfeld zu lösen, dadurch minimieren sie die Gefahr für Burnout. Doch diejenigen, die der Überzeugung sind, wenige Möglichkeiten zu haben, den arbeitsimmanenten Druck zu lindern, verwenden ineffektive Methoden zu seiner Bekämpfung. Ihre Anfälligkeit für Burnout steigt an.

2.4.2 Variablen der Beziehung zwischen Sozialarbeiter und Klient / Klientenstruktur

Beziehung zwischen Sozialarbeiter und Klient

Die Burnout-Forschung konzentriert sich größtenteils auf die helfenden Berufe, denn es herrscht die Ansicht vor, dass Burnout in diesem Bereich besonders häufig vorkommt. Sozialarbeiter haben direkten, unmittelbaren und intensiven Kontakt zu ihren Klienten (Kadushin und Harkness, 2002; Maslach, 1982; Mroczeck, 2005; Perron und Hiltz, 2006; Raiger, 2005; Ross u. a., 2002; Strom und Mowbray, 2006; Wright, 2005).

Das grundlegende Prinzip der Sozialarbeit, nämlich dass im Zentrum der Betrachtungen stets der Klient steht, weist somit auch auf den Fokus des Interventionsprozesses hin. Der Wunsch, dem Klienten zu helfen, steht im Mittelpunkt, die Bedürfnisse, Wünsche und Vorlieben des Sozialarbeiters werden dagegen beiseite geschoben.

Wie oben erwähnt, beschäftigen sich Berufstätige in sozialen Berufen, und besonders Sozialarbeiter, immer mit Menschen in Notsituationen, die Beziehung zwischen Helfer und Klient basiert auf diesem speziellen Verhältnis. Dieser Kontakt kann für den Sozialarbeiter höchst befriedigend sein, aber er kann auch zu einer Quelle von Schwierigkeiten, Spannungen und Frustrationen werden (Bakker und Heuven, 2006; Ullmann und Townsend, 2007).

Burnout in der Sozialarbeit wird oft anhand der kritischen Beziehung zwischen Helfer und Klient erklärt (Cordes u. a., 1997; Michelle, 1998). Diese Interaktion an sich verursacht zwar kein Burnout, sehr wohl aber ihre Natur, Intensität und Qualität. Diese Elemente sind auch für die Schwere der Symptome verantwortlich. Je neutraler eine Aktion ist, je mehr Routine sie enthält und je seltener eine Interaktion ist, desto kürzer und leichter verläuft der Burnout-Prozess. Einerseits mag der Kontakt zu Klienten sogar angenehm und lohnend sein und das Selbst des Sozialarbeiters stützen. Andererseits macht der Beruf jedoch auch oft tiefe, intensive Beziehungen und die Konzentration auf Probleme und Leid nötig (Bakker und Heuven, 2006), die einen hohen emotionalen Preis fordern und die Ressourcen des Sozialarbeiters schwer belasten (Corden und Dougherty, 1993). Darüber hinaus ist der Kontakt unausgewogen und funktioniert eingleisig, denn der Sozialarbeiter konzentriert sich auf die Probleme und Bedürfnisse der Klienten, ohne daran zu denken, die eigenen Ressourcen aufzufüllen. Hinzu kommt auch, dass er entweder gar kein oder nur negatives Feedback von den Klienten bekommt (Bakker und Heuven, 2006; Farber, 1983; Paoli und Merllie, 2001; Perron und Hiltz, 2006; Skirrow und Hatton, 2007).

Am Anfang des Kontakts ist der Sozialarbeiter einer hohen emotionalen Dichte von Wut und Furcht ausgesetzt, so dass er viel Energie aufbringen muss (Kadushin und Harkness, 2002; Leiter und Maslach, 2005; Maroon und Matousek, 2005; Mroczeck u. a., 2002; Ross u. a., 2005). Sowohl die Institution als auch der Klient brauchen den so genannten „guten" Sozialarbeiter, der geduldig, angenehm, entgegenkommend und emphatisch ist (Cherniss, 1980; Maslach, 1976; dies., 1978; Maslach und Jackson, 1981; Newhill, 1994; Pines und Kafry, 1978; Strom und Mowbray, 2006). Um ständig anderen Menschen etwas geben zu können, muss der Sozialarbeiter selbst „ganz" sein. Dies verursacht denjenigen Helfern große Probleme, die mit eigenen ungelösten Problemen, grundlegenden Bedürfnissen und Gefühlen in den Beruf eintreten, wie zum Beispiel dem Bedürfnis nach Liebe und Aufmerksamkeit. Problematische Klienten erkennen diese Schwäche und manipulieren den Sozialarbeiter. Dieser läuft in eine Falle, er bleibt müde und zynisch zurück, er brennt aus.

Stav (1982) weist darauf hin, dass sich stets alles um die Probleme und negativen Gefühle des Klienten dreht, dies kann unangenehme emotive Situationen, Verwirrung, Furcht, Frustration und Wut beim Sozialarbeiter auslösen.

Pines u. a. (1982) bemerken, dass Sozialarbeiter per definitionem immer im direkten, täglichen Kontakt zu ihren Klienten stehen. Das heißt, sie sind in berufliche Beziehungen und Systeme eingebunden, die zwingend Emotionen und persönliche Anteilnahme erfordern. Das bewirkt, dass der Klient meint, der Sozialarbeiter sei im besten Falle „ein Schicksalsgenosse" oder sogar, in den schlimmsten Fällen, verantwortlich für seine ungelösten Probleme.

Maslach (1982) nennt Merkmale der Beziehung zwischen Klient und Sozialarbeiter, die Burnout beschleunigen: Helfer sind ständig in menschliche Probleme involviert; die Inhalte, die in den Gesprächen zwischen Klient und Sozialarbeiter zu Tage kommen, drehen sich um menschliche Schwächen und Probleme, und wenn diese bei einem Klienten gelöst sind, kommt ein anderer Klient mit ähnlichen Problemen; ständiger emotionaler Druck baut sich in der Beziehungen zwischen Klient und Sozialarbeiter auf, insbesondere wenn der Klient chronische Probleme hat. Dieser Druck kann zu zwei verschiedenen Szenarien führen: Der Sozialarbeiter entwickelt eine starke persönliche Beteiligung, die die emotionale Last noch verstärkt. Oder aber er hat das Gefühl, dass er die Situation des Klienten nicht ändern kann, dies erzeugt Frustrationen und Wut, die in Feindseligkeit und Entfremdung von dem Klienten münden können.

Sieben Aspekte der Interaktion und des Beziehungsgeflechts zwischen Klient und Sozialarbeiter können zu einem negativen Wandel in der Wahrnehmung des Sozialarbeiters und in seiner Einstellung dem Klienten sowie anderen Menschen gegenüber führen und dadurch schließlich Burnout-Phänomene verursachen:

1. Konzentration auf Probleme:
   Klienten sind schon definitionsgemäß Menschen mit Problemen. Sie suchen Hilfe, weil sie krank oder in Not sind, bestimmte Schwächen haben, depressiv sind, nicht alleine für sich sorgen können oder in Schwierigkeiten stecken, die sie nicht alleine bewältigen können. Der Sozialarbeiter ist all diesen Problemen und der damit verbundenen Verzweiflung ausgesetzt, er erlebt nur die negativen Aspekte im Leben seines Klienten. Wenn der Klient geheilt ist, wenn er es schafft, seine Probleme zu bewältigen oder mit ihnen zurechtzukommen, verschwindet er aus dem Blickfeld des Sozialarbeiters, für diesen kommt danach ein neuer Klient mit neuen Problemen. Der klientenzentrierte Fokus trägt zum Burnout bei. Im Mittelpunkt steht derjenige, dem geholfen werden muss,

die Rolle des Helfers ist es hingegen, sich um ihn zu kümmern, verständnisvoll zu sein und diesen ganz nach seinen besonderen Bedürfnissen zu unterstützen. Er ist einzig und allein präsent, um zu dienen und um Menschen beizustehen. Während die meisten menschlichen Beziehungen symmetrisch sind, ist dies hier nicht der Fall. Die Beziehung zwischen Klient und Helfer ist komplementär: Der Helfer gibt, der Klient nimmt. Kaduschin (1992) sagt, dass Arbeitnehmer in helfenden Berufen gebunden sind durch die Ethik hinter den Motiven ihrer Arbeit: Ihre Arbeit ist kein Beruf, sondern eine Berufung und ist durch Geben gekennzeichnet.

2. Abwesenheit von positivem Feedback:
   Maslach (1982) und Pines u. a. (1981) betonen die Wichtigkeit des Feedback für den Sozialarbeiter. Es ist für ihn essentiell, was andere über seine Arbeit denken: Hat er dem Klienten geholfen? Hat sein Rat dessen Situation verbessert? Feedback sagt nicht nur etwas darüber aus, ob seine Arbeit erfolgreich ist, sondern auch darüber, ob sie von anderen geschätzt wird (Maslach, 1982; Mintzberg, 1983; Emener, 1979). In den seltenen Fällen, wo der Sozialarbeiter tatsächlich Feedback bekommt, ist es meist negativ: Beschwerden, Kritik und Feindseligkeit oder sogar Drohungen von Seiten der Klienten.
3. Emotionaler Druck:
   Die Natur des Kontaktes mit dem Klienten ist kritisch und geht eingleisig vom Helfer aus. Dies trägt dazu bei, die emotionalen Ressourcen des Helfers zu vermindern und ihn auszulaugen, was katastrophale Folgen für sein Berufs- und Privatleben nach sich ziehen kann (Kadushin und Harkness, 2002; Maslach, 1982; Pines u. a., 1981). Im Rahmen seiner Arbeit muss der Helfer sehr schwierige menschliche und professionelle Beziehungen pflegen, so kommt er beispielsweise mit Todkranken in Berührung, eine besonders schwierige und emotional belastende Erfahrung. Der Helfer weiß, dass er den Zustand des Patienten nicht ändern kann, er fühlt sich machtlos, dies kann zu Frustration und Wut führen. Häufig entwickelt der Helfer sogar Feindseligkeit dem Patienten gegenüber, entfremdet sich von ihm. In manchen Fällen identifiziert er sich jedoch auch mit dem Patienten, seine menschliche Anteilnahme wird übergroß, seine emotionale Bürde dadurch unerträglich.
4. Veränderungs- und Verbesserungsoptionen:
   Ein zentraler Aspekt ist die Möglichkeit, Probleme zu lösen und Situationen zu verbessern. Wenn der Klient selbst keine Veränderungen herbeiführen kann, stört dies die eigene Kompetenzwahrnehmung – oder er

hält den Helfer für verantwortlich. Dieser Aspekt der Beziehung beeinflusst die Reaktionen des Klienten auf die Interventionen des Helfers. Pines u. a. (1981) betonen die Spannungszustände, die durch die Behandlung von chronischen oder hoffnungslosen Fällen entstehen. Chronische Probleme sind dauerhaft – diese Endlosigkeit wird sowohl vom Klienten als auch vom Sozialarbeiter deutlich empfunden. Letzterer fühlt sich bald erschöpft und hilflos. Maslach (1978) bemerkt, dass Helfer größere Fertigkeiten haben, mit akuten Problemen und Krisensituationen umzugehen als mit chronischen Fällen. Diese These wird durch Studien über Helfer belegt, deren Patienten geisteskranke oder geistig behinderte Menschen sind, die keine oder nur minimale Fortschritte machen.

5. Exzessive Nähe:
   Pines und Maslach (1978) nennen diesen Aspekt „zu nahe kommen". Sie untersuchen den direkten Kontakt zwischen Helfer und Klient sowie den Stress, der daraus entsteht, dass der Helfer persönlich in die Probleme des Klienten involviert ist. Der Helfer, der Empathie und tiefe Identifikation ausstrahlt, überschreitet möglicherweise Grenzen und empfindet sich als Freund und Gefährten des Klienten, er generiert Transferenz und Gegenübertragung und verstärkt auf diese Weise den Druck, der zu Burnout führt. Pines u. a. (1981) und Maslach (1982) sehen dies schließlich darin münden, dass der Helfer eine negative und zynische Ansicht über die Welt und die menschliche Natur entwickelt. Die Art seiner Beziehungen verkehrt sich ins Gegenteil, der Helfer wird gleichgültig sowohl den Klienten als auch der weiteren Umwelt gegenüber.
6. Verhalten des Klienten:
   Dieser neigt dazu, sich passive und abhängige Verhaltensmuster anzueignen. Er überträgt jegliche Verantwortung auf den Helfer und bürdet diesem damit eine große Last auf.
7. Regeln, die den Kontakt zwischen Helfer und Klient bestimmen:
   Manchmal ist der Kontakt durch deklarierte oder implizierte Regeln bestimmt, die den Druck in einer ohnehin schon spannungsgeladenen Situation noch verstärken. Es sind dies Regeln, die den Helfer in seinen Möglichkeiten beschränken oder die ihn zwingen, bestimmte Details zu überprüfen, was zu Konfrontationen führen kann, beispielsweise wenn es um den finanziellen Status des Klienten geht. Manche Situationen können eskalieren, wenn die Erwartungen und Ziele von Helfer und Klient miteinander in Konflikt geraten.

Faktoren, die mit der Klientenstruktur zusammenhängen

In der Fachliteratur werden Variablen beschrieben, die mit den psychosozialen Merkmalen der Klienten sowie der Tiefe und Komplexität ihrer Probleme zusammenhängen (Hastings und Bham, 2003; Strom und Mowbray, 2003).

Klienten, die unter chronischen Problemen leiden, verursachen bei ihren Helfern oft Burnout-Symptome: Durch das ständige Wiederaufbereiten dieser Probleme, die als unlösbar angesehen werden, entsteht ein Gefühl von Hilflosigkeit beim Helfer (Acker, 1999; Hasting und Bham, 2003; Paoli und Merllie, 2001; Perron und Hiltz, 2006; Ullmann und Townsend, 2007).

Akute Probleme, mit denen Sozialarbeiter sich beschäftigen müssen, kommen in ihrem Arbeitsalltag wesentlich seltener vor als chronische. Für gewöhnlich sind akute Probleme einfacher zu erklären und nachzuvollziehen und folglich auch zugänglicher für professionelle Intervention. Die Helfer sind außerdem besser ausgebildet darin, in Krisensituationen einzugreifen, als chronische Zustände zu behandeln.

Oft haben Sozialarbeiter die Aufgabe, Familien und Individuen bei einer Vielzahl von Problemen beizustehen. Ihre Hilfe ist nicht ausschließlich materieller Natur. Darüber hinaus werden viele Klienten oder Patienten mit emotionalen Störungen, die früher in Einrichtungen behandelt wurden, nun durch die Gemeindewesenarbeit betreut. Auch können Kernfamilie und Freunde die bedürftigen oder seelisch erkrankten Menschen nicht mehr in dem Ausmaß auffangen wie früher die Großfamilie oder Nachbarschaften. Dadurch suchen heute viel mehr Menschen therapeutische Hilfe bei Institutionen als früher.

Klienten bringen ein schweres Gepäck an Problemen und Emotionen zu den Sitzungen mit und erwarten dafür Erklärungen und Linderung vom Helfer. Ihre Gefühle können eine große Bandbreite umfassen: Hass, Scham, Schuld, Zorn, Trauer, Misstrauen, Aggression, Furcht vor Ausbeutung, Unselbstständigkeit und das verzweifelte Bedürfnis nach einem Retter. Negatives Verhalten ist ein häufiges psychosoziales Merkmal, das sich äußern kann durch passive Muster wie Mangel an Motivation, etwas zu verändern, aber auch durch aktive, destruktive Muster wie Aggression, Manipulation und Kritik an dem Helfer. Der Klient ist also entweder passiv und unmotiviert oder aggressiv und manipulativ – beides beraubt den Helfer seiner Effektivität.

Helfer ermutigen unselbstständige und passive Klienten dazu, mit der Behandlung oder der Therapie fortzufahren, auch wenn es diesen an Eigenmotivation, selber aktiv Verbesserungen herbeizuführen, mangelt. Solche Klienten, die ihre Therapie nicht zu Ende führen können, kehren immer wieder zurück, um Hilfe zu erbitten. Der Helfer sieht sich genötigt, sich selbst zu schützen. Am häufigsten reagiert er mit psychischer Distanz und emotionaler Entfremdung, er entwickelt eine ablehnende Haltung dem Klienten gegenüber.

Zusätzliche Probleme bereitet dem Sozialarbeiter die intensive Arbeit mit Menschen in tiefen Krisen, mit Klienten, die durch Vergewaltigung, Krieg, Missbrauch oder Mord innerhalb der Familie schwer traumatisiert sind. Hier geschieht es oft, dass der Helfer Druckzustände und Inkompetenz empfindet, es kommt zu Burnout (Bell u. a. 2003; Dane, 2002; Fox, 2003; Wall, 2001). Der Helfer ist keinesfalls immun gegen die Gefühle und Bilder, die solch traumatische Erinnerungen in ihm auslösen. Es besteht die Möglichkeit, dass er selbst mit Angst, Panik, Wut und Trauer reagiert (Maroon und Matoussek, 2005; Strom und Mowbray, 2006).

Skirrow und Hatton (2007) konzentrieren sich auf die Gewalt, die Klienten häufig gegen Sozialarbeiter richten. Es ist die Berufsgruppe, die am häufigsten Gewaltakten ausgesetzt ist: Jeder vierte Sozialarbeiter ist davon betroffen (Street und River, 1996). Diese Gewaltakte können aus unflätiger Sprache, verbalen Drohungen und sogar physischen Übergriffen bestehen und beschleunigen Burnout.

Der Grund dafür, dass Sozialarbeiter so oft von Gewaltanwendung bedroht sind, liegt natürlich darin, dass sie sich mit Menschen beschäftigen, die von einer Reihe schwerwiegender Nöte betroffen sind (Newhill, 1995): Arbeitslosigkeit, Krankheit, Armut, emotionale Störungen, persönliche und zwischenmenschliche Probleme, Gewalt in der Familie, Alkohol- und Drogenmissbrauch. Diese Klienten leben oft am Rande der Gesellschaft, sie sind ihre schwächsten und labilsten Mitglieder. Oft gehören sie niedrigen sozialen Schichten an und sind von Wohlfahrt und Sozialhilfe abhängig. Gewalt ist unter ihnen weit verbreitet, sie ist Ausdruck ihrer Frustrationen und ihrer Ohnmacht.

Der Sozialarbeiter bekommt von den Klienten und von seinen Vorgesetzten kaum Feedback. Wenn er welches erhält, dann ist es negativ: durch das aggressive Verhalten gewaltbereiter oder durch das passiv-defensive Verhalten unselbstständiger Klienten. All dies trägt zu Burnout bei (Cordes und Dougherty, 1993).

Kann ein schwieriger Klient eine dankbare Aufgabe darstellen?

Für die meisten Sozialarbeiter sind der Widerstand und die Feindseligkeit ihrer Klienten, besonders der problematischsten, Auslöser für den Burnout-Prozess. Einige Helfer zögern jedoch nicht, mit ihnen zu arbeiten. Sie glauben, dass sie weiterhin im Stande sein werden, Empathie und Mitgefühl, sogar Hoffnung für sie aufzubringen, wenn man ihnen nur die richtigen Mittel an die Hand gibt.

Hier müssen wir uns die Frage nach der Vorbereitung stellen, die Studenten der Sozialarbeit an ihren Fachhochschulen erhalten. Sind die Techniken und Behandlungsinstrumente, die ihnen vermittelt werden, ausreichend und angemessen für die Praxis? Dynamische psychosoziale Methoden haben sich beispielsweise bei der Behandlung von asiatischen und südamerikanischen Einwanderern als ungeeignet erwiesen. Und sind die dem Sozialarbeiter zur Verfügung stehenden Mittel und Techniken sowohl auf Langzeit- als auch auf kurzfristige Behandlungen anwendbar?

Eine weitere Hürde für den Interventionsplan stellt die Erwartungshaltung des Sozialarbeiters dar, der sofortige Ergebnisse erzielen möchte. Es muss stets eine realistische Perspektive festgesetzt werden, vor allem bei den problematischeren Klienten. Unmittelbare Veränderungen sind meist nicht realistisch, und Fehlschläge führen dann zu Frustrationen sowohl beim Klienten als auch beim Helfer. Oft gibt der Helfer in der Folge dem Klienten die Schuld am Scheitern.

Sehr oft haben Sozialarbeiter das Problem, dass ihnen doppelt oder dreimal so viele Fälle übertragen werden, als eigentlich vorgeschrieben ist. Sie müssen auch häufig in alten und überfüllten Büros arbeiten und es mangelt teilweise sogar an Formularen oder Schreibmaterial. Dennoch wird von ihnen erwartet, dass sie ihre Klienten informieren, beraten und ihnen beistehen. Hier hilft es schon, wenn man den Sozialarbeitern etwas von ihrer Bürde abnimmt und ihre konkreten Arbeitsbedingungen verbessert.

2.4.3 Variablen des Arbeitsumfeldes

Das Arbeitsumfeld hat eine starke Relevanz für die Burnout-Forschung (Piko, 2006; Green u. a., 2006). Institutionsimmanente Faktoren werden im Allgemeinen in stärkerem Maße für Burnout verantwortlich gemacht als die Persönlichkeit des einzelnen Sozialarbeiters (Coyle u. a., 2005; Demmer, 2004; Holloway und Wallinga, 1990; Leiter, 2005; Maslach, 1982; Pines u. a., 1981; Ullman und Townsend, 2007).

Maslach (1982) bemerkt, dass der Kontakt zwischen Sozialarbeiter und Klient meist im Rahmen einer Institution und nach den von ihr festgelegten Regeln stattfindet. Sie reglementiert die Art der Behandlung und gewährt dafür die finanziellen Mittel. Die Behandlungsziele werden ebenfalls oft vom Arbeitgeber festgelegt und nicht von den Sozialarbeitern. Das Arbeitsumfeld bestimmt auch die Beziehung zwischen Sozialarbeiter und Klient sowie den Umgang innerhalb des Kollegiums (Golembiewski u. a., 1998; Leiter 1988). Ein Arbeitsumfeld, das problematisch und unprofessionell ist und dem Sozialarbeiter keine Unterstützung bietet, trägt zu Burnout bei (Barling und Taylor, 1994; Green u. a., 2006; Maslach, 1982; Pines u. a., 1981; Poulin und Walker, 1992; Siefert u. a., 1991; Stalker u. a., 2007).

Pines (1984) verweist auf vier wichtige Dimensionen im Arbeitsumfeld:

Psychologische Dimension	Strukturelle Dimension	Soziale Dimension	Institutionelle Dimension
Kognitive Merkmale: Selbstständigkeit Abwechslung Arbeitspensum	*Festgelegte Merkmale:* Struktur Überfüllung Lärmpegel	*Dienstleistungsempfänger:* Zahl Art der Probleme Beziehung zum Helfer	*Bürokratie:* Verzögerungen „Papierkrieg“
Emotionale Merkmale: Sinnhaftigkeit Selbstentfaltung Entwicklungsmöglichkeit	*Flexible oder festgelegte Merkmale:* Bedürfnisorientiert Geschmacksorientiert	*Kollegen:* Arbeitsbeziehungen Zusammenarbeit „Druckpausen“ Unterstützung	*Verwaltung:* Regeln und Verordnungen Beteiligung der Arbeitnehmer Einfluss auf die Richtlinien

		Vorgesetzte und Supervisoren: Feedback Belohnung Unterstützung Herausforderungen	*Rolle des Individuums:* Rollenkonflikt Rollenambiguität

Quelle: Pines, A., (1984), *Mental Burnout.*

Auch Coyle u. a. (2005) haben vier Variablen im Arbeitsumfeld herausgearbeitet, die den Burnout-Prozess beschleunigen: Institution, Arbeitsbedingungen, Rolle des Individuums innerhalb der Institution und arbeitsrelevante Beziehungen.

Institutionsbedingte Variablen

Die im Zusammenhang mit Burnout relevanten Faktoren innerhalb des Arbeitsumfelds sind die Bürokratie, die Verwaltung und die Position des Individuums innerhalb des Systems (Grenn u. a., 2006; Takeda u. a., 2005; Tam und Mong, 2005; Ullman und Townsend, 2007). Die wichtigsten Variablen sind (a) hohes Arbeitspensum des Sozialarbeiters; (b) Mangel an Autorität, die seine Fähigkeit, Entscheidungen zu treffen, negativ beeinflusst; (c) strenge Formalien und Regeln; (d) endloser „Papierkrieg"; (e) Stress verursachende Arbeitsbeziehungen; (f) Abwesenheit eines unterstützenden Supervisors und (g) beschränkte Mittel (Daley, 1979; Jenaro-Rio, 2007; Leiter, 2005; Peters und Rutte, 2005). Hinzu kommen außerdem rigide Strukturen und Vorschriften (Cherniss, 1980; Poulin und Walter, 1992; Siefert u. a., 1991) sowie ein zentralisiertes und formalisiertes Machtgefüge, das es dem Sozialarbeiter nicht erlaubt, Autonomie zu entwickeln, um Kompetenz und Kontrolle an den Tag zu legen (Maslach und Jackson, 1981).

Bürokratie als Beschleuniger von Burnout:
Bürokratie und administrative Probleme werden oft mit Burnout in Zusammenhang gebracht. Die wuchernden Vorschriften sowie die Vielzahl offizieller Vorgehensweisen und Direktiven, überflüssige Büroarbeiten, aber auch die geringe Beteiligung der Angestellten an Entscheidungsprozessen tragen zur Unzufriedenheit bei (Pines u. a., 1981).

Weber, einer der Väter der Soziologie, hat die ideale Bürokratie als eine hierarchische Struktur von Fachkräften beschrieben, die mit ihren Klienten nach festgelegten, einheitlichen Regeln umgehen. Beförderung erfolgt hier nach Leistung, nicht nach Beziehungen und Herkunft, und Regeln werden aus rationalen Erwägungen heraus erstellt, um bessere Ergebnisse zu erreichen. Er sieht dies als essentiell für das Funktionieren von komplexen sozialen Strukturen.

Seit diesem positiven Konzept von Bürokratie haben Behörden und Institutionen viele Veränderungen erfahren. Heute werden sie aufgrund ihrer Größe und Komplexität als eher langsam und ineffizient empfunden, als unfähig, Probleme zu lösen. Die Arbeit in einer solchen Umgebung bereitet vor allem den energischen und kreativen Arbeitnehmern Stress und Frustration – also eben denjenigen, die durch ihre Arbeit schnelle Verbesserungen erreichen wollen.

Bacon (1978) beschreibt die Wohlfahrtsbürokratie in den Vereinigten Staaten mit ihrer komplexen und ineffizienten Struktur, ihren schwerfälligen Vorschriften, für ihre Rolle ungeeigneten Leitern und Sozialarbeitern, die ungenügend ausgebildet und unzureichend kontrolliert werden. Es herrscht eine Atmosphäre von Unordnung, Verlegenheit und persönlichen Rachegefühlen, vor allem in den urbanen Niederlassungen. Das Personal wird häufig mit neuen Verordnungen und Veränderungen in den bestehenden Plänen konfrontiert. Viel Zeit geht für das Studieren von neuen Vorschriften verloren, die von der Bundesregierung, den staatlichen Behörden und den Kommunalverwaltungen erlassen werden. Wenn der Sozialarbeiter es geschafft hat, die eine Regelung zu verinnerlichen, wird sie durch eine neue ersetzt. Viele Verordnungen sind unklar und vage, während andere wiederum extrem detailliert sind. Dies lässt sich an einem Beispiel illustrieren: Die Bundesbehörde für Gesundheit, Erziehung und Wohlfahrt hat ein 70-seitiges Regelwerk herausgegeben und musste eine 1200-seitige Erklärung dazu nachreichen – dies alles um ein vierseitiges Gesetz anwenden zu können! Die Wohlfahrtsbüros geben ebenfalls eine unüberschaubare Menge an Dokumenten heraus, so dass viele Sozialarbeiter das Gefühl haben, sich nur um Papiere zu kümmern, statt um Menschen. So müssen sich Angestellte in Wohlfahrtsorganisationen allein im Staat New York jährlich mit 3 Milliarden Dokumenten beschäftigen.

Viele Sozialarbeiter versichern, dass die Arbeit mit den Menschen sie weniger belastet als die bürokratischen Hindernisse, mit denen sie es zu tun haben. Den „Papierkrieg“ empfinden die meisten von ihnen als eine Verschwendung von Zeit sowie von intellektueller wie emotionaler Energie. In einigen Institutionen gibt es eine Bürokratie mit zahlreichen hierarchischen Ebenen, die Bediensteten auf den höheren Ebenen wissen oft nicht um die

Schwierigkeiten ihrer Untergebenen. Sozialdienstbüros erhalten ihre Direktiven meist von Leitern der Regierungsbehörden, also von Politikern, die keinen Einblick in die Sozialarbeit und die Probleme der Sozialarbeiter haben.

Edelwich (1980) fügt hinzu, dass viele Institutionen eine Politik verfolgen, die Klienten eine lange Behandlungsperiode erlaubt, sie werben sogar um Klienten, die an einer Behandlung im Grunde gar nicht interessiert oder die eigentlich nicht behandlungsfähig sind. Dies zermürbt diejenigen, die sich letztlich um diese Klienten kümmern müssen (Maroon, 2003; Maroon und Matousek, 2005).

Mangel an Loyalität der Institution gegenüber:
Ein Sozialarbeiter, der seinem Arbeitgeber gegenüber loyal ist, engagiert sich auch für seine Klienten. Seine Arbeit mit ihnen ist von einer verantwortungsbewussten und fürsorglichen Gesinnung geleitet, er fühlt sich seiner Institution sowie deren Zielen und Werten verpflichtet (Becker und Billings, 1993; Bishop und Scott, 2000; Mathieu und Zajac, 1990; McLean und Andrew, 2000; Painter und Akroyd, 1998; Schmidt, 2007; Stalker u. a., 2007).

Ob der Sozialarbeiter loyal zu seiner Institution steht, hängt jedoch von seinen Erfahrungen ab, die er bei seiner Arbeit macht, und erwächst aus einer Kombination von persönlichen und umweltbedingten Variablen, aus der Institutionskultur und aus der Einstellung des Arbeitgebers seinen Angestellten gegenüber (Halbesleben und Buckley, 2004; McLean und Andrew, 2000; Shirom, 2003).

Die Solidarität und die Identifikation mit dem Arbeitgeber werden als essentielle Faktoren dafür angesehen, dass der Angestellte sich als Teil der Institution betrachtet und sich an seine Arbeit dort gebunden fühlt. In diesem Falle nimmt er bereitwillig große Anstrengungen auf sich, um die institutionellen Ziele zu erreichen und hat zudem den ausgeprägten Willen, auch Angestellter dieser Einrichtung zu bleiben (Bishop und Scott, 2000; Porter u. a., 1974). Zur Loyalität und Treue dem Arbeitgeber gegenüber gehört auch das Vertrauen zu den Vorgesetzten (Kirkman und Rosen, 1999).

Die Loyalität ist dauerhaft und emotional, der Angestellte hat das Gefühl, einen persönlichen Verlust zu erleiden, wenn er die betreffende Institution verlassen müsste. Eine solche Haltung wird durch eine Reihe von Kompensationen seitens des Arbeitgebers verstärkt (Allen und Meyer, 1990). Diese Kompensationen, mit denen er den Arbeitnehmer an sich bindet, können finanzieller oder qualitativer Natur sein. Die emotionale Einbindung ist dagegen unabhängig von den jeweiligen Anreizen der Institution. Sie ist eine erklärte Bindung zwischen Arbeitgeber und Arbeitnehmer, die durch aktuelle Erwägungen beeinflusst und jederzeit überprüfbar und erneuerbar ist (Allen und Meyer, 1990). Die Identifikation mit der Institution und die emotionale Einbindung drücken sich in dem Wunsch des Arbeitnehmers aus, Teil dieser Institution zu bleiben (McLean und Andrew, 2000). Diese Ausführungen zeigen, dass Loyalität ein emotionaler Zustand ist, der die Beziehung zwischen Arbeitgeber und Arbeitnehmer definiert und die Entscheidung darüber beeinflusst, ob der Angestellte in die Institution eingebunden bleiben oder diese verlassen möchte (Allen und Meyer, 1990).

Die Forschung belegt, dass die Loyalität der Institution gegenüber positive Auswirkungen auf die Arbeit hat. Es gibt weniger Krankmeldungen, Verspätungen und Personalfluktuation, die Leistungsfähigkeit und Effizienz sind hoch, das Verhalten der Angestellten und Vorgesetzten ist korrekt und höflich (Angle und Perry, 1981; Mathieu und Zajac, 1990; Meyer u. a., 1993; Painter und Akroyd, 1998; Randal, 1990). Geringe Loyalität und emotionale Einbindung hingegen schädigen den Sozialarbeiter als Individuum, aber auch die Moral innerhalb der Institution und die Leistungseffizienz insgesamt.

Baker u. a. (2001) haben den Zusammenhang von Burnout und Loyalität untersucht und eine negative Korrelation gefunden: Je höher die Burnout-Rate, desto niedriger ist die Loyalität zur Institution.

Arbeitsüberlastung:
Dies ist der am häufigsten untersuchte Stressfaktor am Arbeitsplatz. Je größer die Überlastung, desto größer ist auch die Wahrscheinlichkeit von Burnout (Farber, 1983; Kahn u. a., 1964; Latha, 2004; Ross u. a., 2002; Shirom u. a., 1989; Spurgeon u. a., 1997). Zu hohe Arbeitsbelastung minimiert die mentale Leistungsfähigkeit des Arbeitnehmers sowie seine normalen Verhaltensmuster. Dies verschlimmert sich noch, wenn er Aufgaben auszuführen hat, die er selbst als irrelevant erachtet, die jedoch in der Institution oder der Behörde beziehungsweise innerhalb der Bürokratie als wichtig gelten.

Es gibt zwei Typen von Arbeitsüberlastung:

1. Objektive und subjektive Arbeitsüberlastung
   a. Objektive Arbeitsüberlastung am Arbeitsplatz bezeichnet die quantifizierbaren und messbaren Faktoren wie die Anzahl der Klienten und der anzufertigenden Berichte.
   b. Subjektive Arbeitsüberlastung ist die subjektive Wahrnehmung des Arbeitnehmers im Hinblick auf die Kluft zwischen seinen eigenen Fähigkeiten und dem von ihm verlangten Arbeitspensum.

2. Quantitative und qualitative Arbeitsüberlastung
   a. Quantitative Arbeitsüberlastung liegt vor, wenn der Arbeitnehmer zu viele Aufgaben in einem festgelegten Zeitrahmen zu bewältigen hat, wenn er also unter Zeitdruck arbeiten muss. Sie hat vier Dimensionen: Häufigkeit des Kontakts, das heißt, einmaliges, tägliches, monatliches oder jährliches Treffen mit dem Klienten; Dauer des Kontakts; Zahl der Klienten sowie die im Durchschnitt mit dem einzelnen Klienten verbrachte Zeit.
   b. Qualitative Arbeitsüberlastung bedeutet, dass der Sozialarbeiter genötigt ist, zu schwierige Rollen auszufüllen, die er nicht bewältigen kann.

In den meisten Berufen ist die Arbeitsbelastung durch die Wochenarbeitsstunden vorgegeben, doch in der Sozialarbeit gibt es zusätzliche Parameter wie Ebene, Quantität und Art der Interaktionen mit Klienten (Maroon, 1997; Maslach, 1976). Latha (2004) und Maslach (1976) stellen fest, dass lange Dienststunden allein nicht schon zwangsläufig zu Burnout beitragen, wohl aber der regelmäßige, direkte und intensive Kontakt mit fordernden und unkooperativen Klienten. Je höher der Zeitaufwand für direkten Klientenkontakt, desto größer ist die Gefahr von Burnout für den Helfer. Art und Schwere der Probleme, mit denen der Klient den Helfer konfrontiert, sind ein weiterer zentraler Faktor für die Entwicklung von Burnout. Allerdings nimmt die Anfälligkeit für Burnout ab, wenn die Zuständigkeit des Helfers auf bestimmte Teilaspekte beschränkt bleibt und er nicht gezwungen ist, die gesamte Last der Verantwortung alleine zu tragen (Berkeley Planning Association, 1997).

Um mit Burnout umzugehen und sich selbst abzukapseln, wenden Helfer manchmal Schutzmechanismen an. Sie geben den Klienten zum Beispiel unvollständige, ungenaue oder irreführende Informationen, behandeln sie unangemessen, beantworten ihre Anfragen verspätet oder brechen den Kontakt mit bestimmten Klienten zeitweise oder sogar ganz ab.

Mangel an Autonomie:
Wenn ein Individuum nicht in der Lage ist, seine Umwelt zu kontrollieren, leidet es unter Stress und Unzufriedenheit. Somit ist mangelnde Autonomie ein Faktor, der zu Burnout führen kann. Nur ein Arbeitnehmer, der über Autonomie verfügt, kann aktiv mit den Problemen an seinem Arbeitsplatz umgehen und den Fortgang von Ereignissen direkt beeinflussen (Langfred und Mong, 2004; Pines u. a., 1981; Shirom u. a., 2006).

Maslach (1982) erinnert daran, dass die meisten Menschen es vorziehen, Wahlfreiheit zu haben sowie die Möglichkeit, selbst über die Dinge zu entscheiden, statt sich sagen zu lassen, was sie tun sollen. Sie weist der Autonomie damit eine wesentliche Rolle zu.

Growler und Legge (1975) sind der Ansicht, dass Burnout drei zentrale Ursachen hat – Unsicherheit über den Erfolg der eigenen Bemühungen, über die Wichtigkeit von Ergebnissen für das Individuum und über dessen Wahrnehmung der eigenen Fähigkeit, Ergebnisse zu beeinflussen. All diese Aspekte sind Elemente von Autonomie.

Die Chance, selbstständig arbeiten zu können, verschafft dem Arbeitnehmer Zufriedenheit. Hat er diese Möglichkeit nicht, wird er anfälliger für Burnout. Die Unfähigkeit, die eigene Umwelt kontrollieren zu können, ist höchst unbefriedigend für einen Erwachsenen. Seligman (1979) schreibt, dass Menschen, die andauernd Misserfolge und Mangel an Kontrolle erfahren, Hilflosigkeit entwickeln und sogar depressiv werden. Sich ständig unkontrollierbaren Ereignissen aussetzen zu müssen, bewirkt eine emotionale Schwächung. Seligman fand heraus, dass Menschen, die zum Beispiel oft Geräuschen ausgesetzt waren, die sie selbst nicht abstellen konnten, schließlich auch dann nicht mehr versuchten, dem Lärm zu entkommen, wenn dies möglich gewesen wäre. Menschen, die unter dieser sogenannten „erworbenen Hilflosigkeit" leiden, glauben nicht, dass Erfolge das Ergebnis ihrer eigenen Bemühungen sind. Andererseits geben sie sich stets selbst die Schuld an Fehlschlägen und haben insgesamt ein ausgesprochen negatives Selbstbild, sie werden zunehmend passiv und unglücklich. Das Konzept der erworbenen Hilflosigkeit erklärt einige Symptome, die Arbeitnehmer in rigiden bürokratischen Strukturen an den Tag legen.

Sozialarbeiter, die ich als Supervisor betreut habe, sprachen oft von zwei Stressursachen: häufige und unsinnige Änderungen in den Vorschriften, die sie nicht beeinflussen können, und unvermittelte verwaltungstechnische Neuerungen, auf die sie nicht vorbereitet sind. Diese Erfahrungen sind Manifestationen von Abhängigkeit, mit all den negativen Einflüssen auf die Sozialarbeiter. Im selben Zusammenhang, doch in großer räumlicher Entfernung, nämlich in den riesigen Körperschaften der Vereinigten Staaten, spielt eine andere Praxis eine wichtige Rolle bei der Erzeugung von Druck und Stress: die ständige Versetzung von Mitarbeitern von einer Position auf eine andere, von einer Abteilung in die nächste oder sogar in ein anderes Büro in einem anderen Staat – ohne Vorwarnung und auch ohne Rücksicht zu nehmen auf die Probleme, die solche Versetzungen für die Angestellten und ihre Familien bedeuten können.

Mangel an Einfluss und Beteiligung an Entscheidungsprozessen:
Die einschlägige Forschungsliteratur befasst sich eingehend mit der Bedeutung der Beteiligung des Arbeitnehmers an Entscheidungen und betont, wie wichtig es ist, ihm Kontrolle über Arbeitsvorgänge zu gewähren. Zumindest sollte der Angestellte die Ergebnisse seiner eigenen Arbeit selbst planen und vorhersehen können. Die wichtigste Kompensation für den Arbeitnehmer ist das Gefühl, dass er selbst etwas zu bewirken vermag. Die Dezentralisierung von Macht, die Einbeziehung der Angestellten in alle Ebenen der Organisationsstruktur und in die Entscheidungsprozesse bewirken bei ihnen ein Gefühl der Zugehörigkeit und der Sicherheit bezüglich ihrer Fähigkeiten – sie haben die Situation unter Kontrolle (Rayner u. a., 1977).

Bereits 1955 hat Tannenbaum auf das Problem der Beteiligung hingewiesen, als er beschrieb, dass Institutionen, die Supervision und Einflussnahme auf allen Verwaltungsebenen zulassen, in der Regel effizienter arbeiten als diejenigen, in denen Entscheidungen zentral getroffen werden und wo das Einwirken von niedrigeren Verwaltungsebenen unerwünscht ist.

Die Unfähigkeit, Situationen zu kontrollieren, und das Gefühl, durch äußere Faktoren gelähmt zu sein, beeinflusst die physische und emotionale Gesundheit von Arbeitnehmern. Ihre Bereitschaft, Verantwortung zu übernehmen, sinkt dadurch (Pines und Aronson, 1988).

Cherniss (1980) weist darauf hin, dass die Machtstrukturen gerade im sozialen Dienst zentralistisch sind und die Implementierung von Entscheidungen hierarchisch und sehr formal vor sich geht. Dies, so betont er, beschränkt die Autonomie des Sozialarbeiters, nimmt ihm die Kontrolle über seine Arbeit und führt direkt zu Burnout. Pines u. a. (1981) gehen sogar noch weiter und behaupten, dass der Ausschluss des Sozialarbeiters von den signifikanten Entscheidungsprozessen die Hauptursache von Burnout ist.

Arbeitsbedingungen

Die Bedingungen am Arbeitsplatz haben einen starken Einfluss auf die physische und emotionale Gesundheit der Arbeitnehmer und somit auch auf ihre Leistungsfähigkeit (Jacobs und Gerson, 1997; Leiter und Schaufeli, 1996; Maslach und Leiter, 1997; Murphy und Hurrel, 1992).

Kompensation:
Vorgesetzte und Supervisoren können die Stimmung der Untergebenen durch angemessene Kompensation beeinflussen. Die Kompensation kann jede Form von Belohnung sein, die nach der erfolgreichen Ausführung ei-

ner Aufgabe gewährt wird. Sie kann finanzieller Art sein, aber auch aus Anerkennung bestehen. Auf jeden Fall erhöht sie die Identifikation des Arbeitnehmers mit seiner Rolle. Mangelnde Kompensation hingegen trägt zu Burnout bei (Mazur und Lynch, 1989), je niedriger die Kompensation, desto höher ist auch die Gefahr von Druckzuständen. Die Geschäftsleitung kann diese Druckzustände andererseits durch Unterstützung und die Äußerung von Wertschätzung abmildern.

Die Forschung unterscheidet zwischen internaler und externaler Kompensation. Internale Kompensation liegt vor, wenn der Sozialarbeiter sich selbst verwirklichen kann, die Situation seiner Klienten verbessert, mental zu ihnen durchdringt, der Gesellschaft etwas geben kann, eine ethisch hochwertige Arbeit verrichtet, im Beruf weiterkommt und seinem Arbeitgeber nützlich ist. Externale Kompensation besteht aus finanziellen Zuwendungen und Status. Da internale Kompensation dem Sozialarbeiter eine qualitative Befriedigung bereitet, tun Arbeitgeber gut daran, diese stetig zu erhöhen, denn hierdurch wird der Angestellte besser gegen Burnout gewappnet als durch externe Kompensation.

Inadäquate Kompensation liegt vor, wenn das Gehalt des Sozialarbeiters niedriger ist als das von anderen Berufsgruppen mit vergleichbaren Qualifikationen, wenn er nicht genügend Respekt und Anerkennung erhält und wenn die Gesellschaft sich den Leistungen des Sozialarbeiters gegenüber gleichgültig zeigt (Farber, 1991; Finian und Santoro, 1983). Im Allgemeinen sind bürokratische Institutionen unfair und ineffizient im Verteilen von Belohnung, Wertschätzung und Anerkennung von Bemühungen. Es hat sich herausgestellt, dass Individuen fähig sind, immensem Druck zu widerstehen, wenn sie durch die Anerkennung ihrer Arbeit belohnt wurden.

Für die meisten Menschen scheint Anerkennung wichtiger zu sein als Geld. Das ideale Einkommen liegt oft 10 bis 20 Prozent höher als das, was sie tatsächlich verdient wird, selbst bei denjenigen, die über ein hohes Einkommen verfügen. Aber Menschen, deren Arbeit anerkannt wird, die ihre Arbeit genießen und das Gefühl haben, einen wichtigen Beitrag damit zu leisten, sind mit ihrem Einkommen zufrieden, auch wenn es eigentlich deutlich zu niedrig ist. Burnout entsteht eher, wenn der Sozialarbeiter seine Arbeit nicht als signifikant, erfolgreich und erfüllend ansieht und weniger, wenn er unterbezahlt wird. Es zählt dabei das subjektive Gefühl des Sozialarbeiters, nicht genügend Kompensation zu erhalten, nicht so sehr die tatsächliche Kompensation. Ein sicherer Auslöser von Burnout ist die Ansicht des Sozialarbeiters, hart zu arbeiten, mehr zu tun, als er eigentlich müsste, doch nie ein gutes Wort dafür zu bekommen. Viele sagen: „Das Einzige, dessen ich mir sicher sein kann, ist die negative Rückmeldung, wenn etwas nicht funktioniert hat."

Herausforderung:
Eine Arbeit, die keinerlei Herausforderungen bietet, trägt ebenfalls zu Burnout bei. Wenn die Verwaltung der Institution den Sozialarbeiter nicht fordert, wird dieser apathisch und verliert das Interesse an seiner Arbeit (Pines und Kafry, 1978).

Möglichkeit zur Aus-Zeit:
Dies ist ein zentraler Punkt der Arbeitsbedingungen. Die Chance, sich gelegentlich ein, zwei Tage frei zu nehmen, verschafft dem Sozialarbeiter eine Atempause. Eine andere Option ist das Sabbatjahr, wenn Angestellte für eine bestimmte Zeit von ihren üblichen Pflichten frei gestellt werden. Sie können diese Zeit beispielsweise für Fortbildungen nutzen und sich anderen Aktivitäten widmen, die ihren Enthusiasmus wiederbeleben und sie persönlich und beruflich wachsen lassen.

Die Rolle des Individuums innerhalb der Institution

Die Rollenstrukturen im Sozialdienst sind potentielle Quellen von Druck und Stress. Die meisten Wohlfahrtsorganisationen sind in der Regel in den öffentlichen Dienst eingebunden und bilden komplexe bürokratische Systeme, in denen die Berufsideale von Sozialarbeitern oft mit dem starren Establishment und den formalen Strukturen kollidieren. Die widersprüchlichen Wahrnehmungen und Orientierungen bereiten das Feld für Rollenkonflikte. Cherniss (1980) stellt in diesem Zusammenhang fest, dass das bürokratische Modell die Betonung auf Ordnung, Effizienz, Verantwortung der Institution gegenüber und auf unpersönliche Beziehungen legt. Im Gegensatz dazu liegt der Schwerpunkt der klientenzentrierten Sozialarbeit auf Individualität, speziellen Klientenbedürfnissen, Flexibilität, ständig neu definierten Zielen sowie Persönlichkeitsentwicklung. Das Aufeinanderprallen dieser gegensätzlichen Perspektiven bedroht die Autonomie und das Selbstbild des Sozialarbeiters und erzeugt auf diese Weise Druck.

Die beiden Burnout beschleunigenden Faktoren sind die ungenügende Vorbereitung auf die berufliche Rolle und die mangelnde Klarheit über die eigene Position und die damit verbundenen Aufgabenfelder. In Arbeitsumgebungen, die nicht angestelltenorientiert sind, wo Rollen nicht klar definiert sind und die neuen Sozialarbeiter nicht schrittweise in ihre Position eingeführt werden, ist die Burnout-Rate höher als in Institutionen, die einführende Programme für neue Angestellte bieten. Auch der Mangel an Information über die Pflichten und Beurteilungskriterien führt zu einem vagen Rollenverständnis beim Sozialarbeiter und zu einer beruflichen Unzufriedenheit.

Es gibt in der Burnout-Forschung viele Studien über Rollenkonflikte und Rollenambiguität (Demmer, 2004; Iwanicki und Schwab, 1981; Jackson, 1983; Kahn, 1974; ders., 1978; Kremer-Hayon und Hoffman, 1985; Kyriacou, 1987; Maslach, 1982; Mirvis u. a., 1999; Piko, 2006; Siefert u. a., 1991; Takeda u. a., 2005). In einigen wird die These aufgestellt, dass diese zwei Parameter die Hauptursachen für Druckzustände, Hoffnungslosigkeit und emotionale Entfremdung sind und somit zu Burnout führen (Kahn u. a., 1964; Spector u. a., 1988; Stout und Posner, 1984). Ivanicki und Schwab (1981) haben festgestellt, dass die beiden Variablen insgesamt 24 Prozent der umweltbedingten Ursachen von Burnout ausmachen. Damit konnten sie die Ergebnisse von Kahn (1978) bezüglich der Wirkung von Rollenkonflikt und -ambiguität auf die Psyche der Sozialarbeiter erhärten.

Spätere Untersuchungen belegen, dass es einen engen Zusammenhang gibt zwischen Rollenkonflikt und den Burnout-Faktoren Erschöpfung und Depersonalisation sowie zwischen Rollenambiguität und mangelnder Selbstverwirklichung.

Darüber, wie bedeutsam diese beiden Variablen tatsächlich sind, herrscht keine einhellige Meinung, es gibt sogar widersprüchliche Aussagen. In einigen Theorien heißt es, Rollenambiguität sei der stärkere Auslöser für Burnout, während andere den Rollenkonflikt als zentralen Verursacher ansehen (Boyd und Pasley, 1989; Holloway und Wallinga, 1990; Schaubroeck u. a., 1989).

Rollenkonflikt:

Der Begriff Rollenkonflikt bezeichnet den Gegensatz oder inhärenten Widerspruch zwischen den Zielen, die ein Arbeitnehmer zu erreichen hat (Bacharah u. a., 1990). Dies mag in einem Arbeitsumfeld vorkommen, in dem Berufstätige in verschiedenen Bereichen tätig sein müssen (Coyle u. a., 2005; Farber, 2000; Miller, 1995; Piko, 2006; Tam und Mong, 2005). Auch konträre Anweisungen von Seiten der Verwaltung können einen solchen Rollenkonflikt auslösen.

Im Weiteren wird der Begriff definiert als eine Störung, die durch unangemessene Forderungen und Erwartungen an den Sozialarbeiter verursacht wird. Er kann auch interprofessionelle Aspekte einschließen, etwa wenn andere Berufsgruppen die Werte und Arbeitsmethoden der Sozialarbeiter missverstehen. Der Rollenkonflikt verursacht insbesondere dann Burnout, wenn die unangemessenen und widersprüchlichen Anforderungen sowohl von innerhalb als auch von außerhalb der Institution kommen (Bacharat u. a., 1990; Itzhaky, 1987).

Laut Greenhaus und Benteel (1985) kann der Rollenkonflikt entweder auf einem Zeitfaktor basieren, wenn verschiedene Rollen gleichzeitig miteinander konkurrieren, oder aber auf Spannungsfaktoren, wenn die Anspannung einer Rolle auf eine andere Rolle einwirkt. Er kann jedoch auch auf Verhaltensfaktoren zurückzuführen sein, z. B., wenn das Verhaltensmuster einer Rolle ungeeignet ist für eine andere Rolle.

Der Sozialarbeiter kann passiv mit dem Rollenkonflikt umgehen: Der erste Reaktionsmechanismus ist die Paralyse. Der Betroffene ergibt sich der Apathie und vermeidet Herausforderungen. Dies ist ein Symptom der Burnout-Erfahrung, aber auch eine Reaktion auf sie (Farber, 1991), eine Antwort auf das Gefühl der Ausweglosigkeit und Isolation (Wagner, 1984). Das Problem erscheint unlösbar (Bidwell, 1965). Eine andere Verhaltensweise ist die nicht-adaptive, das heißt, die Unterdrückung und das Ignorieren des Konflikts (Billing und Moos, 1982), dessen Umgehung (Wagner, 1984) und auch die Vermeidung von Entscheidungen im Interesse guter Arbeitsbeziehungen (Ben-Peretz und Kremer-Hayon, 1987) sowie die defensive Verleugnung. Es kann jedoch auch zu überwältigenden Emotionen und Druckzuständen kommen (Mayer und Stevens, 1983), zu Unbehagen, Unzufriedenheit, Frustration, Angst und dem Gefühl, in der Falle zu sitzen.

Eine aktive Bewältigung ist möglich, sofern der Sozialarbeiter den Konflikt als eine Herausforderung akzeptiert, die ihm Gelegenheit gibt, über sich selbst hinauszuwachsen, in neue Richtungen zu denken und seine Kreativität unter Beweis zu stellen.

Rollenambiguität:
Sie liegt vor, wenn ein Individuum die Ziele, Pflichten oder auch die Autorität seiner Rolle nicht kennt, beziehungsweise nicht weiß, wie seine Arbeit von anderen bewertet wird (Cox u. a., 1993; Piko, 2006). Diese Mehrdeutigkeit kann das Ergebnis von technischen Veränderungen, von institutionsimmanenten Strukturen oder von Personalpolitik sein. Dem Individuum fehlen essentielle Informationen – einschließlich der Definition seiner Rolle und des Ausmaßes seiner eigenen Autorität und Verantwortlichkeit (Rizzo u. a., 1970).

Der Beruf des Sozialarbeiters bringt eine Reihe von Elementen mit sich, die zu einer solchen Mehrdeutigkeit beitragen, wie zum Beispiel fehlendes Feedback, unklare Zielsetzungen, die Abwesenheit von eindeutigen Kriterien, um Ergebnisse zu überprüfen, sowie eine zu große Vielfalt der möglichen Interventionsmethoden und -techniken.

Kadushin (1992) beleuchtet die Art und die Inhalte der Sozialarbeit und bemerkt, dass jede Situation einzigartig ist, niemals standardisiert werden kann oder gar austauschbar wird. Deshalb ist es so schwierig, sie zu kontrollieren und zu bewerten, denn ihr Ausgang ist stets unsicher und nicht vorhersehbar (Errera, 1989; Schneider, 1978).

Beziehungen im Arbeitsumfeld

Positive Variablen in diesem Zusammenhang sind Umweltfaktoren (Houghton und Christensen, 2006; Prins u. a., 2007) wie institutionsimmanente Ressourcen und gute Atmosphäre (Demmer, 2004), Teamarbeit, Kooperation und gegenseitige Unterstützung (Rafferty u. a., 2001), Abwesenheit von inneren Konflikten (Barling und Taylor, 2004) und das Vorhandensein von Unterstützungssystemen.

Jenkins und Elliot (2004) betonen die Wichtigkeit von Unterstützung und guten Beziehungen am Arbeitsplatz, um Feedback und Anerkennung zu erhalten, aber auch als Zugangsquelle zu Informationen sowie als emotionale Abfederung.

Caplan (1981) weist ebenfalls auf die Bedeutung von sozialem Beistand hin, der dem Sozialarbeiter emotionale Hilfe und zusätzliche Ressourcen in Notsituationen zur Verfügung stellen kann. Dieser Beistand in seinem eigenen Arbeitsumfeld stattet den Sozialarbeiter mit den notwendigen Mitteln aus, die ihm helfen, effektiver mit Druck umzugehen.

Lewis (1996) hebt die herausragende Bedeutung der sozialen Beziehungen am Arbeitsplatz hervor; ihre wichtigste Komponente ist das Unterstützungsnetzwerk. Lewin (1951) schreibt, dass die Gruppe, der eine Person angehört, in diesem Zusammenhang das wichtigste Element sei. Die Unterstützungsmechanismen der Gruppe können vieles geben, was jenseits der Möglichkeiten eines Einzelnen liegt – dazu gehören zum Beispiel Informationen, Einblicke, Anerkennung, Feedback und vor allem emotionaler Beistand.

Laut House (1981) setzt soziale Unterstützung einen Fluss von emotionaler Fürsorge und instrumentaler Hilfe in Gang und ist die bedeutendste Art, mit der Menschen sich gegenseitig wissen lassen können, dass sie sich umeinander kümmern. Instrumentale Hilfe heißt, dass Menschen ihre Sorgen mit anderen teilen können, während Kooperation konkrete Hilfsmechanismen bereit hält, wie die Übernahme der Arbeit von kranken oder erschöpften Mitarbeitern durch ihre Kollegen.

Auch Mitarbeiterversammlungen helfen, Burnout zu vermeiden oder zu lindern (Pines u. a., 1981), wenn so die Möglichkeit gegeben wird, sich auszusprechen und sich gegenseitig um Rat zu fragen.

2.4.4 Soziokulturelle Variablen

Die Forschung zeigt, dass Burnout in verschiedenen Ländern in unterschiedlichem Maße auftritt. Diese Differenz liegt in sozialen Faktoren begründet, die Druckzustände entweder verhindern und lindern oder verstärken können (Arches, 1991; Farber, 2000; Raiger, 2005).

Maslach und Schaufeli (1993) beschäftigen sich mit dem Verhalten des Individuums im kulturellen Kontext, das heißt, sie beziehen soziale und gleichzeitig auch persönliche Elemente in ihre Untersuchungen ein. Burnout wird hier als individueller Stresszustand vor dem Hintergrund von sozialen Beziehungen verstanden. Es ist sowohl mit der individuellen Selbstwahrnehmung als auch mit der Wahrnehmung durch andere verbunden.

Die individualistische westliche Kultur

Schaufeli u. a. (1993) stellen fest, dass die Signifikanz, die wir in der leistungsorientierten, individualistischen westlichen Gesellschaft der Arbeit beimessen, einen Burnout-Faktor darstellt. Das menschliche Bedürfnis, seinem Leben Sinn zu verleihen und etwas Wichtiges zu leisten, ist die Wurzel des Burnout-Syndroms. Für viele Menschen ist der Beruf die Antwort auf dieses Bedürfnis, dies erklärt auch, warum Burnout besonders bei denjenigen auftritt, die hochgesteckte Ziele und Erwartungen haben.

Wenn motivierte Berufstätige, die sich durch ihre Arbeit definieren, Sinnstiftung durch sie erwarten, jedoch keine ausreichende Kompensation dafür erhalten, werden sie anfällig für Burnout. Das Syndrom ist typisch für Menschen, die ihre Karriere in dem Glauben beginnen, etwas Bedeutendes zu tun, für Menschen, die sich gerne um andere kümmern und hoffen, dass ihre Arbeit eine Relevanz für das Leben ihrer Klienten hat. Sie verkraften es nicht, zu versagen.

In kollektivistischen Kulturen sind soziale und familiäre Unterstützung ein fester Bestandteil der gesellschaftlichen Strukturen. Leistung und Wettbewerb werden weniger betont, das Individuum findet außerhalb der Arbeit bedeutungstragende Elemente, die ihm Zufriedenheit verschaffen.

In der westlichen Kultur sind die Menschen von Kindesbeinen an Teil einer wettbewerbsorientierten Gesellschaft, die den Erfolg schätzt und Misserfolg verachtet. Das gesamte Kompensationssystem ist so geartet, dass Wettbewerb ermutigt wird und die Menschen auf einer Erfolgsskala eingeordnet werden. Diejenigen, die sich auf dieser Skala weiter oben befinden als andere, haben wiederum Menschen über sich, die noch erfolgreicher sind als sie selbst – mit diesen müssen sie sich messen. Im westlichen System unterliegt das Individuum täglich Leistungstests, während es in einer traditionellen Gesellschaft seltener Wettbewerbssituationen ausgesetzt ist, in denen es sich gegen andere behaupten müsste.

In vielen westlichen Gesellschaften, vor allem in den Vereinigten Staaten, herrscht das Kalvinistische Arbeitsethos vor, demnach ist jeder Mensch selbst für sein Schicksal und seinen Erfolg verantwortlich. Erfolg beweist, dass jemand hart gearbeitet hat und dass Gott seine Bemühungen gut heißt. Jedes amerikanische Kind, egal, ob seine Eltern Millionäre oder Slumbewohner sind, wächst mit dem Amerikanischen Traum auf, dass es alles erreichen kann. Die amerikanische Kultur zehrt von Erfolgsdarstellungen über den Bettler, der es bis an die Spitze der Gesellschaft geschafft hat. Durch diese Geschichten angeregt, hegen viele Amerikaner hochtrabende Ambitionen, die allerdings oft zum Scheitern verurteilt sind. Die Kluft zwischen Ehrgeiz und Realität ist besonders groß, wenn die Erfolgsparameter unklar sind oder sich stetig verändern. Zu hohe Erwartungen und Kriterien für den persönlichen Erfolg, die im Grunde gar nicht zu definieren sind, erzeugen eine Diskrepanz zwischen Ideal und Realität und sie bereiten den Boden für Unsicherheit, Selbstbezichtigung und Burnout.

Der Arbeit kommt also eine zentrale Stellung zu; gute Leistungen sind das Maß für den sozialen Aufstieg, den Status und für die Beliebtheit eines Individuums. Wenn jemand weniger leistet, sinkt sein Wert. In einer Gesellschaft, in der die sozialen Kontakte hauptsächlich durch die Arbeit entstehen, ist ein Leben ohne Arbeit, ob durch Arbeitslosigkeit oder Altersruhestand, nahezu gleichbedeutend mit dem Verlust des sozialen Werts.

Die Forschung weist darauf hin, dass eine Person in der westlichen Gesellschaft mehr Bekannte hat als wahre Freunde. Bekanntschaften sind auf oberflächlichen Kontakt beschränkt, meist fehlt es an Gelegenheiten, engere und tiefere Bindungen zu entwickeln, wie man sie in traditionellen Gesellschaften findet. Ein Grund für diesen kulturellen Unterschied in den Freundschaftsmustern ist die Mobilität. In den westlichen Kulturen sind Arbeitnehmer häufig gezwungen, weit fort ziehen. Diese Mobilität führt zur Isolierung der Familien, die sich jedes Mal, wenn der Arbeitnehmer an einen anderen Ort versetzt wird oder die Arbeitsstelle wechselt, an einen neuen sozialen Rahmen gewöhnen müssen. In den traditionellen Gesellschaften bleiben die Menschen ihr ganzes Leben lang in Kontakt mit ihren Verwandten und Freunden.

Auch die Beziehungen innerhalb der Familien werden immer lockerer. Die Scheidungsraten sind hoch, viele junge Paare entschließen sich, nicht zu heiraten und keine Kinder zu bekommen. Betagte Eltern und Großeltern werden häufig vernachlässigt und in Altersheimen untergebracht, während die ehrgeizigen Nachkommen danach streben, die Karriereleiter zu erklimmen. All dies führt zu wachsender Isolation, vor allem in den großen Städten. Das einsame Individuum hat niemanden, an den es sich bei seiner Suche nach Hilfe wenden kann, wenn ihn seine Arbeit belastet. Die Burnout-Krise wird dadurch schneller herbeigeführt und ist besonders zerstörerisch.

Die traditionelle kollektivistische Gesellschaft

Sozialarbeiter in traditionellen Kulturen sind weniger mobil – und weniger anfällig für Burnout – als ihre Kollegen in Europa und Nordamerika. Sie wechseln ihre Arbeitsplätze seltener, was ihnen die Möglichkeit gibt, ihre sozialen Kontakte und die Unterstützungssysteme am Arbeitsplatz weiterzuentwickeln, die essentiell in der Bekämpfung von Burnout sind. Pines u. a. (1981) schreiben, dass soziale Faktoren Burnout-Prozesse unterbrechen können und ein Schlüsselelement für die Zufriedenheit der Angestellten sind.

In traditionellen Gesellschaften neigen die Menschen stärker dazu, mit Familienmitgliedern und Menschen aus derselben religiösen Gruppe in engen Nachbarschaften zusammenzuleben. Dadurch sind sie in ein Netzwerk der Intimität und der gegenseitigen Hilfe eingebunden. Der Druck auf den Einzelnen wird gemindert durch das viel stärkere Gefühl der sozialen Einheit und des geteilten Schicksals. Gemeinsame soziale und kulturelle Ziele sowie ethnischer Stolz werden hier stärker betont. Deshalb leiden Mitglieder traditioneller Gesellschaften weniger unter Entfremdung, es gibt weniger Fälle von Burnout. Da sich die Menschen hier noch eher mit religiös beeinflussten, kollektiven Zielen identifizieren, fühlen sie sich bei der Begegnung mit anderen Menschen, sei es bei ihrer Arbeit oder innerhalb der Gemeinschaft, sicherer.

Die westlichen Gesellschaften legen Wert auf Wettbewerb, persönliche Leistung und individuelle Vortrefflichkeit, in konservativ-traditionellen Gesellschaften hingegen gilt soziale, gemeinschaftliche Leistung als Ideal. Die Teilnahme an gemeinschaftlichen Errungenschaften verschafft auch Mitgliedern, die in ihrem eigenen Leben weniger erreicht haben, Erfolgserlebnisse. Die traditionelle Gesellschaft schätzt Gleichheit, das Individuum kann sich hier eher durch den Beitrag zum Wohlergehen anderer beweisen als durch persönliche Entfaltung.

Ambitionen, die von der Gesellschaft gefördert werden, sind klarer definiert und können durch harte Arbeit und starken Willen erreicht werden – oder mit Hilfe anderer Menschen. Die Menschen haben sich selbst gegenüber ein positiveres Gefühl und präsentieren sich als erfolgreich, obwohl nach westlichen oder auch nach anderen objektiveren Standards dieser Erfolg zweifelhaft erscheinen würde. Selbst jemand, der ein schlechter Grundschüler war, die weiterführende Schule nicht geschafft hat und nun eine einfache Arbeit verrichtet, dafür aber in der Gemeinschaft eine aktive Führungsrolle innehat und hoch angesehen ist, gilt als erfolgreiche Persönlichkeit.

Ein weiteres Element in der traditionellen Gesellschaft sind die tieferen und festeren Beziehungen außerhalb der Arbeit. In der traditionellen Kultur spielen die gemeinsame Vergangenheit und die Beziehungen innerhalb der Familie eine wichtige Rolle: Die Menschen sorgen sich dadurch weniger um Wettbewerbssituationen am Arbeitsplatz. Stabile Familienverhältnisse, der Kontakt zu religiösen Persönlichkeiten, die Nachbarschaft, die Gemeinschaft und der starke Glaube des Individuums an diese Werte, vermitteln ihm ein Gefühl der Zugehörigkeit und der Sicherheit, das in den meisten westlichen Kulturen in dieser Form fehlt.

Zusammenfassend ist festzustellen, dass der Unterschied zwischen den beiden Gesellschaftsformen in der Lebensqualität außerhalb des Arbeitsplatzes liegt. Sozialarbeiter in traditionellen Gesellschaften sprechen oft von positiven Elementen in ihrem Leben: Lebenssinn, der Möglichkeit, etwas zu bewirken, Feedback, Familien- und anderen zwischenmenschlichen Beziehungen, gemeinsamen Problemlösungen und geteilten Emotionen. Traditionelle Gesellschaften unterscheiden besser zwischen Arbeit und Privatleben, es gibt hier weniger Reibungspunkte zwischen diesen beiden Lebensbereichen. Wenn Burnout entsteht, wird es eher als Teil des Arbeitslebens erkannt als im Westen. Sozialarbeiter in westlichen Gesellschaften fühlen sich zwischen Arbeit und den Anforderungen der Familie aufgerieben, sie empfinden eine stärkere Kongruenz zwischen Arbeit und dem privaten Bereich. Im Gegensatz dazu sind Sozialarbeiter in traditionellen Kulturen stärker in stabilen sozialen Verhältnissen verankert: Die Familie und die Freunde schirmen sie von Druck ab, fangen sie auf und unterstützen sie in Krisenzeiten.

2.5 Merkmale von Burnout bei Sozialarbeitern in der Einzelfallhilfe und in der Gemeindewesenarbeit

Die Einzelfallhilfe und die Gemeindewesenarbeit sind die beiden Hauptfelder der Sozialarbeit. Die Burnout-Forschung zeigt, dass die Gefahr für Burnout wächst, je mehr Fürsorge dem Helfer von seiner Arbeit abverlangt wird und je häufiger und intensiver er menschlichem Leid ausgesetzt ist (Etzion und Pines, 2006; Maroon und Matousek, 2005).

Burnout bei Sozialarbeitern in der Einzelfallhilfe

Einzelfallhelfer stellen die größte Gruppe innerhalb der sozialen Dienste dar, und die Forschung hat sich bisher ausschließlich mit dem Burnout-Prozess bei ihnen beschäftigt (Cherniss, 1980; Freudenberger, 1980; Green, 2006; Maslach, 1978; dies., 1979; Perron und Hiltz, 2006; Pines, 1979; Street und Rivett, 1996; Skirrow und Hatton, 2007).

Die Stellenbeschreibungen in diesem Bereich machen die große Verantwortung deutlich, die Sozialarbeiter in einer Vielfalt von Rollen tragen müssen: Durch Familienhilfe und Gruppentherapie müssen sie Klienten helfen, in der Familie und in der Gemeinschaft besser zu funktionieren. Sie beraten, therapieren direkt und indirekt oder verweisen Klienten an entsprechende Institutionen weiter, wobei sie sich an anerkannte professionelle Methoden und Fertigkeiten, beziehungsweise an die Richtlinien ihrer jeweiligen Einrichtung zu halten haben. Sie müssen die Motive hinter den Verhaltensmustern der Klienten und deren Familien erkennen sowie die Komponenten und Kräfte, die auf deren Leben einwirken, in ihrer Ganzheit verstehen (Perlman, 1969).

Faktoren, die Burnout bei Einzelfallhelfern verursachen oder beschleunigen, sind:

1. Die Prozeduren in vielen Wohlfahrtsorganisationen, die Klienten erlauben, immer wiederzukommen: Oft werden unmotivierte Klienten und solche, die Widerstand gegen die Behandlung zeigen, regelrecht umworben, was die Sozialarbeiter hilflos macht, frustriert und an den eigenen Fähigkeiten zweifeln lässt. Dies führt zu negativen Haltungen den Klienten und der Arbeit gegenüber. Verantwortlichkeit und Richtlinien sind häufig nicht klar definiert, die Angestellten reagieren verwirrt, sie wissen nicht, wie sie sich verhalten sollen. Hinzu kommt der „Papierkrieg", Ber-

ge von Dokumenten, die durchgearbeitet werden müssen, die Sozialarbeiter empfinden dies oft als eine unnütze Belastung. Druck und Stress entstehen, weil die Helfer jedem einzelnen Fall gerecht zu werden versuchen. Sofern mit diesem Druck nicht richtig umgegangen wird, führt er zu physischer und emotionaler Erschöpfung.

2. Die Vielfalt der Rollen und geforderten Fertigkeiten: Während die meisten Sozialarbeiter Rollenkonflikte und Rollenambiguität als Burnout-Faktoren bezeichnen, nennen Einzelfallhelfer noch viele andere Faktoren – den Sinnverlust und den Mangel an Gelegenheiten, sich auszusprechen, ungenügende persönliche Entwicklung, die Monotonie ihrer Rollen, fehlende Komplexität und Autonomie sowie fehlende Herausforderungen.
3. Die Institutionspolitik: Viele Sozialarbeiter haben den Eindruck, die Politik ihres Arbeitgebers nicht mitbestimmen zu können – weder durch die Beeinflussung der bestehenden Richtlinien, noch bei der Einführung von neuen. Dadurch verstärkt sich das Gefühl von Enttäuschung und Hilflosigkeit und kann direkt in den Burnout-Prozess münden. Der Mangel an Vielfalt und Autonomie fällt besonders ins Gewicht, wenn man bedenkt, dass Sozialarbeiter nach restriktiven Regeln und Vorschriften handeln müssen, wie sie nur in ihrem Bereich zu finden sind. Maslach (1982) und Pines u. a. (1981) stellen fest, dass die zahlreichen detaillierten Instruktionen, die Sozialarbeitern von den Behörden ausgehändigt werden, für die sehr eingeschränkte Handlungsfreiheit verantwortlich sind.
4. Die Vielzahl an Klienten mit akuten chronischen Problemen: Solche Schwierigkeiten benötigen kreative, komplexe Behandlungsmethoden, um effektiv gelöst zu werden. Da sich die Helfer jedoch an bestimmte Vorschriften halten müssen, können sie keine unkonventionellen Ideen verwirklichen. Stattdessen verrichten sie eine Sisyphusarbeit, indem sie die gleichen Fälle immer wieder bearbeiten, obwohl sie zu keiner Lösung gelangen.
5. Evaluationsschwierigkeiten: Erfolg und Leistung sind eng mit dem Bewusstsein des Helfers verbunden, seine Arbeit sei signifikant und wichtig. Doch die meisten sozialen Dienste haben keine Kriterien zur Beurteilung der Behandlungserfolge entwickelt. So verfügen die Sozialarbeiter über kein Instrumentarium, um Erfolg oder Scheitern zu messen, und es fällt ihnen schwer, die Befriedigung zu empfinden, die durch positives Feedback entsteht. Daley (1979) und Edelwich (1980) konstatieren, dass die vielen Fälle, in denen der Sozialarbeiter den Ausgang seiner eigenen Bemühungen nicht auch selbst nachvollziehen kann, einen schwerwiegenden Faktor darstellen, der den Burnout-Prozess auslösen kann.

Burnout bei Sozialarbeitern in der Gemeindewesenarbeit

Der Sozialarbeiter im Bereich der Gemeindewesenarbeit hilft Menschen, die Beziehungen untereinander sowie die Beziehung der einzelnen Menschen zu ihrer Umwelt zu verbessern. Eine zentrale Zielsetzung ist es, das Ungleichgewicht zwischen den Bedürfnissen und den Ressourcen des Wohlfahrtssystems zu reduzieren.

In der Forschungsliteratur wird in diesem Zusammenhang auf zwei Tendenzen verwiesen:

1. Direkte Arbeit mit Menschen aus einer bestimmten Gemeinschaft oder deren Vertretern, um ihnen zu helfen und die Gruppe als Ganze zu motivieren, ihre gemeinsamen Probleme zu identifizieren. Der Sozialarbeiter hat dabei vier Aufgabenbereiche: (a) Als Moderator ermutigt er die Gemeinschaft dazu, ihre eigene Problemlösungsfähigkeiten zu entwickeln; (b) als Leiter unterstützt er die Gemeinschaft, die Mittel zum Erreichen ihrer Ziele zu erlangen; (c) als Fachmann vermittelt er Wissen und berät die Gruppenvertreter; (d) als Sozialtherapeut hilft er den Gruppenvertretern, den Entscheidungsprozess zu verstehen und zeigt ihnen den effektivsten Weg, mit der Bürokratie umzugehen.
2. Indirekte Gemeindewesenarbeit wird durch Vertretergruppen und der Gemeinschaft nahe stehende Menschen ausgeführt. Sie wirken bei der Koordination von Diensten und Plänen mit, vertreten die Interessen der Gemeinschaft und setzen Standards fest.

In der folgenden Tabelle führen Lappin u. a. (1990) die Aufgaben der Sozialarbeiter in der Gemeindewesenarbeit auf, sowie die Fähigkeiten, die sie dazu benötigen. Sie stützen sich dabei auf die Theorie von Ross (1955):

Das System erhalten	Aktivitäten planen	Kompetenzentwicklung	Entwicklungsinitiativen	Innovative Projekte	Erziehungsprojekte
Aufgaben ausführen, Richtlinien durchsetzen	Entscheidungen treffen	Wechselseitige Beziehungen	Organisation	Führungsrolle übernehmen	Öffentlichkeitsarbeit
	Prioritäten für die Gemeinschaft festsetzen	Vermittlung, Interessenswahrnehmung für verschiedene Gruppen	Beschaffung von Mitteln, soziale Aktivitäten	Neue Pläne entwickeln	Medienkontakte
Administrative, finanzielle und budgetbezogene Aufgaben	Vorschriften für die Gemeindedienste entwickeln	Persönliche Beziehungen zu örtlichen Beamten	Die Gemeinden konsultieren	Innovative Ansätze für die Arbeit	Veröffentlichungen, Erziehung durch Arbeitsgruppen
Folgeaufgaben	Veränderungen strategisch planen	Drängen auf Entscheidung			Ausbildung von Praktikanten und ehrenamtlichen Mitarbeitern
Sitzungen und Gespräche	Untersuchungen: Leistung der Dienste und Pläne				

Quelle: Lappin, B., I. Morton und T. Lanham (1990), *Community Change Through Project Renewal.*

Im Zuge ihrer dynamischen und intensiven Tätigkeit müssen Sozialarbeiter in der Gemeindewesenarbeit also eine Vielzahl von Rollen ausfüllen, angefangen vom Vermittler bis hin zum Leiter. Sie erfahren Druck von Politikern, von den Institutionen, die sie beschäftigen, und von mächtigen Klienten, die innerhalb der Gemeinschaft wichtige Positionen bekleiden. Der Sozialarbeiter ist sehr exponiert, und seine Tätigkeit erfordert lange und unkonventionelle Arbeitszeiten.

Lappin u. a. (1990) untersuchen die Probleme, denen Gemeindewesenarbeiter, die die indirekte Methode anwenden, begegnen. Die Klienten, mit denen sie zu tun haben, treten meist als Führer, als Repräsentanten ihrer Gemeinschaft auf. Es sind häufig Menschen, denen Macht, Einfluss und Ansehen wichtig sind, anders als bei dem Klientel in der Einzelfallhilfe.

Die Hauptschwierigkeit für den Gemeindewesenarbeiter ist, dass seine Aufgaben oft außerhalb seiner beruflichen Kenntnisse liegen, wie etwa Finanzierung und Budgetplanung. Als Planer befinden sie sich häufig in dynamischen Situationen, inmitten von sich ständig verändernden Problemen, Prioritäten und Anweisungen.

Sie müssen stets mit der Flexibilität arbeiten, die nötig ist, um aktuelle Projekte zu evaluieren und neue zu entwickeln. Sie unterliegen den Erwägungen der Behörden und müssen Wege finden, die Interessen der Einwohner mit denen der lokalen und nationalen Politik in Einklang zu bringen.

Auf der praktischen Ebene müssen Gemeindewesenarbeiter in der Lage sein, Geldmittel zu beschaffen, ehrenamtliche Helfer einzuweisen, sie sollen innovativ sein und die Vermittlerrolle übernehmen können – all dies ist überhaupt nicht Gegenstand ihrer Ausbildung. Sie sind gefordert, nicht nur Probleme ohne die dafür notwendigen beruflichen Mittel zu lösen, sondern auch Legitimation für ihre Ideen und Methoden zu erlangen. Um dies auf effiziente Weise leisten zu können, ist ein Höchstmaß von Autonomie unerlässlich.

Ein weiterer Aspekt ist der von Forschern immer wieder beklagte Mangel an einer klar definierten Theorie der Gemeindewesenarbeit. Sozialarbeiter, die auf diesem Feld tätig sind, erkennen die Notwendigkeit einer solchen Theorie erst dann, wenn sie aufgrund der Komplexität und Intensität ihrer Arbeit nicht mehr weiter wissen. Einerseits mag die Abwesenheit einer Theorie die Kreativität fördern, doch andererseits besteht die Gefahr, dass Sozialarbeiter, die keine Grundlage haben, um Entscheidungen zu fällen, scheitern, was dann den Burnout-Prozess in Gang setzen kann.

Trotz aller Schwierigkeiten und Herausforderungen, mit denen sich Sozialarbeiter in der Gemeindewesenarbeit konfrontiert sehen, haben sie im

Gegensatz zu Einzelfallhelfern die Chance, auf die Politik ihrer Arbeitgeber und der Behörden einzuwirken. Dies gewährt ihnen einen gewissen Schutz gegen Burnout. Durch die eigene Einflussnahme können sie Kontrolle über bestimmte Aspekte ihrer Rollen und über die Ereignisse in der Gemeinschaft ausüben. Auf diese Weise tragen sie dazu bei, soziale Veränderungen zu bewirken.

Doch wird die Partizipation an der Politik auch als Beschleuniger von Burnout angesehen, insbesondere wenn der Gemeindewesenarbeiter gezwungen ist, zwischen zwei Stühlen zu sitzen. Als Angestellter der lokalen Behörden hat er nicht nur die Entscheidungen seines direkten Vorgesetzten zu befolgen, sondern er muss auch im täglichen Kontakt mit seinen Klienten die Richtlinien verteidigen und durchsetzen, über die er gar nicht mitbestimmt hat und die er eventuell auch nicht gutheißt. Darüber hinaus erwarten die Bewohner der Nachbarschaften, dass der Gemeindewesenarbeiter sie gegenüber den lokalen Behörden vertritt. Wenn hier gegensätzliche Bestrebungen aufkommen, führt dies zu Konflikten, Druckzuständen und Burnout.

Die folgende Tabelle fasst die in diesem Unterkapitel angeführten Überlegungen zusammen:

	Faktoren, die Burnout beschleunigen	Faktoren, die Burnout verhindern
Sozialarbeiter in der Einzelfallhilfe	Mangel an Führung und positivem Feedback; anstrengender Klientenkontakt; fehlende Möglichkeit, Behandlungserfolge zu messen; Arbeitsüberlastung	Qualifikationen und Kenntnisse; Signifikanz der eigenen Rolle
Sozialarbeiter in der Gemeindewesenarbeit	Mangel an Führung; Bürokratie; fehlender theoretischer Hintergrund	Komplexe, herausfordernde Arbeit; Selbstentfaltung; Feedback; flexible Arbeitsstunden

Kapitel 3
Instrumente zur Diagnose und Messung von Burnout

Burnout tritt mit unterschiedlicher Intensität und Häufigkeit auf. In diesem Kapitel werden fünf Instrumente zur Diagnose und Messung von Burnout vorgestellt, die auf der Selbsteinschätzung von Sozialarbeitern basieren. Die Forschung stützt sich auf eine Standardmethode, die aus drei Hauptinstrumenten besteht (Barnett u. a., 1999; Lee und Ashforth, 1996):

1. Das Maslach Burnout Inventory für die sozialen Dienste (*MBI – Human services survey*) enthält 22 verschiedene Aussagen von Menschen in helfenden Berufen und wurde von Maslach und Jackson (1981) zusammengestellt.
2. Die generelle Erhebung des Maslach Burnout Inventory (*MBI – General Survey*) misst Burnout bei allen Berufen mithilfe von insgesamt 16 Aussagen. Dieses Instrument basiert auf dem früheren MBI und wurde von Maslach und ihren Kollegen in der Berkeley Group erstellt (Maslach u. a., 1996).
3. Die Überdruss-Skala (*Tedium Scale*) besteht aus 21 Aussagen und misst die Häufigkeit bestimmter Gefühle und Haltungen von Berufstätigen sich selbst, ihrer Arbeit und ihren Klienten gegenüber. Sie wurde von Pines, Aronson und Kafry (1981) entwickelt.

3.1 Das Maslach Burnout Inventory – Soziale Dienste

Das Maslach Burnout Inventory (MBI) ist seit seiner Einführung im Jahr 1981 das am weitesten verbreitete Instrument zur Diagnose und Messung von Burnout (Schaufeli und Enzmann, 1998).

Die Arbeit von Maslach und Jackson (1981) stützt sich auf empirische Daten, die in einer vorangegangenen Erhebung gesammelt wurden. Untersuchungsgegenstand waren jeweils zwei Beispiele aus verschiedenen Berufen. Auf dieser Basis wurden dann Faktoren identifiziert, von denen schließlich drei Eingang in den Burnout-Test gefunden haben:

1. Emotionale Erschöpfung: das Gefühl von Individuen, dass die Stressfaktoren, denen sie ausgesetzt sind, die Grenze des Erträglichen erreicht oder sogar überschritten haben.
2. Depersonalisation: der Prozess, in dem das Individuum dazu neigt, sich von sich selbst und von anderen zu distanzieren und Menschen als Objekte anzusehen.

3. Selbstverwirklichung: die Überzeugung des Individuums, eine wichtige Arbeit gut zu verrichten.

Dieses Erfassungsinstrument ist nur für die helfenden Berufe geeignet. Der Fragebogen enthält 22 Aussagen, neun davon beziehen sich auf die emotionale Erschöpfung, acht auf die Selbstverwirklichung und fünf auf Depersonalisation. Diejenigen, die eine hohe Punktzahl bei den Aussagen zur emotionalen Erschöpfung und Depersonalisation erzielen, aber eine niedrige bei den Aussagen zur Selbstverwirklichung durch die persönliche Leistung, befinden sich im Burnout-Prozess.

Die MBI-Skala wurde in verschiedenen Studien Stichhaltigkeitstests unterworfen und für wirksam befunden (Langballe u. a., 2006; Vanheul u. a., 2007). Die meisten Studien bestätigen ohne merkliche Einschränkungen die Wichtigkeit und zentrale Bedeutung der Komponente emotionale Erschöpfung (Shirom, 1989). Doch werden auch die psychometrischen und konzeptuellen Probleme, die mit Depersonalisation zusammenhängen, herausgestellt. Garden (1987) beispielsweise findet keinen separaten Faktor, der Depersonalisation ausdrückt, stattdessen ist er der Meinung, dass sich dieser Punkt der MBI-Skala vielmehr aus vier unterschiedlichen Elementen zusammensetzt: Distanz, Feindseligkeit, Gleichgültigkeit und Ablehnung.

Eine weitere Schwierigkeit bei der Erfassung von Depersonalisation besteht darin, dass viele Sozialarbeiter sich weigern, auf diesbezügliche Aussagen einzugehen. Sie lehnen den Gedanken ab, dass es bei engagierten Helfern, die ihren Beruf ernst nehmen, überhaupt zu solchen Reaktionen kommen kann. In anderen Studien (Stout und William, 1983) wird die Ansicht vertreten, Selbstverwirklichung habe keinerlei Relevanz für das Burnout-Syndrom.

Erhebung für die sozialen Dienste – MBI

Der Zweck dieser Erhebung ist es, herauszufinden, wie Angestellte in den helfenden Berufen ihre Arbeit und die Menschen, mit denen sie täglich eng zusammenarbeiten, sehen.

Die Erhebung richtet sich an Menschen, die in unterschiedlichen sozialen Berufen arbeiten. Deshalb wird für die Klienten, denen Ihre Dienstleistungen, Fürsorge, Behandlung oder Weisungen zugutekommen, der Begriff „Empfänger" verwendet. Wenn Sie die folgenden Fragen beantworten, betrachten Sie bitte die Menschen, die Ihre Dienste in Anspruch nehmen als Empfänger, auch wenn in Ihrem Beruf ein anderer Begriff üblich ist.

Auf der nächsten Seite finden Sie 22 Aussagen über Gefühle, die die Arbeit betreffen. Bitte lesen Sie jede Aussage sorgfältig und entscheiden Sie, ob Sie sich jemals in Bezug auf Ihre Arbeit entsprechend gefühlt haben. Wenn Sie das jeweilige Gefühl niemals hatten, schreiben Sie „0“ (null) vor die Aussage. Wenn Sie das Gefühl schon einmal hatten, zeigen Sie an, wie oft es bereits vorgekommen ist, indem Sie die Zahl (von 1 bis 6), die der Häufigkeit am besten entspricht, hinschreiben. Beachten Sie bitte das unten stehende Beispiel.

Beispiel:

Wie oft	0 Nie	1 Einige Male im Jahr oder weniger	2 Einmal im Monat oder weniger	3 Wenige Male im Monat	4 Einmal in der Woche	5 Wenige Male in der Woche	6 Täglich

Wie oft
0 – 6 Aussagen

1. _____ Ich fühle mich deprimiert bei der Arbeit.

Wenn Sie sich niemals deprimiert fühlen, schreiben Sie die Zahl „0“ (null) unter die Überschrift „Wie oft“. Wenn Sie sich selten deprimiert bei der Arbeit fühlen (einige Male im Jahr oder weniger), schreiben Sie die Zahl „1“ hin. Wenn Sie dieses Gefühl ziemlich häufig haben (wenige Male in der Woche), schreiben Sie „5“.

Wie oft	0 Nie	1 Einige Male im Jahr oder weniger	2 Einmal im Monat oder weniger	3 Wenige Male im Monat	4 Einmal in der Woche	5 Wenige Male in der Woche	6 Täglich

Wie oft
0 – 6 Aussagen

1. _____ Ich fühle mich von der Arbeit emotional ausgelaugt.
2. _____ Ich fühle mich am Ende des Arbeitstages verbraucht.
3. _____ Ich fühle mich müde, wenn ich morgens aufstehe und mich einem neuen Arbeitstag stellen muss.
4. _____ Ich kann mich leicht in meine Empfänger hineinversetzen.
5. _____ Ich habe das Gefühl, ich behandle einige Empfänger, als ob sie unpersönliche Objekte wären.
6. _____ Den ganzen Tag mit Menschen zu arbeiten, bedeutet für mich eine Anstrengung.
7. _____ Die Probleme meiner Empfänger habe ich gut im Griff.
8. _____ Ich fühle mich durch meine Arbeit ausgebrannt.
9. _____ Ich habe das Gefühl, dass ich das Leben anderer Menschen durch meine Arbeit positiv beeinflusse.
10. _____ Ich bin anderen Menschen gegenüber mehr abgestumpft, seit ich meinen Beruf aufgenommen habe.
11. _____ Ich befürchte, dass mich meine Arbeit emotional verhärtet.
12. _____ Ich fühle mich voller Tatkraft.
13. _____ Meine Arbeit frustriert mich.
14. _____ Ich habe das Gefühl, dass ich zu schwer arbeite.
15. _____ Bei einigen meiner Empfänger ist es mir egal, was aus ihnen wird.
16. _____ Direkt mit Menschen zu arbeiten, ist eine Belastung für mich.
17. _____ Es fällt mir leicht, bei der Arbeit mit meinen Empfängern eine entspannte Atmosphäre zu schaffen.
18. _____ Ich fühle mich nach dem intensiven Kontakt mit meinen Empfängern angeregt.
19. _____ Die vielen Dinge, die ich durch meine Arbeit erreicht habe, waren der Mühe wert.
20. _____ Ich fühle, dass ich mit meinem Latein am Ende bin.
21. _____ Ich gehe mit emotionalen Problemen bei meiner Arbeit sehr ruhig um.
22. _____ Ich habe das Gefühl, die Empfänger geben mir die Schuld für einige ihrer Probleme.

Quelle: Maslach, C., Jackson, S. (1981). *The Maslach Burnout Inventory Manual*, Palo Alto CA: Consulting Psychologists Press.

3.2 Das Maslach Burnout Inventory – Generelle Erhebung

Wie bereits erwähnt, haben Maslach und ihre Kollegen 1996 ein weiteres Instrument entworfen, um Burnout zu messen. Diese neue Skala ist nicht nur für die sozialen Dienste geeignet, wie die vorherige, sondern für alle Berufe. Sie misst:

1. das Erschöpfungsgefühl des Berufstätigen anhand der Komponenten Ermüdung und Spannungszustände bei der Arbeit.
2. den Zynismus, den ein Berufstätiger gegenüber seiner Arbeit empfindet. Dieser Punkt ersetzt die Messung der Depersonalisation in der ersten Skala und bezieht sich auf die Entwicklung der negativen Einstellung und der Entfremdung von der Arbeit.
3. die persönliche Leistungsfähigkeit, die der Messung der Selbstverwirklichung in der früheren Skala entspricht, die Betonung jedoch stärker auf die Erwartungen legt, die der Berufstätige sich selbst und seiner Arbeit gegenüber hat.

Dieses Instrument enthält 16 Aussagen, fünf davon beziehen sich auf Erschöpfung, fünf auf Zynismus und sechs beschreiben die persönliche Leistungsfähigkeit.

Generelle Erhebung – MBI

Der Zweck dieser Erhebung ist es, herauszufinden, wie Angestellte ihre Arbeit und ihre Haltung zu ihrer Arbeit sehen.

Auf der nächsten Seite finden Sie 16 Aussagen über Gefühle, die die Arbeit betreffen. Bitte lesen Sie jede Aussage sorgfältig und entscheiden Sie, ob Sie sich jemals in Bezug auf Ihre Arbeit so gefühlt haben. Wenn Sie das entsprechende Gefühl niemals hatten, schreiben Sie „0“ (null) vor die Aussage. Wenn Sie das Gefühl schon einmal hatten, zeigen Sie an, wie oft es bereits vorgekommen ist, indem Sie die Zahl (von 1 bis 6), die der Häufigkeit am besten entspricht, eintragen. Beachten Sie bitte das unten stehende Beispiel.

Beispiel:

Wie oft	0 Nie	1 Einige Male im Jahr oder weniger	2 Einmal im Monat oder weniger	3 Wenige Male im Monat	4 Einmal in der Woche	5 Wenige Male in der Woche	6 Täglich

Wie oft
0 – 6 Aussagen

1. _____ Ich fühle mich deprimiert bei der Arbeit.

Wenn Sie sich niemals deprimiert fühlen, schreiben Sie die Zahl „0" (null) unter die Überschrift „Wie oft". Wenn Sie sich selten deprimiert bei der Arbeit fühlen (einige Male im Jahr oder weniger), tragen Sie die Zahl „1" ein. Wenn Sie dieses Gefühl ziemlich häufig haben (wenige Male in der Woche, aber nicht täglich), schreiben Sie „5".

Wie oft	0 Nie	1 Einige Male im Jahr oder weniger	2 Einmal im Monat oder weniger	3 Wenige Male im Monat	4 Einmal in der Woche	5 Wenige Male in der Woche	6 Täglich

Wie oft
0 – 6 Aussagen

1. _____ Ich fühle mich von der Arbeit emotional ausgelaugt.
2. _____ Ich fühle mich am Ende des Arbeitstages verbraucht.
3. _____ Ich fühle mich müde, wenn ich morgens aufstehe und mich einem neuen Arbeitstag stellen muss.
4. _____ Den ganzen Tag mit Menschen zu arbeiten, bedeutet für mich eine Anstrengung.
5. _____ Ich kann die Probleme, denen ich bei der Arbeit begegne, sehr effizient lösen.
6. _____ Ich fühle mich durch meine Arbeit ausgebrannt.
7. _____ Ich habe das Gefühl, dass ich einen effektiven Beitrag zu den Aktivitäten meines Arbeitgebers leiste.
8. _____ Ich habe weniger Interesse an meiner Arbeit, seit ich diesen Arbeitsplatz habe.
9. _____ Ich bin meiner Arbeit gegenüber weniger enthusiastisch als früher.
10. _____ Meiner Meinung nach bin ich gut in meinem Job.
11. _____ Ich fühle mich angeregt, wenn ich etwas geschafft habe.
12. _____ Die vielen Dinge, die ich durch meine Arbeit erreicht habe, waren der Mühe wert.
13. _____ Ich will nur einfach meine Arbeit machen, alles andere ist mir egal.
14. _____ Ich bin zynischer geworden, was das Ergebnis meiner Arbeit betrifft und ob ich damit etwas erreiche.
15. _____ Ich zweifle an der Wichtigkeit meiner Arbeit.
16. _____ Ich bin sicher, dass ich effizient arbeite.

Quelle: Maslach, C., Jackson, S., Leiter M. (1996). *The Maslach Burnout Inventory Manual*, Palo Alto, CA: Consulting Psychologists Press.

3.3 Die Überdruss-Skala

Die Überdruss-Skala, die von Pines u. a. (1981) entwickelt wurde und 21 Aussagen enthält, untersucht die Häufigkeit, mit der ein Sozialarbeiter bestimmte Gefühle und Haltungen sich selbst, seiner Arbeit und seinen Klienten gegenüber erlebt. Die sieben Stufen der Skala messen folgende Komponenten:

1. Physische Erschöpfung: hier wird das Gefühl der körperlichen Schwäche und Ermüdung gemessen (sieben Aussagen).
2. Emotionale Erschöpfung: diese bezieht sich auf depressive Gedanken, auf Hoffnungslosigkeit und das Gefühl, in einer Falle zu sitzen (sieben Aussagen).
3. Mentale Erschöpfung: hier wird die Selbstwahrnehmung des Betroffenen gemessen – seine Traurigkeit, sein Gefühl der Ablehnung und sein Mangel an Selbstwertgefühl (sieben Aussagen).

Die Aussagen 3, 6, 19 und 20 haben eine gegenteilige Bedeutung und wurden für die statistische Analyse eingeführt.

Wie ausgebrannt sind Sie? Ein Instrument zur Selbstdiagnose

Bei manchen Menschen ist die Reaktion auf Burnout physisch, bei anderen eher emotional. Jemand, der sämtliche der unten aufgeführten physischen, emotionalen und mentalen Reaktionen ständig und über einen langen Zeitraum zeigt, befindet sich in einer ernsten Burnout-Krise. Diejenigen, die manchmal einige dieser Gefühle erleben, sollten dies als ein Warnsignal betrachten. Sie deuten an, dass es an der Zeit ist, innezuhalten und sowohl seine Prioritäten am Arbeitsplatz und zu Hause zu überprüfen als auch das von der Umwelt auferlegte Drucksystem sowie den Erfolg der sogenannten „Coping-Strategien“ kritisch zu betrachten. Burnout zu erkennen, ist der erste und wichtigste Schritt, diesem Problem zu begegnen und es zu besiegen.

Sie können Ihre Burnout-Stufe berechnen, indem Sie den Fragebogen ausfüllen. Sie können ihn verwenden, um sich darüber klar zu werden, wie Sie über Ihre Arbeit denken oder wie Sie Ihr Leben hier und jetzt oder im Allgemeinen empfinden.

Von den Tausenden, die diesen Test zur Selbstdiagnose gemacht haben, hat niemand je das Ergebnis 1 oder 7 erzielt. Der Grund dafür ist offensichtlich: Es ist unwahrscheinlich, dass sich jemand andauernd im Zustand der Euphorie befindet, wie dies Stufe 1 anzeigen würde. Genauso unwahrscheinlich ist es, dass jemand, der die Stufe 7 erreicht hat, überhaupt noch dazu imstande wäre, seinen Alltag so gut zu bewältigen, dass er an einem Burnout-Workshop oder an einem Forschungsprojekt teilnehmen könnte.

Wenn Ihr Ergebnis zwischen 2 und 3 liegt, ist alles in Ordnung. Wir schlagen Ihnen dann lediglich vor, dass Sie sich noch einmal Ihre Antworten ansehen, um sicher zu sein, wirklich ehrlich geantwortet zu haben. Wenn Sie sich auf den Stufen 3 bis 4 befinden, wäre es angebracht, dass Sie Ihr Leben und Ihre Arbeit genau prüfen, sich über Ihre Prioritäten klar werden und über mögliche Veränderungen nachdenken. Ist Ihr Ergebnis höher als 4, dann machen Sie gerade eine Burnout-Erfahrung durch und es ist ratsam, dass Sie etwas dagegen unternehmen. Ein Ergebnis, das höher als 5 ist, zeigt einen akuten Burnout-Zustand an, in diesem Fall benötigen Sie sofortige Hilfe.

Wie oft haben Sie die folgenden Gefühle? Bitte benutzen Sie die Skala:

1 Niemals	2 Sehr selten	3 Selten	4 Manchmal	5 Häufig	6 Meistens	7 Immer

1. _____ Ich bin müde.
2. _____ Ich fühle mich niedergeschlagen.
3. _____ Ich hatte einen guten Tag.
4. _____ Ich bin körperlich erschöpft.
5. _____ Ich bin emotional erschöpft und verzweifelt.
6. _____ Ich fühle mich glücklich.
7. _____ Ich bin erledigt, ich kann nicht mehr.
8. _____ Ich fühle mich elend.
9. _____ Ich bin übermüdet aufgrund meiner Schlaflosigkeit.
10. _____ Ich bin emotional ausgelaugt und habe nichts mehr zu geben.
11. _____ Ich fühle mich wie in einer Falle gefangen.
12. _____ Ich fühle mich wertlos.
13. _____ Ich bin müde, mein ganzer Körper tut weh.
14. _____ Ich bin bekümmert.
15. _____ Ich bin über andere verärgert oder enttäuscht.
16. _____ Ich fühle mich schwach und kränklich.
17. _____ Ich fühle mich hoffnungslos.
18. _____ Ich fühle mich zurückgewiesen.
19. _____ Ich bin optimistisch.
20. _____ Ich bin voller Tatkraft.
21. _____ Ich habe Angst.

Berechnung der Punktzahl:
Zählen Sie die Punkte zusammen, die Sie neben folgende Aussagen geschrieben haben:
1, 2, 4, 5, 7, 8, 9, 10, 11, 12, 13, 14, 15, 16, 17, 18, 21: (A) _____

Zählen Sie die Punkte zusammen, die sie neben folgende Aussagen geschrieben haben:
3, 6, 19, 20: (B) _____, nun ziehen Sie (B) von 32 ab: (C) _____

Zählen Sie (A) und (C) zusammen: (D) _____

Teilen Sie (D) durch 21: _____ Das ist Ihre Burnout-Punktzahl.

Quelle: Pines, A., Aronson, E., Kafry, D (1981). *Burnout: From Tedium to Personal Growth*, New York: Free Press.

3.4 Burnout erkennen – ein Instrument zur Selbstdiagnose

Fühlen Sie sich durch Ihre Arbeit ausgebrannt?
1. Empfinden Sie berufliche Aktivitäten, die sie früher genossen haben, jetzt als Plackerei?
2. Sind sie zynischer geworden gegenüber Ihrer Arbeit, Ihrem Chef oder Ihrem Arbeitgeber, fühlen Sie sich verbittert?
3. Sind Ihre Beziehungen außerhalb der Arbeit (Ehe, Familie, Freundschaften) durch Ihre Einstellung gegenüber Ihrer Arbeit belastet?

Trifft Folgendes auf Sie zu?
4. Haben Sie morgens ein Grauen davor, zur Arbeit zu gehen?
5. Sind Sie leicht verärgert über Ihre Kollegen oder fühlen sich ständig gereizt?
6. Beneiden Sie andere, die mit ihrer Arbeit zufrieden sind?
7. Ist es Ihnen heute weniger wichtig, Ihre Arbeit gut zu machen, als früher?

Sind folgende Einstellungen charakteristisch für Sie?
8. Sind Sie regelmäßig müde und haben wenig Energie für Ihre Arbeit?
9. Fühlen Sie sich schnell von Ihrer Arbeit gelangweilt?
10. Fühlen Sie sich bereits am Sonntag Morgen niedergeschlagen, wenn Sie an Montag und an die kommende Woche denken?

Wenn Sie auf fünf oder mehr Fragen mit „ja" geantwortet haben, leiden Sie wahrscheinlich unter Burnout.

Quelle: Canaff, A. (2005), *Recognizing Job Burnout*, The American Counseling Association.

3.5 Ausgebrannt? Zermürbt? – ein weiteres Selbsterkennungswerkzeug

An dieser Stelle soll das Burnout-Phänomen erneut definiert werden, damit Sie die folgenden Fragen in ihrem spezifischen Kontext beantworten und ermitteln können, ob Sie an Burnout leiden.

Burnout bedeutet Erschöpfung, totale Entleerung der physischen und emotionalen Ressourcen und Müdigkeit aufgrund der exzessiven Bemühung, unrealistische Erwartungen zu erfüllen, die einem von sich selbst oder von der Umwelt und dem sozialen Wertesystem auferlegt wurden.

Werfen Sie einen Blick auf die Definition und beachten Sie dabei besonders die Schlüsselwörter: Raubbau, Überanstrengung, unrealistische Erwartungen. Überprüfen Sie, welche Gefühle Sie dabei haben, wenn Sie die Definition auf Ihren eigenen Zustand anwenden.

Denken Sie an die vergangenen sechs Monate zurück. Haben Sie irgendwelche Veränderungen an sich selbst oder an Ihrer Umgebung bemerkt? Denken Sie an Ihren Arbeitsplatz, an Ihre Familie und an die sozialen Umstände. Nehmen Sie sich 30 Sekunden Zeit für jede Antwort. Benoten Sie die kleinsten Veränderungen mit einer „1" und die drastischsten mit einer „5", um das Ausmaß der Veränderungen abzustufen:

1. Werden Sie schneller müde? Fühlen Sie sich erschöpft und weniger energisch?
2. Ärgern Sie sich, wenn Leute zu Ihnen sagen: „Du siehst in letzter Zeit nicht gut aus."?
3. Arbeiten Sie mehr und erreichen weniger?
4. Werden Sie langsam zynisch und unzufrieden?
5. Werden Sie öfter von einer Traurigkeit überwältigt, die Sie sich nicht erklären können?
6. Vergessen Sie häufig Sitzungen und andere Termine oder lassen Ihre persönlichen Gegenstände liegen?
7. Sind Sie gereizt? Intolerant? Enttäuscht von den Menschen in Ihrer Umgebung?

8. Treffen Sie sich seltener mit engen Freunden und Verwandten als früher?
9. Sind Sie zu „beschäftigt", um Zeit für Routineaufgaben zu haben, wie Telefonate, Berichte lesen oder Grußkarten verschicken?
10. Leiden Sie an physischen Störungen wie Kopf- und anderen Schmerzen, Erkältungen, die Sie nicht loswerden?
11. Fühlen Sie sich verloren und verwirrt, wenn die Tagesaktivitäten vollbracht sind?
12. Haben Sie das Gefühl, Lebensfreude sei außerhalb Ihrer Reichweite?
13. Können Sie über sich selbst lachen?
14. Scheint Ihnen Ihr Sexualleben eher eine Belastung als ein Vergnügen zu sein?
15. Haben Sie das Gefühl, dass Sie den Menschen in Ihrer Umgebung nichts mehr zu sagen haben?

Nun ordnen Sie sich selbst auf der Burnout Skala ein. Berücksichtigen Sie nur Ihre spontanen Antworten. Seien Sie nicht niedergeschlagen, wenn Sie eine hohe Punktzahl erreicht haben, aber denken Sie sorgfältig darüber nach. Es bedeutet, je schneller Sie sich um sich selbst kümmern, desto besser ist es für Sie.

0-25	Ihr Zustand ist zufriedenstellend.
26-35	Es gibt einige Dinge, auf die Sie achten sollten.
36-50	Sie sind burnoutgefährdet.
51-65	Sie befinden sich im Burnout-Prozess.
66 und mehr	Ihr Zustand ist bedenklich, Ihre physische und emotionale Gesundheit sind in Gefahr.

Quelle: Freudenberger, H., Richelson, G. (1980). *Burnout: the High Costs of High Achievement.*

Kapitel 4
Mit Burnout umgehen – Interventionsperspektiven

Burnout kann eine sehr schmerzhafte Erfahrung sein (Turton, 2007), wird es jedoch richtig behandelt, dann kann es ein erster Schritt zu wachsendem Selbstbewusstsein und persönlicher Weiterentwicklung sein. Durch die Behandlung macht der Sozialarbeiter eine wichtige Erfahrung und lernt seine Ressourcen richtig einzusetzen, um die schwierigen Probleme zu lösen, die das Syndrom mit sich bringt (Casey, 1998; Le Blanc, 2007; Prins u. a., 2007).

Der effektive Umgang mit Burnout muss zwangsläufig sowohl die individuelle Ebene berücksichtigen als auch die Unterstützungssysteme bei der Arbeit und im privaten Bereich mobilisieren (Jenaro u. a., 2007; Kahn u. a., 2006; Leiter und Maslach, 2005; Pascale u. a., 2007; Pines und Aronson, 1988).

Der ausgebrannte Sozialarbeiter legt charakteristische Verhaltensmuster an den Tag. Eine Lösungsmöglichkeit besteht darin, dass er seinen Arbeitsplatz wechselt oder sogar seinen Beruf ganz aufgibt, weil er das Gefühl hat, in seiner Rolle versagt zu haben. Manche Sozialarbeiter entkommen dem Burnout-Syndrom, indem sie auf der Karriereleiter nach oben steigen. Doch viele behalten ihre Arbeitsplätze trotz Burnout, sie leiden weiter und leisten weniger. Etzion und Pines (1986) haben sich mit den sogenannten „Coping-Strategien" in den helfenden Berufen beschäftigt und sind zu dem Schluss gekommen, dass die Last nicht alleine vom Individuum getragen werden kann. Vielmehr muss man diesem Problem innerhalb der gesamten Arbeitsumgebung begegnen. Um eine Atmosphäre zu schaffen, die Burnout etwas entgegensetzt, sollten positive Faktoren entwickelt werden wie verbesserte Arbeitsbedingungen, Rollenbereicherung und ein stützender sozialer Rahmen.

4.1 Der Umgang mit Burnout auf der individuellen Ebene

Der Sozialarbeiter kann und muss seine Persönlichkeit, seine Bildung und seine Talente einbringen, um die Qualität seiner Arbeit sowie seine Beziehungen und seinen Status am Arbeitsplatz positiv zu beeinflussen. Man kann in den Burnout-Prozess auf der individuellen Ebene eingreifen, allerdings sollten Hilfsquellen am Arbeitsplatz und in der Gemeinschaft ebenfalls einbezogen werden (Fernando-Domenech, 2006; Joyce, 2004; Lazarus, 2000).

Der Umgang mit Burnout ist ein komplexes System aus individuellen Bemühungen, dabei gilt es, sowohl Anforderungen der Umwelt als auch die eigenen Ansprüche zu erfüllen. Es kommt erschwerend hinzu, dass sich die internalen und externalen Erwartungen manchmal in Konflikt miteinander befinden können (Lazarus, 2000).

Monat und Lazarus (1977) definieren „Coping“ als die Anstrengung, die jemand unternimmt, um die Schwierigkeiten des Lebens durch Macht und Kontrolle zu überwinden. Menschen können diese Kräfte aus sich selbst oder aus ihrer Umgebung ziehen. Coping bedeutet also nicht unbedingt den Erfolg, sondern in erster Linie die Bemühungen, die man einsetzt: die Verbindung zwischen dem Druck der Umwelt und der Anpassung daran.

Zwei von einander unabhängige Dimensionen sind nötig, um mit Burnout umzugehen: die Coping-Richtung (gerichtet auf die Ursache des Drucks oder auf das Individuum, das diesen Druck erfährt) und der Grad an Aktivität oder Passivität. Aus diesen beiden Dimensionen erwachsen viele Coping-Strategien und -Systeme, die sich in verschiedenen Aktivitäten äußern können.

Die Neigung des Sozialarbeiters, sich selbst oder seiner Arbeitsumgebung die Schuld für seine Probleme zu geben, kann zwar Dinge anstoßen, zu einem Resultat führt sie jedoch nicht. Der Sozialarbeiter muss durch Schritte und Veränderungen, zu denen er selbst fähig ist, eine Lösung finden (Coyle, 2005; Leiter und Maslach, 2005; Stalker u. a., 2007).

Die Menschen gehen mit Burnout unterschiedlich um. Die traditionelle abwartende Haltung, die Hoffnung, dass sich die Arbeitsbedingungen irgendwann in die gewünschte Richtung verändern werden, ist unrealistisch: Das geschieht meistens nicht. Diese einfache Strategie benötigt weder Anstrengung noch Problemanalyse, sie birgt auch keine Risiken. Die Frage ist jedoch, wie viel Geduld der Sozialarbeiter aufbringen kann, um auf eine Wandlung der Arbeitsverhältnisse zu warten. Dies kann schließlich lange dauern oder auch niemals eintreffen. Wenn das Leid zu groß wird, braucht der Sozialarbeiter eine Pause, er lässt sich entweder für eine längere Zeit beurlauben oder er verlässt probeweise seinen Arbeitsplatz. Durch die Erholung kann er Ruhe finden, seine Kräfte auffrischen und neue Perspektiven für sich suchen. Das Problem besteht jedoch darin, dass sich die Arbeitsumgebung in der Abwesenheit des Sozialarbeiters nicht verändert. Wenn er zurückkehrt, wird er weiterhin mit denselben Schwierigkeiten konfrontiert. Die Arbeitspause hilft ihm also nicht, seine Beziehung zu seiner Arbeit und deren Anforderungen grundlegend zu verbessern. Wenn diese Beziehung nicht funktional ist, wird sie sich nach der Pause sogar verschlechtern.

Andere Betroffene nehmen eine aktivere Haltung ein, sie geben ihren Beruf trotz jahrelanger Ausbildung und Erfahrung auf. Meist haben sie dabei ein Gefühl des Versagens, der Schuld, und meinen, ihre Zeit verschwendet zu haben. Dieser Schritt kostet den Sozialarbeiter viel an Ressourcen und schadet sowohl ihm als auch seinem Arbeitgeber und der Gesellschaft im Allgemeinen.

Wiederum andere verlassen zwar ihren Arbeitsplatz, bleiben aber in ihrem Beruf. Ihre Probleme begleiten sie somit weiterhin. Wenn sich der Burnout-Prozess von einem Arbeitsplatz zum nächsten fortsetzt, nährt dies das Gefühl von Versagen und erworbener Hilflosigkeit. Ist das Verhältnis des Sozialarbeiters zu seiner Arbeit tatsächlich zerrüttet, hilft eine befristete Trennung nicht, eine „Scheidung" wäre dann angebrachter. Zwar bringt ein Arbeitsplatzwechsel vorerst eine Erleichterung mit sich, doch heißt dies nicht, dass die neue Umgebung wirklich besser ist, und der Sozialarbeiter sollte sehr darauf achten, nicht wieder in die alten Fehler und Irrtümer zu verfallen. Wenn der Betroffene andererseits die Arbeit aufgrund von Krankheit oder Untauglichkeit ganz aufgibt, stellt sich eine spätere Rückkehr in die Arbeitswelt als sehr schwierig dar, und die Frühpensionierung aufgrund von Arbeitsunfähigkeit ist eine sehr unglückliche Lösung des Burnout-Problems.

Eine teilweise oder zeitweilige Lösung bietet ein Wechsel in die administrative Ebene. Der Sozialarbeiter, der diesen Weg wählt, geht davon aus, dass das Syndrom verschwindet, wenn er weniger direkten Kontakt mit Klienten hat. Zumeist erweist sich diese Annahme als Trugschluss, denn er muss nun andere Sozialarbeiter leiten und anweisen. Gleichgültigkeit oder Angstgefühle können jedes Mal, wenn er mit Problemen konfrontiert wird oder Untergebene unterstützen soll, erneut aufkommen.

Die meisten Sozialarbeiter geben ihren Arbeitsplatz nicht auf, denn er bietet ihnen Sicherheit durch ein festes Einkommen, Rentenbeiträge und andere finanzielle Vorteile. Sie bleiben also, treiben jedoch wie „totes Holz" im System, sie erledigen weniger Aufgaben, vermeiden Verpflichtungen und Herausforderungen.

Doch es gibt auch Sozialarbeiter, die bleiben und sich dem Burnout stellen, die Krise mobilisiert ihre Kräfte und setzt einen Wachstumsprozess in Gang. Für sie ist es nun Zeit, sich ihrer Probleme bewusst zu werden, die Anforderungen und Bedingungen ihrer beruflichen Position und ihres Privatlebens zu untersuchen, ein Unterstützungssystem aufzubauen und neue Coping-Strategien zu entwickeln. Sie müssen ihre persönlichen Prioritäten finden, ihre Stärken und Schwächen erkennen und ihre eigenen Talente und Fähigkeiten kultivieren.

Wenn ihre Probleme zu komplex werden, müssen die Sozialarbeiter Unterstützung von außen suchen. Sollten die Verhältnisse am Arbeitsplatz allzu schwierig sein und emotionale Störungen verursachen, braucht der Betroffene therapeutische Hilfe. Schon eine Psychotherapie von kurzer Dauer kann dem Sozialarbeiter zu diesem Zeitpunkt Lösungsmöglichkeiten aufzeigen, sie kann ihm helfen, seine Probleme zu erkennen und zu verstehen und den ersten Schritt zu seiner Gesundung einzuleiten. Doch die psychotherapeutische Behandlung konzentriert sich ganz auf das Individuum selbst, an den inhärenten Problemen der Arbeit ändert sie hingegen nichts.

Doch welche der persönlichen Qualitäten und Fähigkeiten, die der Sozialarbeiter in seinen Beruf einbringt, können ihm helfen, das Burnout-Syndrom zu bekämpfen? Es hat sich herausgestellt, dass sich Sozialarbeiter in drei Gruppen einteilen lassen. In der ersten Gruppe befinden sich diejenigen, die bereits früher erfolgreich mit Burnout umgegangen sind, sie sind flexibler und haben gute psychische Selbstheilungskräfte. Sie reagieren aktiver und pragmatischer, wenn sie Druckzuständen und Enttäuschungen ausgesetzt sind. Diese Sozialarbeiter geben ihre Position und ihre Einstellungen nicht auf, sie betrachten neue Situationen als Herausforderung, nicht als lähmende Krise. Die Individuen in der zweiten Gruppe schätzen ihre eigenen Stärken, Schwächen und Vorlieben realistisch ein. Auch sie können das Burnout besiegen, weil sie eine klare Vorstellung davon entwickelt haben, was ihre Stärken und Bedürfnisse sind. Hier spielt der Wunsch, Erfolg zu haben, eine wichtige Rolle, während zu hoch gesteckte und idealistische Ziele lähmend wirken. Zur dritten Gruppe gehören diejenigen, die anfangs realistische Ziele hatten, diese jedoch später selbst modifiziert haben, um Zwangssituationen zu vermeiden. Essentiell wäre hier die Fähigkeit, Stress auslösende Konflikte mit Kollegen und Vorgesetzten auszuhalten und mit dem Druck und den Anforderungen der Bürokratie umgehen zu können. Eine weitere wichtige Eigenschaft bildet die Fähigkeit des Sozialarbeiters, ein Gleichgewicht zwischen den notwendigen Verpflichtungen der Arbeit gegenüber und der ungesunden absoluten Hingabe herzustellen.

Notwendige Bedingungen, um mit Burnout umgehen zu können

Fünf Bedingungen müssen erfüllt sein, um mit Burnout auf der individuellen Ebene umgehen zu können.

1. Entwicklung von Problembewusstsein
Um mit einem bestimmten Problem umgehen zu können, muss man dieses zuerst einmal erkennen. Es mit einer „So-ist-das-Leben-Haltung" abzuschütteln, als ob es etwas Normales wäre, macht die Suche nach einer Lösung unmöglich. Das Individuum kann sich auf diese Weise nur sehr schwer einen Einblick in das Problem verschaffen oder ein Verständnis dafür entwickeln, was bei seiner Arbeit nicht richtig läuft. Wenn jemand das Problem nur teilweise wahrnimmt, neigt er dazu, die Verantwortung dafür selbst zu übernehmen und sich allein die Schuld daran zu geben. Diese partielle Wahrnehmung und somit unvollständige Analyse schadet hier nur, denn die tatsächlichen Gründe können sehr wohl arbeitsinhärent sein, mit den Klienten zusammenhängen oder an zu großer Arbeitsbelastung, bürokratischen Hürden oder inadäquater Supervision liegen. Zum Beispiel kann ein Helfer auf der Intensivstation aufgrund der aufreibenden Natur seiner Arbeit Schuldgefühle und Frustration entwickeln. Die Gründe für Burnout zu erkennen, ist der erste Schritt zur Heilung.

Problembewusstsein kann beispielsweise durch das Führen eines Tagebuchs erreicht werden, in das die Stress verursachenden Elemente sowie die Coping-Methoden und deren Erfolg oder Misserfolg verzeichnet werden. Die täglichen Druckzustände sollten abends über einen Zeitraum von einer Woche bis zu einem Monat festgehalten werden. Gleichzeitig sollten auch die positiven Momente, Freuden und Kompensationen Eingang in die Aufzeichnungen finden. Es ist dabei ratsam, mit Letzteren anzufangen, denn die detaillierte Revision all der negativen Begebenheiten des Tages kann zuweilen so deprimierend sein, dass die angenehmen Erfahrungen dagegen ganz verblassen. Jeder dieser negativen Aspekte sollte akribisch beschrieben werden, ebenso wie die jeweiligen Versuche, mit ihnen umzugehen. Wenn es sich zum Beispiel um eine unangenehme Bemerkung eines Vorgesetzten handelt, sollte der Sozialarbeiter seine Antwort darauf ebenfalls anführen. Hat er eine Konfrontation erwirkt (direkt-aktiv)? Wie hat er sich in der Situation gefühlt? Hat er den weiteren Kontakt an diesem Tag vermieden (direkt-passiv)? Hat er einen Freund angerufen und ihm sein Herz ausgeschüttet (indirekt-aktiv)? Oder hat er seinen Arbeitsplatz verlassen und ist in die nächste Bar gegangen (indirekt-passiv)? In jedem Fall sollte auch der Erfolg der jeweiligen Strategien aufgezeichnet werden. Am Ende der Woche oder des Monats sollte das Tagebuch dann nochmals gelesen und die charakteristischen negativen Momente sowie die Reaktionen darauf untersucht werden. So kommen die Gründe für die Druckzustände ans Licht: Rühren sie von der Arbeit, dem Familienleben her, gehen sie auf eine einzelne Person zurück oder auf eine bestimmte Aktivität? Ein solches Tagebuch kann einigen Individuen helfen, besonders effektive Strategien zu identifizieren, während andere dadurch erkennen können, dass sie sich in vollkommen ineffektiven Methoden verfangen haben. Die meisten erfahren auf diese Weise, dass sie ein begrenztes Repertoire an Coping-Strategien zur Verfügung haben und dieses folglich erweitern müssten.

2. Übernahme von aktiver persönlicher Verantwortung
Wenn der Sozialarbeiter sich über die Quelle seiner Probleme bewusst wird – in den meisten Fällen ist dies die Arbeitsumgebung –, verschiebt sich der Fokus seiner Coping-Strategien von der Frage, „Was stimmt mit mir nicht?", zu „Wie kann die Umwelt so verändert werden, dass ich meine persönlichen und beruflichen Ziele erreichen kann?" Doch wenn jemand seine Umwelt verändern will, muss er persönliche Verantwortung übernehmen, was sehr schwierig sein kann. Viele Menschen sind bereit, Verantwortung für Fehler und Misserfolge zu übernehmen, die sie als ihre eigenen betrachten, jedoch nicht, wenn es sich um ein institutionelles oder umweltinhärentes Problem handelt. Sie sind der Meinung, dass die Lösung dafür von der Institution selbst ausgehen müsste. Es ist natürlich und verständlich, dass Individuen die Verantwortung für ein nicht selbst verursachtes Problem abgeben wollen, doch bedauerlicherweise kann man sich nicht darauf verlassen, dass Institutionen tatsächlich Ressourcen für vorbeugende Maßnahmen zur Verfügung stellen. In den meisten Fällen jedoch wäre es den Arbeitnehmern möglich, ihre Umgebung stärker zu beeinflussen, als sie dies tatsächlich tun. Sie müssten zuallererst sich selbst gegenüber zugeben, dass sie ihre Möglichkeiten, Dinge zu ändern, außer Acht lassen. Bereits die Annahme dieser Verantwortung hat einen großen Einfluss darauf, die lähmenden Auswirkungen von Hilf- und Hoffnungslosigkeit zu verringern.

3. Entwicklung von Verständnis und kognitiver Klarheit
Die Entwicklung kognitiver Klarheit ist der Schritt, der dem geweckten Problembewusstsein und dem Übernehmen von Verantwortung folgt.

Gemeint ist hier die Fähigkeit, zwischen denjenigen Umweltelementen zu unterscheiden, die man verändern kann, und denen, die nicht zu ändern sind. Für Sozialarbeiter, die in einer bürokratisch organisierten Institution arbeiten, ist dies sehr schwierig, insbesondere wenn sie unter Burnout leiden. Burnout ist schließlich ein weit verbreitetes Phänomen unter denen, die glauben, dass alles Destruktive, alles Inhumane verändert werden kann. Solche Idealisten kämpfen ohne Unterlass gegen die Windmühlen der Bürokratie an.

Einige Aspekte der Bürokratie können unter keinen Umständen verändert werden. Nach fruchtlosen Versuchen und vollständigem Scheitern beginnt der junge Sozialarbeiter sich hilf- und hoffnungslos zu fühlen und zu glauben, dass er niemals irgendetwas bewegen kann. Diejenigen hingegen, die auch schon früher nicht an eine Einflussnahme geglaubt haben, werden noch zynischer, sprechen überhaupt nicht mehr über Veränderungen und sitzen nur noch ihre Zeit ab.

Es trifft zu, dass es Situationen gibt, in denen es extrem schwierig ist, Dinge anzustoßen oder in denen dies schlichtweg sinnlos wäre. Doch gibt es selbst in den schlimmsten Umgebungen meist bestimmte Elemente, die mit geringem Einsatz zum Besseren gewendet werden können. Zunächst muss ein Ansatzpunkt geschaffen werden, der es den Angestellten erlaubt, ihre Bemühungen in eine bestimmte Richtung zu lenken, die die größte Möglichkeit zu einer sinnvollen Entwicklung bietet. Nicht nur die Veränderung an sich ist wichtig, sondern schon der Prozess allein hilft bereits, den lähmenden Zustand der Hilf- und Hoffnungslosigkeit zu modifizieren und somit Burnout zu vermindern, selbst wenn die Situation dadurch am Ende vielleicht nicht so verbessert werden kann, wie man sich dies gewünscht hätte.

4. Entwicklung neuer Coping-Instrumente und Verbesserung der vorhandenen Strategien

Zuerst müssen Instrumente und Fertigkeiten ausgebaut werden, die dem Sozialarbeiter dabei helfen, Situationen zu diagnostizieren. Darüber hinaus müssen die Klienten aktiv behandelt werden, kreatives Denken sollte gefördert werden, und es müssen alternative Verhaltensweisen entwickelt werden, die den Umgang mit komplexen Situationen erlauben. Gespräche mit Kollegen und das Feedback von diesen sind ebenfalls wichtige Hilfen, dies wiederum erfordert aktives Zuhören und besondere kommunikative Fähigkeiten, die später noch gesondert beschrieben werden.

5. Veränderung der Beziehung zwischen dem Sozialarbeiter und seiner Arbeitsumgebung

Hier muss untersucht werden, ob sich der Sozialarbeiter in seiner Beziehung zu seiner Umgebung wohl fühlt, ob Kompatibilität besteht, oder ob er sich entfremdet hat. Es ist essentiell, dass dieses Verhältnis auf wechselseitigem Geben und Nehmen beruht, dass Kompromisse möglich sind und dass es zudem ganz deutlich ist, welche negativen Aspekte der Arbeitssituation tatsächlich verbessert werden können und welche dagegen unabdingbar sind.

Der Sozialarbeiter sollte realistisch sein und verstehen lernen, warum seine Arbeit und seine Beziehungen am Arbeitsplatz für ihn selbst wichtig sind und eine Verbindlichkeit für ihn darstellen.

Coping auf der individuellen Ebene: Bedürfnisse bestimmen, Interventionsziele und Strategien festlegen

Der Sozialarbeiter braucht eine signifikante und herausfordernde Arbeit. Auch falls die Umstände schwierig sind, kann Burnout dann verhindert werden, wenn der Sozialarbeiter seine eigene Tätigkeit als sinnvoll ansieht. Erfolg ist ein positives Feedback, das innere Stärke und Zufriedenheit fördert. Die Bedeutung seiner Arbeit spielt für jeden Berufstätigen eine wichtige Rolle, besonders aber für Menschen in helfenden und Pflegeberufen: Das Ziel des Sozialarbeiters ist es, Veränderungen im Leben seiner Klienten zu bewirken, und er möchte am Ende sicher sein, dass er dies auch wirklich geschafft hat. Der Sozialarbeiter strebt eine Arbeitsumgebung an, in der intellektuelle Herausforderungen einen ständigen Stimulus für Innovation und Fürsorge darstellen, er will keine Atmosphäre, in der Routine und Stagnation vorherrschen. Nur fürsorgliches, innovatives Denken bringt alternative Problemlösungen hervor und vermeidet Burnout.

Ein Teil der Herausforderung für den Sozialarbeiter besteht darin, seine eigenen beruflichen Fähigkeiten zu verbessern und dadurch effektiver arbeiten zu können. Die Verbesserung der kollegialen Beziehungen trägt ebenfalls zu gesteigerter Effektivität bei. Eine große Hilfe können hierbei Schulungen am Arbeitsplatz sein, aber auch das Studium der Fachliteratur ist in diesem Zusammenhang von Bedeutung. Ein weiterer wesentlicher Aspekt ist die Vielfalt der Tätigkeiten, denn jahrelange monotone Arbeit reduziert den Enthusiasmus und die Fürsorge oder löscht sie sogar ganz aus. Die Förderung der besonderen Interessen des Sozialarbeiters ermutigt dessen Selbstwirksamkeit und verleiht ihm das Gefühl der eigenen Kompetenz. Eine ebenfalls wirksame Methode besteht darin, Gemeindeprogramme ins Leben zu rufen, deren Zweck es ist, Teams zu bilden und Projekte zu entwickeln, die schließlich den Klienten zugutekommen.

Der Sozialarbeiter kann Veränderungen innerhalb seiner Arbeitsumgebung auch erwirken, indem er mit seinem Arbeitgeber über eine neue Rolle für sich verhandelt und mehr Verantwortung übernimmt. Dies kann auch Kollegen beeinflussen, wenn bestimmte Schlüsselpositionen entstehen und Entscheidungsfindungsprozesse dadurch angestoßen und verbessert werden. Mehr Kooperation und Einfluss zu erwirken, liegt auch im Interesse größerer Transparenz bei Beförderungen.

Probleme definieren und Interventionsziele festlegen

Leiter und Maslach (2005) haben den „Mein Verhältnis zur Arbeit-Test" entwickelt. Er bietet sechs verschiedene Strategien an, die der Sozialarbeiter anwenden kann, um die problematischen Gebiete seiner Arbeit zu ermitteln. Das Testverfahren verdeutlicht, wie der Sozialarbeiter bestimmte Grundwerte und eine persönliche Richtung festlegen kann, wie er andere Personen einbezieht, wie realistische Aktionsentwürfe initiiert und wie Karriereziele erreicht werden können. Das Verfahren kann angewandt werden, um kleine Veränderungen auf verschiedenen Gebieten zu erzielen, doch sein Fokus ist darauf ausgerichtet, das jeweilige Kernproblem zu finden. Später kann der Sozialarbeiter sich auf ein anderes Gebiet konzentrieren und daran arbeiten.

Veränderungen können alleine oder mit anderen zusammen erzielt werden, im ersten Fall durch das aktive Streben nach Entwicklung und Beförderung, zum Beispiel indem man nützliche Fähigkeiten kultiviert und seine Zeit effektiv und vernünftig gestaltet. Im zweiten Fall kann man versuchen, das System mit Hilfe von Kollegen oder Supervisoren zu beeinflussen. Die sechs Strategien betreffen folgende Problempunkte:

1. Arbeitsbelastung

Die Überlastung bei der Arbeit ist ein ernsthaftes Problem, das mit exzessiver Beteiligung an chronischen oder krisenhaften Situationen verbunden ist, die es zu lösen gilt. Sie leistet der Erschöpfung, die die Hauptquelle für Burnout ist, Vorschub. Um mit einer solchen Situation umzugehen, braucht man eine Strategie, um herauszufinden und zu bewerten, was das problematischste Element darstellt: Erschöpfung, gelegentliche, zu intensive Kontakte, zu hohe Verfügbarkeit, Zeitdruck oder zu viele einzelne Fälle?

Hier muss der Sozialarbeiter das tägliche Arbeitspensum untersuchen, die Komplexität und Intensität der Klientenanforderungen, Termindruck, Häufigkeit der unerwarteten Ereignisse, die Möglichkeiten, zwischendurch zu entspannen, die Häufigkeit der Unterbrechungen im Tagesablauf und die Proportion der Zeit, die man mit Klienten verbringt zu derjenigen, in der man es mit anderen Kollegen zu tun hat oder die man für sich alleine hat. Folgende Ziele kann man sich daraufhin setzen:

(a) Belastbarkeit: zum Beispiel durch körperliche Aktivität oder durch Unterstützung in einer Gesprächsgruppe.

(b) Ungestörte Arbeitszeit: Vermeidung von Unterbrechungen; Abstoßen von Aufgaben durch Anträge auf Budgeterweiterung; Konzentration auf die geplanten Aktivitäten; Tauschen von Aufgaben mit Kollegen; flexible Arbeitszeiten.
(c) Verbesserung des Zeitmanagements: durch das gezielte Setzen von Prioritäten und das Delegieren von Autorität.
(d) Reduzierung der Arbeitsbelastung: durch Überzeugung des Vorgesetzten, weniger Fälle aufgebürdet zu bekommen; durch das Aneignen von Fertigkeiten, die einem helfen, die Arbeit besser zu organisieren, beispielsweise durch Computerprogramme für Verwaltungsaufgaben; oder indem Kollegen um Hilfe ersucht werden, sofern die Arbeit dies erlaubt.

2. Kontrolle

Es liegt eine große Inkompatibilität zwischen dem Sozialarbeiter und seiner Arbeit vor, wenn er Autoritätsprobleme und mangelnden Einfluss erlebt. Seine Kontrollmöglichkeiten werden immer schwächer, bis er schließlich gar nicht mehr selbst darauf einwirken kann, was an seinem Arbeitsplatz vor sich geht.

Um dies zu vermeiden, muss er die Kontrollstrategie anwenden. Sie hilft ihm, festzustellen, ob der Kontrollverlust darin begründet liegt, dass andere über seine Arbeit bestimmen, oder darin, dass der Supervisor oder andere Mitglieder aus dem Team ineffizient sind.

Der Sozialarbeiter muss sich über folgende Punkte klar werden: Wie viele Gruppenentscheidungen werden in seinem Umfeld getroffen; wie viel Autorität teilt er mit anderen Sozialarbeitern; wie viel Information bekommt er von seinen Vorgesetzten über wichtige Entwicklungen innerhalb der Institution; wie sehr ist er an Entscheidungen, die seine Arbeit direkt betreffen, beteiligt; wie ist die Führungsqualität der Institutionsleitung beziehungsweise die der direkten Vorgesetzten; wie viel Autorität wird ihm in seinem eigenen Verantwortungsbereich zugestanden; wie groß sind die Möglichkeiten, das eigene berufliche Urteil einzusetzen; kann er die Entscheidungen über seine Arbeit beeinflussen; hat er die Freiheit, dem eigenen beruflichen Urteil auch zu folgen? Aus diesen Fragen ergeben sich folgende Ziele:
(a) Erhöhung der eigenen Autorität: beispielsweise indem der Sozialarbeiter seine Arbeit durch Berichte dokumentiert und seine Prioritäten verdeutlicht, damit er das Material besser kontrollieren kann und die Verwaltung weniger in seine Arbeit eingreift.

(b) Beteiligung am Management oder an der Supervision von neuen Kollegen.
(c) Demonstration von Kontrolle und Unabhängigkeit: indem der Sozialarbeiter Fachwissen auf seinem Gebiet zeigt und eigene Entscheidungen durchsetzt.

3. Belohnung
Oft liegt ein Grundproblem darin, dass der Sozialarbeiter unzufrieden mit den Rahmenbedingungen seiner Arbeit ist und Schwierigkeiten hat, anerkannt zu werden, er erhält weder durch die Institution noch durch sein Privatleben genügend Kompensation. Seine Arbeit wird von niemandem wahrgenommen und geschätzt.

Die Belohnungsstrategie hilft, zu erkennen, worin die Hauptproblematik liegt: Ist die Kompensation für die Arbeit ungenügend, bekommt der Sozialarbeiter zu wenig Anerkennung, oder ist die Arbeit an sich unbefriedigend?

Der Sozialarbeiter muss folgende Überlegungen anstellen: Steht sein Gehalt in einer vernünftigen Relation zu seinen Bedürfnissen und zu dem Gehalt, das er woanders erhalten würde; bekommt er für seine Leistung Anerkennung von seinen Vorgesetzten und anderen Personen; wird die Leistung der Angestellten regelmäßig evaluiert; hat der Sozialarbeiter die Möglichkeit zu Dienstreisen, ausreichend Büromöbel, hat er für Konferenzen und ähnliches eine Assistenz zu Verfügung; hat er Aufstiegsmöglichkeiten; bekommt er Gehaltserhöhungen oder andere finanzielle Anreize; wie viel Zeit kann er mit angenehmen Arbeiten oder angenehmen Menschen verbringen? Folgende Ziele kann der Sozialarbeiter daraufhin entwickeln:
(a) Mehr Geld: Wenn der Sozialarbeiter das Gefühl hat, zu wenig zu verdienen, sollte er eine vernünftige und sachliche Verhandlung mit dem Management führen. Ein Ultimatum sollte vorsichtig ausgesprochen werden und nur, wenn der Sozialarbeiter eine Alternative hat.
(b) Anerkennung: Diese bekommt der Sozialarbeiter, indem er beispielsweise anbietet, zusätzliche Verantwortung zu übernehmen. Dem Vorgesetzten sollte auf diese Weise klargemacht werden, welchen besonderen Beitrag der Sozialarbeiter zum Wohle der Klienten und der Institution zu leisten bereit ist.
(c) Aufgaben oder eine neue Rolle, für die der Sozialarbeiter besser geeignet ist: Dies kann er in Verhandlungen über Aufgabenverteilungen mit den Vorgesetzten erreichen. Er weist auf die Entwicklungsmöglichkeiten seiner gegenwärtigen Arbeit hin und schlägt neue Verantwortungsbereiche vor.

4. Gemeinschaft

Bei diesem Aspekt geht es um soziale Probleme im Rahmen der Arbeit. Diese können Streitigkeiten mit Kollegen sein, gönnerhaftes Verhalten seitens der Verwaltung, unzufriedene Untergebene, besonders schwierige Klienten oder ein konfliktträchtiges gesellschaftliches Umfeld.

Hier ist also die Frage, ob die Ursache der Probleme in Uneinigkeit innerhalb des Personals, in mangelhafter Kommunikation oder in Entfremdung liegt.

Der Sozialarbeiter muss folgende Überlegungen anstellen: Gibt es Mechanismen dafür, problematische Strukturen zu durchschauen; gibt es eine offene, ehrliche Kommunikation innerhalb der Institution; können die Angestellten ihre von der offiziellen Linie abweichende Meinung frei äußern; in welchem Ausmaß müssen sich die Angestellten auf die Arbeit anderer verlassen; wie häufig kommt es zu unterstützenden Interaktionen; gibt es Nähe und persönliche Freundschaften am Arbeitsplatz; interagieren die Angestellten auch informell; ist ein Sinn für gemeinsame Zielsetzungen vorhanden; gibt es ein Gefühl der Gemeinschaft innerhalb der Institution; gibt es ein offenes Verhältnis zu Kollegen aus anderen Abteilungen? Der nächste Schritt besteht darin, sich bestimmte Ziele vorzunehmen, um die Gemeinschaft zu stärken:

(a) Konfliktlösung durch Herausarbeiten von gemeinsamen Nennern und gemeinschaftlichen Zielen und Werten innerhalb der Institution, zum Beispiel durch bestimmte Projekte, durch freundlichen und herzlichen Umgang miteinander sowie der Überbrückung von Diskrepanzen mit der Hilfe anderer.

(b) Neue Kommunikationswege finden: indem man auf andere zugeht, ihren Botschaften zuhört, ihnen Fragen stellt.

(c) Einigkeit: Der Sozialarbeiter sollte versuchen, zur Entwicklung einer Kultur der Gemeinsamkeit und Zusammenarbeit beizutragen, indem er selbst als Rollenmodell dient; er sollte anderen seine Hilfe anbieten, deren Erfolge betonen, neuen Kollegen unter die Arme greifen und unterstützende Strukturen initiieren.

5. Fairness

Hierbei geht es um die Erfahrungen des Sozialarbeiters mit Ungerechtigkeiten bei der Arbeit. So werden zum Beispiel Entscheidungen über Termine, bestimmte Aufgaben und Beförderungen oft willkürlich und ohne Wissen der betroffenen Mitarbeiter gefällt.

Die Fairness-Strategie hilft, herauszufinden, ob das Verhalten der Vorgesetzten auf Mangel an Respekt, Diskriminierung oder Bevorzugung anderer beruht.

Der Sozialarbeiter muss beobachten, ob der Vorgesetzte und das höhere Management bemüht sind, alle Angestellten fair zu behandeln; ob die Vorschläge aller Mitarbeiter die gleiche Aufmerksamkeit erfahren; ob es klare und offene Verfahren für Beförderungen und Zuteilung von Belohnungen gibt; ob Disziplinarverfahren detailliert begründet werden; ob die Entscheidungen über Gehaltserhöhungen, Bonusgewährung, Terminpläne und Aufgabenverteilungen objektiv ablaufen; ob die Mitarbeiter höflich und respektvoll miteinander umgehen; ob innerhalb der Institution kulturelle Sensibilität herrscht und bestimmte persönliche Fähigkeiten und Hintergründe richtig eingeschätzt und gewürdigt werden. Anschließend sollten folgende Ziele ins Auge gefasst werden:

(a) Der gegenseitige Respekt: Ein höflicher Umgangston sollte gefördert werden, Situationen, in denen sich andere respektlos gezeigt haben, sollten offen diskutiert werden.

(b) Förderung und Wertschätzung der Vielseitigkeit der Mitarbeiter: Durch Weitergabe an Informationen in Form von Studienmaterial; formelle Beschwerden in Fällen von Ausbeutung oder Diskriminierung von Mitarbeitern aufgrund ihres ethnischen Hintergrunds.

(c) Herstellung von Gleichheit: Es sollten klare und offene Beförderungs- und Beurteilungsverfahren für alle Mitarbeiter gefordert werden.

6. Werte

Bei diesem Punkt geht es um den signifikanten Unterschied zwischen dem, was der Mitarbeiter gegenüber der Institution denkt und fühlt, und der Einstellung, die die Institution gegenüber dem Mitarbeiter an den Tag legt. Oft sind die Kernwerte nicht kompatibel, die Haltung falsch oder sogar beleidigend.

Mithilfe der Wertestrategie kann sich der Sozialarbeiter Klarheit verschaffen: Liegt eine Unehrlichkeit des Arbeitgebers dem Mitarbeiter gegenüber vor; werden ihm illegale Aufgaben anvertraut; schadet der Sozialarbeiter seinen Klienten durch seine Arbeit; ist die Arbeit unsinnig?

Der Sozialarbeiter muss sich also über Folgendes Gedanken machen: Wie stark ist das Engagement des Managements für die gesetzte Aufgabe; welchen Einfluss haben die Werte der Institution auf die Arbeit des Sozialarbeiters; welchen Einfluss haben die Werte der Institution allgemein; wie groß ist die Ehrlichkeit innerhalb der Institution; wie groß ist der Eifer des

Managements, Integrität aufrecht zu erhalten; wie ausgeprägt ist die Bereitschaft des Sozialarbeiters, persönliche Opfer zu bringen, um die Mission der Institution voran zu bringen; wie groß ist der Beitrag, den der Sozialarbeiter für die Gemeinschaft leisten kann; wie groß ist sein Vertrauen darin, dass die Mission der Institution sinnvoll ist; wie konstruktiv ist die Wirkung der Aktivitäten der Institution; wie groß ist der positive Beitrag der Institution für die allgemeine Lebensqualität. Daraus erwachsen weitere Ziele:

(a) Bewahrung der Integrität des Sozialarbeiters: Diese kann durch Gedankenaustausch und Diskussionen unter den Mitarbeitern über ethische Dilemmas und ihre Alternativen gefördert werden; durch die Bereitschaft, um Prinzipien zu kämpfen, wenn unethische Aktivitäten gefordert werden; oder durch Beschwerden über die Institution bei einer höheren Instanz.

(b) Betonung von konstruktiven Werten: Der Sozialarbeiter sollte die Werte der Institution nicht durch Konfrontation, sondern möglichst durch Dialog und Überzeugung zu ändern versuchen.

(c) Die Arbeit sinnvoller gestalten: Die Qualität der Arbeit kann durch hervorragende Leistungen gehoben oder durch freiwillige Aktivitäten außerhalb der Institution ergänzt werden. Falls dies nicht möglich ist, sollte der Sozialarbeiter den Arbeitsplatz wechseln.

Quelle: Leiter, P., Maslach, C. (2005). *Banishing Burnout: Six Strategies for Improving your Relationship with Work.*

Strategien für den Sozialarbeiter, um aktiv und persönlich mit Burnout umzugehen

1. Identifizieren Sie die Gründe für Burnout!
Erwachsen sie aus Veränderungen in Ihrem Arbeitsumfeld oder aus Ihren eigenen Werten und Interessensgebieten? Wenn Sie den Auslöser für Burnout erkennen, eröffnen sich Ihnen Optionen, die den Druck reduzieren können, sollten Sie zum Beispiel mit Ihrem Supervisor über Veränderungen im eigenen Verantwortungsbereich diskutieren, den Arbeitsplatz wechseln oder einen anderen Beruf ergreifen. Doch ist es geraten, Vorsicht walten lassen und wichtige Entscheidungen nicht übereilen. Auf jeden Fall sollte der Supervisor stets hinzugezogen werden.

2. Lernen Sie, Ihre Zeit besser zu organisieren!
Effektives Zeitmanagement ist essentiell, wenn man Kontrolle über seine Arbeit erlangen will. Sie müssen nicht immer derjenige sein, der sich und seine Zeit auf die Bedürfnisse anderer einstellt. Manchmal ist dies sinnvoll,

aber in anderen Fällen sollten Sie lernen, „Nein“ zu sagen, ohne dabei Schuldgefühle zu haben. Sie können Aufgaben auch weiterdelegieren und selbst kurze Arbeitspausen einlegen. Es ist nützlich, einen Terminplan für bestimmte Projekte zu haben.

3. Setzen Sie sich Ziele!
Dies hilft Ihnen, Richtungen klar zu erkennen und Ihrem Leben einen neuen Sinn zu geben. Sie sollten sich sinnvolle und realistische kurz-, aber auch langfristige Ziele setzen, die Sie Schritt für Schritt und nicht alle auf einmal anstreben sollten. Fragen Sie sich, warum Sie sich für Ihren Beruf entschieden haben. Was waren Ihre Hoffnungen und Erwartungen? Haben sich diese durch die Arbeit erfüllt? Burnout entsteht nicht zuletzt aufgrund von verlorenen Idealen und enttäuschten Ambitionen und weil sich der Sozialarbeiter nicht die Wichtigkeit seiner eigenen Ziele bewusst gemacht hat. An diesem Punkt mag noch nicht deutlich sein, was Ursache und was Wirkung ist. Sind die unklaren Ziele der Grund für oder das Ergebnis von Burnout? Sicher ist, dass ein Zusammenhang zwischen dem Burnout-Syndrom und der Signifikanz der Ziele besteht. Jeder muss kurz- und langfristige Ziele definieren, die sowohl ihn selbst auch seine Umgebung betreffen. Von Zeit zu Zeit sollten Sie Ihre Fortschritte beim Erreichen Ihrer Ziele bewerten. Ziele, die außerhalb des Möglichen liegen, stellen ein destruktives Element dar. So gibt es viele Sozialarbeiter, die mit ihren ersten Klienten sehr erfolgreich waren, entweder weil es sich um eine geringe Anzahl von zu Betreuenden handelte oder weil sie viel Zeit und Mühe in deren Probleme investiert haben. Dieselben Sozialarbeiter haben Schuldgefühle, wenn sie bei späteren Fällen scheitern. Häufige Ursache ist, dass sie ständig daran denken, was sie hätten erreichen können, wenn sie mehr investiert hätten. Dabei vergessen sie, dass sie inzwischen mehr Klienten haben und infolge dessen nicht mehr so viele Ressourcen bei jedem einzelnen Fall einsetzen können. Deshalb ist es so wichtig, sich im Vorfeld über die Möglichkeiten klar zu werden und sorgfältig Schritt für Schritt zu planen. Durch Ehrgeiz, Fortbildungsmaßnahmen sowie den Erwerb neuer Kenntnisse können Sie sich die Signifikanz Ihrer Arbeit bewahren.

Es ist essentiell, sich Prioritäten zu setzen. Manchmal muss man seine Präferenzen und Vorsätze neu ordnen und sich auf erwünschte Veränderungen in seinem Leben und seiner Arbeit konzentrieren. Sie müssen erwägen, welche Alternativen Sie haben und welche Mittel Ihnen zur Verfügung stehen, um diese zu erreichen.

4. Bewerten Sie Ihre Erfolge!

Sie sollten realistische Kriterien anlegen: Ein Auslöser von Burnout in den helfenden Berufen liegt in dem Umstand begründet, dass der Helfer den Erfolg seiner Bemühungen nicht messen kann. Ohne absolute Kriterien, die beispielsweise auf verbesserten Fähigkeiten der Klienten und auf dem Feedback an den Helfer oder an die Institution beruhen, erwartet der Sozialarbeiter von jedem Betreuten gleichermaßen Fortschritte. Beim Ausbleiben dieser schreibt er eventuell dem Klienten dafür die Schuld zu. Doch es gibt einige Methoden, um Erfolg zu messen:

(a) Versuchen Sie nicht die Welt zu retten, sondern setzen Sie sich stattdessen realistische Ziele und behalten Sie auf diese Weise die Kontrolle.

(b) Der Fokus sollte auf den Erfolg, nicht auf das Scheitern ausgerichtet sein. Niemand kann allen Menschen helfen, also setzen Sie sich Prioritäten und konzentrieren Sie Ihre Aktivitäten auf Gebiete, die Erfolg versprechend sind, sowie auf Klienten, die den Willen und die Stärke haben, zu kooperieren und Veränderungen zu bewirken. Erfolg braucht klare Vorsätze und genaues Zielbewusstsein. Diese können sich zunächst auf Teilbereiche beschränken und sollten in einer zuvor festgelegten Reihenfolge ablaufen.

(c) Sie sollten sich in erster Linie auf den Prozess konzentrieren und nicht so sehr auf dessen Ausgang. Der Ablauf selbst bringt Erfahrungen mit sich, die zu Ihren Fertigkeiten beitragen, sei es im Bereich der menschlichen Kontakte, der emotionalen Beteiligung oder der Entwicklung des Dialogs mit dem Klienten. Der Weg ist hier also das Ziel. Die Zufriedenheit des Helfers beruht nicht immer auf dem Erreichen der erwarteten Erfolge, sondern auch auf dem gemeinsamen Streben von Klient und Helfer.

(d) Setzen Sie sich eine zeitliche Perspektive. Sie dürfen keine sofortigen Erfolge erwarten, zumal die Klienten unterschiedliche Bedürfnisse und Möglichkeiten haben. Vor allem im psychiatrischen Bereich erfordert die Arbeit einen langen Atem. Auch zeigt sich der Erfolg beim Klienten nicht plötzlich, sondern als langer Lern- und Erkenntnisprozess.

(e) Vermeiden Sie es, Behandlungsergebnisse persönlich zu nehmen. Sie tragen keine Schuld an der Situation der Klienten und sind auch nicht verantwortlich für deren Gesundheit.

5. Suchen Sie ein Gleichgewicht in Ihrem Leben!

Dieser Prozess muss kontinuierlich sein. Obwohl stabilisierende Faktoren sich von Person zu Person unterscheiden und sich im Laufe der Zeit auch verändern können, gibt es einige Elemente, die stets für alle Menschen gelten: ein unterstützender Partner, Zeit für sich alleine, Zeit für Familie und Freunde, Zeit sich zu entwickeln und seinen Hobbys nachzugehen, eine Lebensweise, die zu den eigenen Werten und Vorlieben passt. Sie sollten aufmerksam werden, wenn Sie sich ausgelaugt fühlen, daraufhin sollten Sie sich verstärkt Ihren persönlichen Interessen widmen und auf diese Weise wieder „auftanken".

6. Ersuchen Sie andere um Hilfe!
In der Regel wissen Freunde um die Stärken und Schwächen des anderen und teilen Gedanken und Gefühle miteinander, hören einander zu und verschließen nicht die Augen vor Schwierigkeiten. Wir alle brauchen Freundschaften, diese können aber nur funktionieren, wenn sie auf Gegenseitigkeit beruhen. Freunde helfen uns in Notlagen, wenn wir uns ihnen von Herzen anvertrauen, und hören uns ruhig und mit Empathie zu. Die Forschung hat gezeigt, dass Menschen mit einem aktiven gesellschaftlichen Leben besser mit Stress und Krankheit zurechtkommen. Deshalb sollten Sie über ein Netzwerk von Freunden und Verwandten verfügen, die Ihnen helfen können, wenn der berufliche Druck übermächtig wird. Auch wenn Sie sich als unabhängig und individualistisch betrachten, sollten Sie einen unterstützenden Kreis aufbauen und pflegen. Dies kann sich als Herausforderung erweisen, denn eventuell müssen Sie dabei den ersten Schritt tun. Doch die Mühe, ein soziales Netzwerk aufzubauen, kann sich in Krisenzeiten bezahlt machen.

(a) Denken Sie an diejenigen, die um Sie besorgt sind und die Sie lieben, mit denen Sie Ihre privaten Gedanken teilen können.
(b) Strecken Sie die Hand nach den Menschen aus, denen Sie sich nahe fühlen. Rufen Sie sie an, verabreden Sie sich mit Ihnen, seien Sie selbst für ihre Freunde da, lassen Sie zu, dass diese ihre Gefühle Ihnen gegenüber zeigen.
(c) Bauen Sie Beziehungen auf der Basis von Integrität auf. Ihr engster Freundeskreis sollte Ihnen zuhören, ohne Urteile zu fällen, und er sollte Ihnen Ratschläge erteilen, ohne Ihre Situation mit der eigenen zu vergleichen.

7. Entwickeln Sie Coping-Strategien, die den Druck verringern!
Ihre Lebenseinstellung hängt wesentlich davon ab, ob Ereignisse und Entwicklungen bei Ihnen eine Stressreaktion hervorrufen. Wenn Sie das Gefühl haben, dass die Dinge außer Kontrolle geraten, erwerben Sie Strategien, die Ihnen dabei helfen, mit dem Unerwarteten zurechtzukommen. Wenn Sie

Stresssituationen bewältigen, hilft dies Ihnen auch, Ihre Gedanken und Erwartungen zu ändern. Es gibt zwei verschiedene Kategorien von Strategien, die Sie anwenden können, um mit Druck fertig zu werden.

In die erste Kategorie fallen Strategien, die sich auf das Problem konzentrieren – sobald es ausreichend identifiziert ist. Diese gehen direkt den Kern der Druckzustände an und versuchen, die Ursachen zu beiseitigen. Dazu zählen jedoch auch die Versuche, Stress verursachenden Situationen auszuweichen und sie zu vermeiden, zum Beispiel indem Außenstehende um Rat gebeten werden.

In der zweiten Kategorie geht es um Gefühle. Hier wird der emotionale Stress, den jemand empfindet, gemildert, ohne dass die Ursachen des Problems beseitigt würden. Dies geschieht durch Entspannung und körperliche Aktivitäten in einer kontrollierten Umgebung; Ablenkungen durch eigene Interessen wie Lesen, Unterhaltung und Urlaub; Selbstermutigung, indem man sich selbst davon überzeugt, dass die Situation gar nicht so schlimm ist, wie sie aussieht, und das Positive in schwierigen Lagen sucht; oder einfach durch Ignorieren des Problems.

8. Vereinfachen Sie Ihr Leben durch bessere Organisation!

Wenn der Stress aus der Fülle von Aufgaben erwächst, die Sie bewältigen müssen, kann eine bessere Organisation Ihnen helfen, mit der Situation zu leben. Ordnung kann Dinge rationalisieren und vereinfachen, damit Sie nicht von der Arbeitsbelastung „erschlagen" werden.

(a) Planen Sie Ihren Tag.
(b) Lernen Sie, Prioritäten zu setzen. Kümmern Sie sich um wichtige Dinge zuerst, denken Sie daran, dass einige Aufgaben auch warten können.
(c) Sagen Sie bestimmte Aktivitäten ab und delegieren Sie Aufgaben an andere.
(d) Teilen Sie sich wichtige Aufgaben ein und definieren Sie sie. Klar definierte Teilziele sind einfacher zu erreichen.
(e) Bearbeiten Sie die Aufgaben Schritt für Schritt und eine nach der anderen.
(f) Halten Sie in Ihrem Arbeitsraum, das heißt in Ihrem Büro oder auf Ihrem Schreibtisch, Ordnung, damit Sie immer wissen, wo Sie etwas finden.

9. Achten Sie auf sich!

Das schließt den Geist, die Seele und den Körper ein. Sie können dadurch Ängste und Spannungen, die durch Druckzustände verursacht werden, reduzieren. Es ist erstaunlich, wie Stress zum Beispiel durch ein Schaumbad oder einen Mittagsschlaf abgebaut werden kann.

(a) Machen Sie Übungen wie kontrolliertes Atmen und Muskelentspannung.
(b) Achten Sie auf genügend Schlaf.
(c) Nehmen Sie ein nahrhaftes und ausgeglichenes Frühstück und Abendessen zu sich.
(d) Treiben Sie Sport. Er baut Spannungen ab und bietet eine Pause von stressigen Situationen.
(e) Schränken Sie Ihren Koffeinkonsum ein oder verzichten Sie ganz darauf. Koffein ist ein Stimulant, der Spannungen und Ängste erzeugen kann.
(f) Verringern Sie Ihren Alkoholkonsum oder geben Sie ihn ganz auf, ebenso Zigaretten und Drogen.
(g) Gönnen Sie sich Massagen, sie sind sehr entspannend.
(h) Lesen Sie ein Buch – kein wissenschaftliches, vor allem kein Fachbuch zu Ihrem Beruf. Sehen Sie sich einen guten Film an.
(i) Legen Sie sich ein Haustier zu. Die Liebe der Tiere ist bedingungslos und sie verlangen nur wenig zurück.

4.2 Unterstützung für Sozialarbeiter

Philosophen, Schriftsteller und Psychologen aller Epochen haben erkannt, dass Menschen soziale Wesen sind und die gegenseitige Abhängigkeit voneinander ein wesentliches Element ihrer Menschlichkeit darstellt. Es ist erwiesen, dass ein Kind nicht lange ohne den sozialen Rahmen einer Familie überleben kann. Doch auch Erwachsene bedürfen der Zugehörigkeit zu einem komplexen sozialen System, denn ohne eine solche Verbindung ist ihre physische und emotionale Gesundheit in Gefahr (Balas, 2004; Curtona und Russel, 1990; Leiter und Maslach, 2005).

Lewin (1948), einer der Väter der Sozialpsychologie, betont die Wichtigkeit sozialer Faktoren wie der Gruppenzugehörigkeit für fast alle Aspekte menschlichen Verhaltens. Die Standards und Werte der Gruppe, der jemand angehört oder angehören will, beeinflussen ihn, bestimmen sein Verhalten und seine Zielsetzungen. Ein Individuum ist normalerweise Teil verschiedener Gruppen. An seinem Arbeitsplatz ist er Angehöriger einer Berufsgruppe und des Kollegenkreises, im politischen Leben mag er ein Parteimitglied sein, andere Gruppen üben ebenfalls ihren Einfluss aus, und sie alle haben eine unterschiedliche Wirkung auf das Individuum. Für manche Menschen ist die Arbeit oder die Firma wichtiger als die Partei, während für andere die politische Arbeit ihr Lebensinhalt ist, und wiederum andere gehen ganz im Engagement für die Nachbarschaft auf.

Die Gruppe, der ein Mensch angehört, beeinflusst und lenkt sein Leben mehr als alles andere. Lewin nennt das „den Boden unter den Füßen". Er stellt fest, dass Tempo und Entschiedenheit der Fortschritte eines Individuums, seine Neigung, zu kämpfen oder aufzugeben, und andere wichtige Verhaltensmuster allesamt auf die Festigkeit dieses „Bodens" zurückzuführen sind.

In der Vergangenheit hat die Familie meist die wirtschaftlichen, sozialen und emotionalen Bedürfnisse erfüllt. Hier fand das Individuum vorbehaltlose und uneigennützige Unterstützung. Doch seit die Familie in der Größe und auch in der Bedeutung abgenommen hat, ist die Fachliteratur voll von Berichten über das Streben des modernen Menschen nach dauerhaften Bindungen, die früher selbstverständlich waren. Eine eindeutige Folge dieses Mangels an sozialen Bindungen ist Burnout.

Neben den sozialen Netzwerken von Familie, Freundeskreis und Gemeinschaft (Bruce u. a., 2005; Rupert u. a., 2007) sind die meisten Menschen zudem Teil des sozialen Netzwerks ihrer Arbeitsstätte, dem ebenfalls Vorgesetzte, Supervisoren, Untergebene und Klienten angehören. Außerhalb des konkreten Arbeitsplatzes hat das Individuum auch Kontakt zu anderen Berufskollegen oder zu Angehörigen verwandter Berufsgruppen (Barnard u. a., 2006; Cohen und Gagin, 2005).

Wenn man die grundlegende Bedeutung dieser sozialen Systeme sowie den Druck und die Kompensation, die sie mit sich bringen, berücksichtigt, verwundert es nicht, dass deren widersprüchlichen oder unklaren Erwartungen eine der Hauptursachen von Burnout sind. Gleichzeitig ist jedoch der effektive Gebrauch von sozialen Unterstützungssystemen auch die beste Art überhaupt, um mit diesem Phänomen umzugehen (Kahn u. a., 2006).

Das akademische Interesse am Konzept des sozialen Netzwerks als einem eigenständigen Feld wurde durch die 1972 veröffentlichte Forschungsstudie von Botts genährt. Seitdem haben viele Untersuchungen gezeigt, dass Unterstützungsnetzwerke für das Individuum eine komplexe und vielfältige Funktion haben.

Soziales Netzwerk und soziale Unterstützung sind nicht unbedingt identisch, und die Existenz des Ersteren verspricht nicht zwangsläufig Hilfe für das Individuum. Tolstorf (1976) hat in diesem Zusammenhang den Begriff „negative Netzwerkorientierung" geprägt. Damit meint er den Mangel an Vertrauen des Individuums darin, dass die Mitglieder seines sozialen Netzwerks ihm in Notsituationen tatsächlich beistehen. Einige Netzwerke werden von Teilen ihrer Mitglieder als hilfreich angesehen, von anderen jedoch neutral oder sogar negativ bewertet.

Es soll hier um zwei Unterstützungsnetzwerke gehen: das der Familie und der Gemeinschaft sowie das der Arbeitsstelle. Zum Letzteren gehören Vorgesetzte, Supervisoren und Kollegen, aber auch die Arbeitsumgebung und die Atmosphäre innerhalb der Institution.

Definitionen

Da es sich beim sozialen Unterstützungssystem um ein sehr komplexes Phänomen handelt, ist es schwierig zu definieren (Barrera, 1986), und es gibt keine Definition, die von allen Forschern gleichermaßen akzeptiert wird. Einige Definitionen sind sehr allgemein gehalten, andere detaillierter und operativer, während wiederum andere das Gewicht auf Netzwerkstrukturen, Inhalt und Funktionen legen oder auf die Unterstützung, die sie jeweils bieten.

Badr u. a. (2001) sind der Meinung, dass es sich bei der sozialen Unterstützung um ein Bündel externer Ressourcen handelt, das als ein Netzwerk von sozialen Beziehungen sowie kognitiven und verhaltensrelevanten Faktoren erklärt werden kann. Es ergänzt persönliche wie interne Ressourcen und macht den effektiven Umgang mit schwierigen Situationen möglich.

Brown (1987) beruft sich auf Adam (1967) und sieht soziale Unterstützung als den Grad an Solidarität, den jemand in seinen sozialen Kontakten mit Menschen innerhalb und außerhalb seiner eigenen Familie erfährt. Diese Definition ist die einzige, die den Schwerpunkt auf Solidarität und soziale Kontakte legt.

Für Caplan (1974) sind soziale Unterstützungssysteme fortwährende soziale Bindungen zu einer Gruppe von Menschen, auf die man sich verlassen kann, wenn man in Notzeiten emotionale Unterstützung, Hilfe und Ressourcen braucht, von denen man Feedback bekommt und deren Werte und Einstellungen den eigenen gleichen. Praktisch betrachtet besteht ein soziales Unterstützungsnetzwerk also aus hilfsbereiten Menschen, die in Krisenzeiten unsere Gefühle teilen, ohne dass wir Angst vor Missbilligung haben müssen. Diese Menschen können unserer Existenz eine emotionale Bedeutung geben, indem sie uns helfen, Probleme in diesem Bereich zu überstehen, sie füllen unsere emotionalen Ressourcen durch konkrete Hilfe, Mittel, Informationen und Ratschläge wieder auf. Laut Caplan verfügt ein Individuum im Idealfall über mehrere Unterstützungsnetzwerke – zu Hause und am Arbeitsplatz, in der Nachbarschaft, in der Familie und durch Erholung.

Soziale Unterstützungsgruppen sind für Caplan Notbremsen, die dabei helfen, emotionale Gesundheit und Glück über die Zeit zu retten.

In der Definition von Cobb (1979) ist soziale Unterstützung eine bedeutungsvolle Bindung, die den Menschen das Gefühl gibt, geschätzt, geliebt und in Zeiten der Not unterstützt zu werden sowie Teil eines Netzwerks von Kontakten und gegenseitiger Verantwortung zu sein. Diese Begriffsbestimmung geht weiter als die meisten anderen, weil sie besser anwendbar ist: Sie unterscheidet zwischen instrumentaler Hilfe, emotionaler Unterstützung und Wertschätzung.

Barrera (1986) beschäftigt sich hauptsächlich mit der Krise als Erfahrung des Individuums, aber seine Theorie findet auch Anwendung für normative Stresssituationen wie die Arbeit. In dieser Definition, die die vorangegangenen zusammenfasst, werden drei Dimensionen des sozialen Netzwerks herausgearbeitet:

1. Sozialer Hintergrund: das System von Beziehungen, welches das Individuum mit signifikanten Personen innerhalb des sozialen Umfeldes verbindet, sowie dessen Dichte, Kraft und Dauerhaftigkeit; dazu zählen auch die Nachbarschaft, Vereine oder Clubs, denen das Individuum angehört.
2. Antizipierte soziale Unterstützung: die kognitive Einschätzung der Verlässlichkeit und der Bedeutung von Beziehungen. Hierbei geht es weniger um die Quantität der Verbindungen, sondern vielmehr um die Ansicht des Individuums bezüglich ihrer Stärke und Qualität sowie um das Ausmaß an Zufriedenheit mit ihnen. Es geht darum, ob das Individuum davon überzeugt ist, dass die sozialen Netzwerke im Notfall tatsächlich angemessene Unterstützung bieten können. Drei Komponenten sind dabei zentral: Lebenspartner, Familienmitglieder und Freunde. Diese Dimension verdeutlicht, welchen Beitrag die Netzwerke für das physische und emotionale Wohlbefinden des Individuums in einer bestimmten Gesellschaft oder des Angestellten an einem bestimmten Arbeitsplatz leisten. Die wichtigsten Elemente sind die Informationen und das Feedback, die das Individuum durch die Beziehungen mit vertrauten Menschen erhält, sowie das Gefühl der Sicherheit und der Zufriedenheit.
3. Tatsächliche soziale Unterstützung: Aktivitäten anderer Menschen, die dem Individuum helfen, wie Ermutigung, Verständnis und praktische Hilfe. Diese Aktivitäten sollten andauernd sein und sind besonders bedeutsam, wenn ein Sozialarbeiter mit Druck und Krisensituationen zu tun hat.

Barreras wichtiger Beitrag besteht darin, dass er auf drei verschiedene Dimensionen sozialer Unterstützung aufmerksam macht. Dadurch wird es möglich, zwischen den drei Typen von Unterstützung und deren praktischer Anwendung zu unterscheiden, was die empirische Überprüfung sowie die Beurteilung der einzelnen Unterstützungskomponenten erleichtert.

Die Rolle von Unterstützungssystemen

In der aktuellen Forschung herrscht größtenteils Konsens darüber, dass die soziale Unterstützung, die ein Individuum innerhalb oder außerhalb seines Arbeitsplatzes erhält, eine wesentliche Variable für das Abwehren von Burnout darstellt (Cherniss, 1980; Cobb, 1976; Golembiewski und Munzenrider, 1988; Green u. a., 2006; Kahn u. a., 2006; Maroon, 1997; Maroon und Matousek, 2004; Leiter und Maslach, 2005; Leiter und Meechan, 1986; Mroczeck u. a., 2005; Pines, 1989; Pines und Aronson, 1988; Pines u. a., 1981; Prins u. a., 2007).

Es gibt viele Hinweise darauf, dass die Abwesenheit eines Unterstützungssystems oder dessen Schwachpunkte zu Spannungsgefühlen, Frustration und Burnout beiträgt (Demmer, 2004), während Sozialarbeiter, denen soziale Unterstützung zuteil wird, bestimmte Situationen als weniger strapaziös beschreiben und auch seltener an Burnout leiden (Barnard u. a., 2006; Bruce u. a., 2005; Demmer, 2004; Garrett und McDaniel, 2001; Jenkins und Elliott, 2004; Manlove, 1994; Rafferty u. a., 2001; Talmor u. a., 2005).

Laut Cobb (1976) und House (1981) bietet das soziale Gefüge drei unterschiedliche Formen von Unterstützung. Die erste ist instrumentell, in Form von konkreter Hilfe beim Umgang mit Rollenambiguität. Die zweite ist emotional und besteht aus Empathie, Zuhören, Fürsorge, demonstrierter Zuneigung, sozialer Akzeptanz und Entlastung von schmerzlichen Gefühlen. Die dritte Form ist evaluierender Natur und meint die Weitergabe von Informationen, die für das Selbstwertgefühl des Individuums von Bedeutung sein könnten.

Henderson u. a. (1981) nennen sechs Komponenten der emotional-psychischen Unterstützung: Bestärkung durch physische Anwesenheit („Dasein“), ehrliches Interesse am Wohlergehen des anderen Menschen demonstrieren, durch physischen Kontakt Zuneigung zeigen, in Krisenzeiten Fürsorge leisten, Gefühle ausdrücken sowie Gelegenheit zum „Abladen“ von Leid bieten.

Soziale Unterstützung ist eine Notwendigkeit für die Menschen und schützt gegen Druckzustände. Menschliche Wesen leben und funktionieren nicht alleine, die meiste Zeit verbringen sie in der Gruppe, die deshalb eine wertvolle Quelle für Unterstützung darstellt und folgende Grundbedürfnisse befriedigt:

1. Intimität: Laut Bowlby (1982) ist diese fundamental, sie ist die Grundlage für Unterstützung durch andere und ermöglicht Anpassung und die Entwicklung von Selbstbewusstsein (Erikson, 1963).
2. Liebe und Kameradschaft: Für Fromm (1976) sind sie die wichtigsten Motive menschlichen Verhaltens. Sie generieren Uneigennützigkeit, Zusammenarbeit und Opferbereitschaft.
3. Selbstwertgefühl: Die Fähigkeit des Individuums, Druck zu widerstehen, hängt von dessen Selbstachtung ab. Diese erwächst aus früheren Erfahrungen und der Wertschätzung derjenigen Mitmenschen, die dem Individuum wichtig sind (Lazarus u. a., 1974).
4. Soziale Bestätigung: Die Bezugsgruppe des Individuums hat die signifikante Rolle, es in seinen persönlichen Fähigkeiten zu bestätigen und als Basis für Vergleiche und Ratschläge zu fungieren (Caplan, 1981).
5. Feedback und Identität: Die soziale Gruppe gibt dem Individuum Feedback in Bezug auf soziale Identität und klärt die Erwartungen im Umgang mit Stresssituationen (Tolsdorf, 1976).
6. Zugehörigkeit: Einer Gruppe anzugehören, ist eine wichtige Komponente für die Beteiligung an sozialen Aktivitäten.

Die Fachliteratur beleuchtet die Wichtigkeit der Unterstützungssysteme für den Sozialarbeiter. Sie reduzieren die Gefahr, dass sich Stress entwickelt, – und wenn er dennoch entsteht, können die signifikanten Bindungen die Wahrnehmung des Individuums korrigieren und den Schaden verringern. Soziale Unterstützung wirkt also auf die Coping-Strategien ein und lindert sowohl den Druck als auch den Verlustgrad des Selbstwertgefühls beim Sozialarbeiter.

Soziale Unterstützung ist für alle Sozialarbeiter an jedem Punkt ihrer Karriere essentiell, doch gilt dies in besonderem Maße für Berufsanfänger. Junge Sozialarbeiter fühlen sich oft beruflich und sozial isoliert. Sie müssen den Übergang von der Studenten- zur beruflichen Rolle schaffen, sind sich ihrer Professionalität unsicher, und es fehlt ihnen noch an einschlägigen Fertigkeiten. Doch sind sie gleichzeitig von Anfang an den Problemen und dem Zorn von Klienten ausgesetzt und müssen herausfinden, wie sie diese meistern.

Um diesem Druck standhalten zu können, brauchen junge Sozialarbeiter ihre Familien, soziale Unterstützung und natürlich auch Hilfe innerhalb ihrer Arbeitsumgebung. Dies gibt ihnen Stärke und Ermutigung und vermag Burnout zu verhindern durch effektiveren, selbstbewussteren und professionelleren Umgang mit den täglichen Problemen bei der Arbeit.

Die Funktionen der sozialen Unterstützungssysteme lassen sich in sechs Kategorien einteilen:

1. Ein offenes Ohr bei unseren Mitmenschen zu finden, ist für jeden von uns zu allen Zeiten wichtig: einen Zuhörer, der keine bloßen Ratschläge erteilt oder Schuldzuweisungen vornimmt, sondern Freude und Leid mit uns teilt, der den Schmerz und die Verlegenheit des Versagens mitfühlt und unser Problem versteht. Arbeitnehmer in Berufen, die viel Stress mit sich bringen, müssen sich von Zeit zu Zeit von der Anspannung befreien. Ein guter Zuhörer weiß, wie er ein Gefühl des gemeinsamen Verständnisses erzeugen und die Dinge objektivieren kann, während ein schlechter Zuhörer auf verschiedenen Gebieten versagen mag. Menschen in helfenden Berufen sind in der Regel gute Zuhörer, denn dies ist Bestandteil ihres Berufsbildes. Doch leider finden sie selbst häufig niemanden, der ihnen zuhört.
2. Unterstützung durch den Beruf: Jeder braucht Wertschätzung für die Arbeit, die er leistet. Derjenige, der unsere Arbeit beurteilt, muss ein Experte auf unserem Gebiet und uns gegenüber ehrlich und direkt sein. Mit anderen Worten, er muss die Komplexität unserer Arbeit voll und ganz verstehen und auch den Mut haben, eventuell negatives Feedback zu geben, so dass wir auch jegliche Ermutigung oder Komplimente, die wir von ihm bekommen, als authentisch empfinden können.
3. Berufliche Herausforderung: Es ist einfach, sich selbst einzureden, dass man sein Bestes gibt, auch wenn dies vielleicht gar nicht wirklich der Fall ist. Für die meisten von uns ist das Gefühl, sich als uneingeschränkter Experte fühlen zu können, sehr bequem. Dieses Gefühl mag uns in Stresssituationen helfen, aber es kann auch zu Burnout führen, wenn unser Leben und unsere Arbeit uns überhaupt keine Herausforderungen bieten. Die Folge sind Stagnation und Langeweile, was langfristig eine Gefahr darstellt.
4. Emotionale Unterstützung: Sie ist eine wichtige Aufgabe des sozialen Netzwerks. Wir alle brauchen jemanden, der bereit ist, uns beizustehen, egal was geschieht. Auch wenn er nur aus der Ferne helfen kann oder auch wenn er uns vor den Schwierigkeiten, aus denen er uns jetzt befreien muss, vielleicht vorher gewarnt hatte. Wir brauchen, wenigstens von Zeit zu Zeit, eine Quelle uneingeschränkter emotionaler Unterstützung, um unsere Weltsicht aufzuheitern. Wenn diese Hilfe am Arbeitsplatz nicht

verfügbar ist, muss man sie außerhalb suchen, beim Ehepartner, bei Eltern oder Freunden. Um emotionale Unterstützung zu geben, muss man kein Fachmann, dafür aber treu und fürsorglich sein und die Bereitschaft zeigen, seine Hilfe unabhängig vom gegenwärtigen Status des Betroffenen zu geben.

5. Emotionale Herausforderung: Jeder verliert manchmal die emotionale Kontrolle und stürzt in einen Strudel von mächtigen, widersprüchlichen Gefühlen. Wenn der gesunde Menschenverstand nicht die Oberhand gewinnt, dann ist es schwierig zu entscheiden, welche Gefühle tatsächlich den gewünschten Ablauf der Dinge ausdrücken, und es wird unmöglich, einen vernünftigen Weg einzuschlagen. In einem solchen emotionalen Chaos ohne logische und rationale Kontrolle liegt die richtige Lösung meist direkt vor uns, doch wir sehen sie nicht, weil Emotionen unseren Blick trüben. Hier spielt die emotionale Herausforderung eine wichtige Rolle. Sie muss nicht unbedingt von jemandem kommen, der all die komplizierten Details versteht, sondern eher von jemandem, der seinen gesunden Menschenverstand gebraucht und auf diese Weise den Kern des Dilemmas erkennt und uns hilft, das Problem zu überwinden.
6. Ein gemeinsames Weltbild: Die sechste und letzte Funktion der sozialen Unterstützungssysteme bezieht sich auf die Konfrontation unterschiedlicher Weltansichten, die in verwirrenden und vagen Situation eine Rolle spielt. Sie nehmen zum Beispiel an einer Sitzung teil, in der Ihr Vorgesetzter einen Vorschlag macht, den Sie als ungut oder gefährlich einstufen. Die Kollegen sind einverstanden, voller Enthusiasmus nicken alle mit den Köpfen. Sie fühlen sich dadurch verwirrt und isoliert, eventuell sogar verzweifelt, zornig und hilflos. Oft genügt in einer solchen Situation bereits ein verständnisvoller Blick oder ein Augenrollen eines Anderen, dessen Meinung Sie respektieren und zu dem Sie eine emotionale Beziehung haben, um Ihr seelisches Gleichgewicht wieder herzustellen. Dann sehen Sie, dass ein anderer Mensch im Raum Ihre Ansicht teilt, und Sie beruhigen sich, auch wenn der Vorgesetzte Unsinn redet und die anderen, aus welchen Gründen auch immer, ihm zustimmen. Eine einzige Person, die die Dinge genauso wie beurteilt Sie, reicht in der Regel schon. In Krisenzeiten, wenn ein guter Rat notwendig ist, genügt schon ein einziger Mensch, dessen Werte den unseren gleichen, denn er wird eine Meinung äußern, die wir teilen können.

Institutionelle und individuelle Hindernisse für den Aufbau sozialer Unterstützungssysteme

Beim Aufbau sozialer Netzwerke innerhalb der Institutionen des Sozialdienstes können sechs verschiedene Hindernisse entstehen:

1. Unterschiedliche theoretische Ansätze und persönliche Werte, das heißt Spannungen und Reibereien zwischen Management und Sozialarbeitern, wenn zum Beispiel die Sozialarbeiter einen psychoanalytischen Ansatz für sinnvoll halten, während die Geschäftsleitung einem behavioristischen Ansatz den Vorzug gibt.
2. Differenzen bezüglich Ressourcen, Status und Macht: Es mag vorkommen, dass ältere und jüngere Sozialarbeiter, Männer und Frauen, oder Angestellte mit unterschiedlichem ethnischen Hintergrund miteinander um begehrte Dinge konkurrieren, etwa um ein größeres Büro, ein höheres Budget oder die Gunst des Vorgesetzten.
3. Unterschiedliche Rollenstrukturen, beispielsweise wenn der größte Teil der Arbeit außerhalb der Institution geleistet wird und die Kollegen einander nur selten sehen. In diesem Fall gibt es nicht genügend Gelegenheiten für sozialen und fachlichen Kontakt. Auch Arbeitsüberlastung kann den sozialen Kontakt verhindern.
4. Interessen außerhalb der Arbeit wie Familie, Freunde, Politik und Hobbys. Sie begrenzen die Zeit und die emotionale Energie, die der Sozialarbeiter in die sozialen Aspekte seiner Arbeit steckt, vor allem wenn diese mit längeren Arbeitszeiten verbunden sind.
5. Inoffizielle Regeln bei der Arbeit verhindern ebenfalls den Kontakt zwischen den unterschiedlichen Hierarchien innerhalb der Institution, der andernfalls eine potentielle Quelle gegenseitiger sozialer Unterstützung sein könnte.
6. Hohe Personalfluktuation ist üblich in Institutionen der Sozialdienste und wirkt dem Sinn für Solidarität entgegen. Angestellte sind oft abgeneigt, Energie in Kontakte mit Kollegen zu investieren, wenn sie vermuten, dass diese oder sie selbst nur kurze Zeit in der Institution beschäftigt bleiben werden.

4.2.1 Soziale Unterstützungssysteme in der Familie und in der Gemeinschaft

Informelle Unterstützungssysteme sind naturgemäß oft klein, doch dafür sind die Bindungen innerhalb eines solchen Systems meist eng, stark und beruhen auf Gegenseitigkeit (Halbesleben und Bowler, 2007; Hobfoll, 1998).

Forscher betonen die Wichtigkeit von sozialen Beziehungen mit den Menschen in unserer Umgebung. An erster Stelle steht dabei die Verbindung zu Partnern und engen Freunden (Bott, 1972; Bruce u. a., 2005; Rupert u. a., 2007).

Pines und Kafry (1978) schreiben, dass die Arbeit oft als Ursache von Stress betrachtet wird und die Belohnung dafür den Betroffenen ungenügend erscheint. Im Gegensatz dazu ist für viele Menschen das Privatleben eine Quelle von Unabhängigkeit, Freiheit und emotionalen Bindungen, Unterstützung und anderen nutzbringenden Faktoren. Es stellt sich heraus, dass allgemeine Zufriedenheit Burnout eher verhindern kann als günstige Arbeitskonditionen. Dies ist überraschend, wenn man bedenkt, welche wichtige Rolle in der leistungsorientierten westlichen Gesellschaft der Arbeit zugesprochen wird.

Laut Leiter und Maslach (2005) ist die Wichtigkeit, die man dem Leben nach Feierabend beimisst, eine essentielle Variable. Sozialarbeiter, die sich an ihrem Arbeitsplatz sehr einsetzen und sich selbst und ihrem Privatleben nur wenig Zeit widmen, neigen stärker zu Burnout. Engagement im Beruf ist an sich nicht negativ, doch muss eine Unterscheidung zwischen vernünftigem, realistischem Engagement und obsessivem Arbeitseinsatz getroffen werden.

Etzion u. a. (1978) weisen auf die Unterschiede zwischen Berufstätigen in westlichen und in traditionalistischen Gesellschaften hin. Je schärfer der Schnitt zwischen der Arbeitsumgebung und dem Privatleben ist, desto weniger steht das Individuum unter Druck. Wenn sich diese beiden Lebensbereiche jedoch überlappen und aufeinander Einfluss nehmen, kommt es oft zu schweren emotionalen und mentalen Belastungen. Die Wissenschaftler ziehen daraus den Schluss, dass für den Berufstätigen in einer traditionalistischen Gesellschaft die Gefahr für Burnout geringer ist, denn dort herrscht eine deutlichere Trennung der beiden Lebenssphären.

Das Sozialsystem außerhalb der Arbeit dient dazu, moderate Burnout-Symptome abzuschwächen, die Last der Stress verursachenden Erfahrung und ihrer Begleiterscheinungen wird mit anderen Menschen geteilt.

Die Familie als zentrales Unterstützungssystem

Die Familie wird als einzigartig angesehen bezüglich der sozialen Unterstützung, die sie dem Individuum bieten kann. Sie ist eine Gruppe von Menschen, die sich gegenseitig Fürsorge und bedingungslose materielle und emotionale Hilfe geben, besonders in Krisenzeiten und bei außergewöhnlichen Umständen.

Caplan (1987) definiert die Familie als ein Unterstützungssystem, das die physische und mentale Gesundheit seiner Mitglieder schützt, sie ist auch die natürlichste aller sozialen Systeme. Die Familie macht es uns möglich, zu entspannen und Kraft zu tanken, sie ist ein sicherer Rahmen, innerhalb dessen die besonderen Bedürfnisse erkannt und geachtet sowie die Persönlichkeiten der Mitglieder respektiert werden. Durch sie erfahren wir emotionale Unterstützung und Verständnis angesichts von Ängsten, Depression, Zorn und Schuld. Erikson (1963) betont den Einfluss der Familie auf die Persönlichkeit und auf das Verhalten ihrer Mitglieder. Die familiäre Fürsorge besteht aus Zuneigung, Sorge, Achtung und Gruppensolidarität (Cobb, 1976).

Die Fachliteratur, die sich mit der Familie als Unterstützungssystem beschäftigt, geht von zwei Ebenen aus: der Beziehung zwischen Ehemann und Ehefrau und der Beziehung der anderen Familienmitgliedern untereinander.

Pines (1989) weist darauf hin, dass ein unterstützender Partner es dem Sozialarbeiter, der unter großem Druck arbeitet, ermöglicht, mit seiner Situation umzugehen. Darüber hinaus ist die Familie auch eine große Hilfe bei der beruflichen Entwicklung, besonders in Bereichen wie Sozialarbeit, wo soziale Fertigkeiten erforderlich sind. Burke und Meir (1977) haben den Einfluss der Arbeit und anderer Druck verursachender Elemente auf das Wohlergehen des Arbeitnehmers untersucht und fanden große Unterschiede zugunsten derjenigen, die die Unterstützung ihrer Ehepartner hatten, gegenüber denjenigen Menschen, denen dies nicht vergönnt war, auch wenn der objektive Stress im Leben der Ersteren größer war.

Andere sind der Meinung, dass es in den helfenden Berufen und besonders in der Sozialarbeit, wo soziales Geschick eine der wichtigsten Anforderungen bildet, unmöglich ist, die Arbeit vom Privatleben vollständig zu trennen, denn Familie und Freunde sind die Hauptquellen für die Entwicklung dieser sogenannten „soft skills“. Daher ist es praktisch sicher, dass Erfahrungen im privaten Bereich die Arbeit des Helfers beeinflussen. Der Arbeitgeber sollte diese schwierige Trennung zwischen Beruflichem und Privatem berücksichtigen.

Viele Studien sehen einen Zusammenhang zwischen der Vorbeugungsfähigkeit positiver Familieninteraktion und den Gefahren ihrer Abwesenheit für die Entstehung psychosomatischer und mentaler Krankheiten (Spiegel und Wissler, 1986).

Unterstützung durch Freunde und Gemeinschaft

Die Menschen haben ein grundlegendes Bedürfnis nach Freunden und Freundschaften innerhalb der Gemeinschaft, umso mehr als die Großfamilie immer seltener wird (Phillisuk und Froland, 1978; Rupert u. a., 2007).

Vieles davon, was auf die Familie als Unterstützungssystem zutrifft, hat auch Gültigkeit für den Freundeskreis. Veränderungen aufgrund von Urbanisierung und größerer Mobilität haben die Bedeutung der Familie als soziales Unterstützungssystem verringert und dafür die der Freundschaften vergrößert. Oft ist die Hilfe durch den Freundeskreis effektiver, besonders wenn die Familie weit entfernt wohnt (Phillisuk und Froland, 1978). Das Netzwerk von Freunden hat stets Bestand und kann Informationen zur Verfügung stellen sowie konkrete, alltägliche Hilfe leisten und Ermutigung, Selbstvertrauen und Akzeptanz geben (Caplan und Killilea, 1976).

Bell (1981) konzentriert sich auf den Unterschied zwischen Familie und Freundeskreis und beleuchtet die einmalige Natur der Unterstützung durch Freunde. Die wichtigste ihrer Eigenschaften ist es, dass Freunde unsere Unterschiedlichkeit akzeptieren, uns nicht verurteilen und nicht versuchen, uns ihre eigenen Werte aufzuzwingen. Im Gegensatz dazu erwartet die Familie von uns, dass wir ihre Werte vertreten, maßregelt eventuell sogar unsere Abweichung. Diese Unterscheidung erscheint essentiell bezüglich der Unterstützung für Sozialarbeiter, die unter Burnout leiden. Verwandte zeigen unter Umständen kein Verständnis, wenn ein Familienmitglied sich über Burnout und Unzufriedenheit bei der Arbeit beklagt, denn sie sorgen sich darum, dass es entlassen werden oder von sich aus kündigen könnte. Sie befürchten den Verlust des Einkommens und das Stigma der Arbeitslosigkeit. In solchen Fällen haben Freunde eine wichtige Rolle, denn sie können dem Betroffenen zuhören, ihn ermutigen und ihm ohne Zögern und ohne ihn zu tadeln, Ratschläge erteilen. In einem Beruf, der so stark durch Stress belastet ist wie die Sozialarbeit, haben Freunde eine wesentliche Rolle dabei, Druckzustände zu lindern und Burnout zu verhindern.

4.2.2 Die Arbeitsumgebung als formelle und soziale Unterstützung

In diesem Abschnitt geht es um Unterstützungssysteme am Arbeitsplatz, im nächsten Kapitel wird ihre Bedeutung dann ausführlich erörtert.

Wenn man davon ausgeht, dass der Arbeitsplatz ein professioneller Rahmen ist, sollte man folgende richtungweisenden Fragen bezüglich seiner Rolle für die Bekämpfung von Burnout berücksichtigen: Hat der Arbeitsplatz eine institutionelle Struktur, die es Sozialarbeitern ermöglicht, ihre Ambitionen, Erwartungen und professionellen Ziele auszudrücken? Haben Sozialarbeiter die Gelegenheit, ihre Fähigkeiten, Talente und die beruflichen Kenntnisse, die sie im Studium und durch jahrelange Erfahrung erworben haben, zu realisieren? Beteiligt die Institution ihre Angestellten am professionellen und organisatorischen Entscheidungsprozess, der diese direkt oder indirekt betrifft? Kompensiert die Institution die Sozialarbeiter auf angemessene Weise für ihre Leistungen? Sind die Anforderungen an die Angestellten kompatibel mit den tatsächlichen Möglichkeiten? Ist der Arbeitsplatz eine professionelle Organisation, die Kollegialität und Kooperation unterstützt, gute Beziehungen innerhalb des Personals kultiviert und zur Professionalität und Wohlergehen der Angestellten beiträgt? Dient der Arbeitsplatz also, alles in allem, als eine unterstützende Umgebung?

Für die meisten Menschen in der modernen Gesellschaft nimmt der Arbeitsplatz einen zentralen und wertvollen Platz in ihrem Leben ein. Die Arbeit bestimmt unseren Lebensstil, den sozialen Rahmen, in dem wir uns bewegen, und unser Selbstbild. Sie ist sowohl eine Quelle von Kompensation als auch von Stress. Es steht fest, dass die Unterstützung durch Kollegen und Supervisoren sehr hilfreich für die Reaktion auf Druckzustände ist, besonders in Krisenzeiten (Balas, 2004; Green u. a., 2006; Goddard u. a., 2006; Houghton und Christensen, 2006; Jenkins und Elliot, 2004; Le Blanc u. a., 2007).

Es gibt viele Belege dafür, dass ein soziales Unterstützungsnetzwerk am Arbeitsplatz Burnout unter den Mitarbeitern im Zaum halten kann. Wo es unterstützende Arbeitsbeziehungen gibt, können gestresste Mitarbeiter Kollegen um Rat und Hilfe ersuchen und diese auch bekommen, was ihre Anspannung erheblich reduziert und die Entwicklung von Burnout blockiert. In der Tat zeigen Studien, dass in Institutionen, die den Angestellten erlauben, ihre Gefühle in formellen und informellen Sitzungen zu äußern und auf diese Weise positives Feedback zu bekommen, weniger Fälle von Burnout auftreten (Brohl, 2006; Cohen und Cagin, 2005; Mascha, 2007; Stalker u. a., 2007).

Eine Untersuchung, die Pines und Maslach (1978) mit 76 Beschäftigten in psychiatrischen Einrichtungen durchgeführt haben, ergab: Je besser die Beziehungen zwischen Angestellten und Vorgesetzten waren, desto wohler fühlten sich die Angestellten an ihrem Arbeitsplatz, desto freier drückten sie sich aus und desto stärker war ihr Wunsch, an ihrem Arbeitsplatz zu bleiben. In diesem Beruf, so betonen Maslach und Pines, ist die soziale Unterstützung wichtiger als jeder andere Aspekt der Arbeit.

Auch andere Studien belegen die positive Korrelation zwischen schwierigen Arbeitsbedingungen und Burnout. Shneiger (1978) fand heraus, dass ein geringes Maß an Unterstützung von Kollegen und Supervisoren zu Burnout, Entfremdung, Isolation und Zorn führt. Eine andere wichtige Ursache für Burnout liegt vor, wenn es dem Sozialarbeiter unmöglich ist, mit Kollegen, Supervisoren und Vorgesetzten über Druck verursachende Umstände zu reden.

Unterstützung von Kollegen und Supervisoren hilft dem Angestellten sehr, auf Druck zu reagieren, vor allem in Krisensituationen. Ist diese Unterstützung nicht vorhanden, leiden er selbst und die Qualität seiner Arbeit darunter, und es kann langfristig zu vorzeitiger Pensionierung kommen (Jenkins und Elliot, 2004; Rafferty u. a., 2001; Talmor u. a., 2005). Die Basis ist ein System von zwischenmenschlichen Beziehungen zwischen Arbeitnehmer und Kollegen sowie Vorgesetzten, darüber hinaus ein ständiger Kontakt mit dem Supervisor (Barnard u. a., 2006; Brohl, 2006; Golembiewski u. a., 1998; Kadushin und Harkness, 2002; Leiter und Maslach, 2005; Mroczeck u. a., 2005).

Die Arbeitsumgebung ist ein sozialer Rahmen mit Beziehungen, die auch Gefühle und das Privatleben einschließen. Kollegen haben die Funktion, ein offenes Ohr, emotionale Unterstützung, Herausforderungen und Partnerschaft zu bieten.

Institutionen, die Burnout erfolgreich verhindern, sind stets diejenigen, deren Angestellte sich häufig begegnen, die Chance haben, einander kennenzulernen und sich anzufreunden, einander Hilfe anzubieten und selbst zu erhalten, Ziele klar zu definieren und die Politik der Institution zu beeinflussen.

Es gibt institutionelle Umgebungen, die die Entstehung von Burnout und Überdruss eher begünstigen als andere. Auch die Institutionen, die sich in den Zielsetzungen, den Strukturen und den Arbeitsabläufen gleichen, können unterschiedliche Fluktuationsraten, Stimmungen innerhalb des Personals und andere Merkmale haben, die zu Burnout und Überdruss führen.

Die Studie von Edelwich und Brodsky (1980) hat die Notwendigkeit aufgezeigt, bereits im Vorfeld der Burnout-Entstehung einzugreifen, nämlich insbesondere zu dem Zeitpunkt, wenn sich der anfängliche Enthusiasmus langsam in Stagnation, Frustration und Gleichgültigkeit verwandelt. Die Frustrationsphase bietet sich für den Eingriff am besten an. Frustration muss an sich nicht unbedingt negativ sein, sie ist sogar ein Katalysator für Veränderungen. Die meisten Menschen haben von sich aus die Motivation, aus einem Teufelskreis mangelnder Leistungsfähigkeit und negativer Gedanken auszubrechen, anstatt in Indifferenz zu verfallen. Doch in der Praxis erfolgt eine Intervention bedauerlicherweise meist erst in der letzten Phase des Burnouts, wenn nur noch wenig Raum und Energie für Veränderungen übrig bleibt und somit auch wenig Hoffnung auf Erfolg besteht. Viele Forscher empfehlen sogar ein noch früheres Eingreifen, schon beim ersten Auftreten der Stresssymptome. Auf jeden Fall sind klar strukturierte organisatorische Maßnahmen vonnöten, um Verwirrung zu vermeiden und den Sozialarbeiter der Unterstützung bezüglich Arbeitszeit, Aufgaben, Qualität der Supervision und anderer wichtiger Elemente zu versichern.

Soziale Unterstützung auf den unterschiedlichen Karrierestufen

Unterstützungssysteme sind zu allen Zeiten des Berufslebens und der beruflichen Entwicklung von Bedeutung, obwohl ihr Status und Einfluss auf den unterschiedlichen Stufen variieren mag. Die Betonung wird aber meist auf die ersten zwei und anschließend auf die drei folgenden Berufsjahre gelegt.

Wie schon an anderer Stelle erwähnt, hat der Sozialarbeiter in der Anfangszeit seiner Karriere ein starkes Bedürfnis nach Bestätigung, Ermutigung, Akzeptanz und positiver Interaktion mit Kollegen und Supervisoren. Mayer und Rosenblatt (1975) bemerken, dass junge Sozialarbeiter ihre Rollen und Fähigkeiten unrealistisch einschätzen. Wenn ihre Erwartungen auf die Realität treffen mit all den erlebbaren Rückschlägen, reagieren sie mit Selbstvorwürfen. Erfahren Berufsanfänger die Unterstützung ihrer Umwelt, hilft ihnen dies, die Misserfolge mit Abstand zu sehen, Anspannung zu verringern und das Gefühl des Versagens zu vermeiden.

Auch in der zweiten Phase der Berufstätigkeit sind die sozialen Kontakte und die Interaktion mit den Kollegen genauso wichtig wie das Feedback und die Bestätigung durch die Supervisoren. Cherniss (1980) und Wilson (1981) messen der Rolle der Vorgesetzten und Supervisoren besondere Bedeutung bei, denn sie repräsentieren die Institution. Da die neuen Sozialarbeiter jede Art von Unterstützung gebrauchen können, vergrößert fehlender Zuspruch seitens der Vorgesetzten die Ängste und vermehrt das Gefühl der Isolation am neuen Arbeitsplatz (Cherniss, 1980).

Unterstützungsquellen am Arbeitsplatz: Verwaltung und Kollegen

Der Arbeitsplatz ist ein sozialer Rahmen, und allein die Tatsache, dass der Sozialarbeiter eine Rolle in diesem Rahmen ausfüllt, macht seinen Status deutlich. Mit der Arbeit verfolgt der Berufstätige nicht nur eine materielle Zielsetzung, sie ist auch Ausdruck seiner sozialen Aktivität, und der Arbeitsplatz stellt einen potentiellen Ort für die Entwicklung von sozialen Interaktionen mit den Kollegen dar.

Soziale Integration beschränkt sich nicht auf den Arbeitsplatz, aber durch sie bekommt das Individuum Vertrauen in die Gesellschaft im Allgemeinen. Im Gegensatz dazu führt das Gefühl der Isolation und der Nicht-Akzeptanz hier zu Unsicherheit und Mangel an Vertrauen auch zur Welt außerhalb des Arbeitsplatzes. Der junge Sozialarbeiter, wie jeder Arbeitnehmer, versucht sich durch seine Arbeit einen angemessenen sozialen Rahmen zu schaffen. Er achtet darauf, ob seine Kollegen ein offenes Ohr für seine beruflichen und persönlichen Probleme haben. Er strebt nach einer angenehmen und ermutigenden Arbeitsumgebung, und je besser der Arbeitsplatz mit diesem Streben korrespondiert, desto mehr Interesse wird er entwickeln und desto lieber seinen Beruf ausüben. Die Kollegen können einen Großteil der Funktionen des unterstützenden sozialen Netzes ausfüllen: Zuhören, emotionale Unterstützung, Herausforderung, Partnerschaft in der sozialen Realität und technische Hilfe in vielen Fällen. Sozialarbeit ist wie die anderen helfenden Berufe von Natur aus mit viel Stress verbunden, deshalb ist die Unterstützung durch die Kollegen von herausragender Bedeutung.

Sie beeinflusst in starkem Maße die Reaktionen auf Druck am Arbeitsplatz. Die meisten Forscher betonen, dass befriedigende Arbeitsbeziehungen und Sozialisation potentielle bereinigende Faktoren in Zeiten institutioneller Krisen sind. Die Rolle der institutionellen Unterstützung ist oft negativ. Wissenschaftler sind der Meinung, dass ein Supervisor oder Vorgesetzter, der seine Angestellten nicht versteht und ihnen nicht zur Seite steht, wenn es nötig ist, für diese einen Grund dafür darstellt, ihre Arbeit aufzugeben. Ein sozialer Rahmen, der den neuen Angestellten nicht annimmt und ihm nicht das Gefühl gibt, dazuzugehören, veranlasst ihn, den Arbeitsplatz zu verlassen.

Der Arbeitsplatz als Unterstützungssystem: Funktionen und Ziele

Der Umgang mit dem Burnout-Syndrom hat vier unterschiedliche Komponenten oder Dimensionen.

Die psychologische Dimension des Arbeitsplatzes

1. Der Arbeitnehmer sollte maximale Selbstständigkeit am Arbeitsplatz haben sowie die Möglichkeit, Inhalte und Strukturen zu beeinflussen.
2. Die Struktur und der Inhalt der Rollen sollten in der Praxis durchgesetzt und den Bedürfnissen der Arbeitnehmer angepasst werden.

3. Die Arbeit sollte so vielfältig wie möglich gestaltet werden: nicht in einem überlastenden Maße, aber so, dass der Arbeitnehmer das Interesse behält und nicht ermüdet.
4. Die Qualität und Quantität der Arbeit sollte weder eine Stress verursachende Überlastung, noch Unterforderung mit sich bringen, die zu Langeweile führt. Es muss also ein Gleichgewicht zwischen fordernden und Routineaufgaben herrschen.
   Überlastung ist derjenige Faktor, der in der Sozialarbeit am meisten Druck verursacht. Der Sozialarbeiter muss sich mit zu vielen Klienten und zu vielen Problemen beschäftigen, dadurch erschöpfen sich seine Ressourcen und er hat keine Chance, durchzuatmen.
   Das Problem bei diesem Punkt besteht in den Kosten: sowohl für die Einstellung zusätzlicher Sozialarbeiter und deren Fortbildung als auch für die Etablierung einer sozialen Institutionspolitik und -ordnung. Doch gibt es einige kostengünstige Möglichkeiten, zum Beispiel die Einstellung von Assistenten, die von den Sozialarbeitern ausgebildet werden können, damit sie ihnen bei ihrer Arbeit helfen und ihnen die leichteren Aufgaben abnehmen können. Dies käme auch den Klienten zugute.
   Maslach (1976) weist darauf hin, dass alle Institutionen Schwierigkeiten mit Klienten haben, die sich ihrer Behandlung widersetzen und nicht kooperieren. Hier gibt es keine Perspektiven, keinen Veränderungsprozess, stattdessen immer mehr Probleme, chronische Leiden und verhaltensrelevante sowie emotionale Störungen.
   Was unmotivierte und gewalttätige Klienten betrifft, deren Situation sich überhaupt nicht wendet, sollte die Behandlung, zumindest zeitweise, ausgesetzt werden, bis sie den Willen zu Kooperation und Selbstveränderung zeigen. Klienten mit vielfältigen Problemen, die Präsenz und Einsatz erfordern, sollten von erfahrenen Sozialarbeitern behandelt werden, nicht von Anfängern. Die Klienten sollten sorgfältiger ausgewählt werden und diejenigen, die chronisch unselbstständig, manipulativ und unmotivierte „Wiederholungstäter" sind, sollten von der Institution erst gar nicht angenommen werden.
   Die Qualität der Beziehung zwischen Sozialarbeiter und Klient hängt wesentlich davon ab, wie viele Klienten der Sozialarbeiter in seiner Obhut hat. Wenn die Zahlen steigen, steigt auch die emotionale, physische und kognitive Überlastung. Ein Sozialarbeiter, der nur wenige Klienten zu betreuen hat, kann allen seine Aufmerksamkeit schenken und hat sowohl die Zeit, sich über die Stärken der Klienten klar zu werden, als auch über dringende Probleme, die sofortiges Eingreifen erfordern.

Man kann der Überlastung auch entgegenwirken, indem man Klienten mit bestimmten Problemen einschlägig spezialisierten Sozialarbeitern zuordnet. Um mit den Belastungen von erfahrenen Angestellten umzugehen, kann man die Akten in vier Kategorien einteilen:

(a) Akten, die Fälle enthalten, wo es in den letzten 12 Monaten keinen Kontakt gegeben hat, und diejenigen, die geschlossen worden sind;

(b) Akten, die der Sozialarbeiter lediglich von Zeit zu Zeit konsultieren muss;

(c) Akten über Klienten, die in den letzten drei Monaten mindestens einmal im Monat Kontakt zu ihrem Betreuer hatten;

(d) Akten über Klienten, die in den letzten drei Monaten zweimal oder öfter im Monat Kontakt zu ihrem Betreuer hatten.

5. Der Sozialarbeiter sollte die Möglichkeit zu einer Aus-Zeit haben. Die Gelegenheit, sich befristet aus Stress verursachenden Situationen zurückzuziehen, wenn er sich mental und emotional unter Druck fühlt, ist für den Sozialarbeiter wichtig, um Erschöpfung zu bekämpfen und Burnout entgegenzuwirken. Diejenigen, die stets für andere Menschen da sein müssen, brauchen diese Erholungsphase am meisten. Es geht hierbei nicht um ausgedehnte Kaffee-Pausen, sondern um eine Phase, wo sich andere zeitweise um ihre Fälle kümmern, während sie selbst sich weniger schwierigen Aufgaben widmen, die keinen intensiven Kontakt mit Klienten, mentalen Einsatz und starkes Engagement erfordern. Administrative Tätigkeiten sind hier eine gute zeitweilige Lösung.

   Urlaub und Erholungszeiten können den Druck verringern, der durch die Arbeit mit Menschen entsteht. Wenn die Dinge besonders frustrierend werden, ist es wichtig, die Möglichkeit zu haben, sich vollständig aus der Situation zurückzuziehen, um zu analysieren, was geschehen ist und warum. Dies verbessert für die Zukunft die Fähigkeit, mit Herausforderungen in der Behandlung von Klienten umzugehen.

6. Das emotionale, physische und mentale Engagement des Sozialarbeiters in schwierigen Situationen sollte beschränkt werden: Es hat sich herausgestellt, dass lange Arbeitszeiten in direktem Kontakt mit Klienten zu Erschöpfung, Druck, negativen Gefühlen und Burnout führen. Die Arbeit mit problematischen Klienten sollte auf bestimmte Stunden des Tages und bestimmte Tage des Monats beschränkt bleiben. Der Schichtdienst sollte in solchen schwierigen Perioden kürzer sein, es sollten mehr Pausen gemacht werden, Sonderurlaub und Teilzeitarbeit sollten ermöglicht werden. Darüber hinaus sollte es auch eine horizontale Rotation in den Abteilungen geben.

7. Unterstützung durch Kollegen in Drucksituationen: Eine sozial-institutionelle Variable des Burnout ist die Rückendeckung in schweren Zeiten. In Institutionen, wo das Personal einander in besonders schwierigen emotionalen Situationen unterstützt und auf diese Weise ein kurzfristiges Durchatmen ermöglicht, haben die Sozialarbeiter auch ein positiveres Verhältnis zu den Klienten. In einer solchen Arbeitsumgebung ist es für den Sozialarbeiter möglich, einen Kollegen zu bitten, ihn bei Klienten zu vertreten, während er sich um andere, beispielsweise administrative Aufgaben kümmert, das Telefon beantwortet oder Berichte schreibt. Angestellte in psychiatrischen Einrichtungen, die diese günstigen Bedingungen erleben, beschreiben ihre Durchschnittspatienten eher als „gutherzig", „vernünftig" und „vertrauenswürdig" im Vergleich zu denjenigen, die solche Konditionen nicht haben.
8. Flexibilität am Arbeitsplatz: Den Sozialarbeitern sollte es ermöglicht werden, selbst über ihre Interventionsstrategien zu entscheiden und ihre Klienten auszuwählen. Ihre speziellen Gründe dafür und die daraus erwachsenden Vorteile sollten berücksichtigt werden. Statt eine Quelle von Anspannung zu sein, kann die Flexibilität bei der Wahl von Klienten eine Quelle des Erfolgs sowohl für den Betreuer als auch für den Klienten werden. Als Beispiel hierfür mag der Sozialarbeiter dienen, der sich um Fälle kümmerte, die als die schwierigsten eingeschätzt werden: um Inzestfälle. Aus bestimmten Gründen konnte er mit diesen Fällen besonders gut umgehen und war sehr erfolgreich bei der Behandlung. Er arbeitete in einem flexiblen System, das ihm erlaubte, sich ausschließlich um diese Fälle zu kümmern. Mit der Zeit entwickelte er eine Expertise, mit diesem Problem umzugehen, und begann, Vorträge zu halten und Schulungen zu veranstalten, zunächst innerhalb seiner Institution, später auch außerhalb. Die Vorteile daraus zogen letztlich sowohl sein Arbeitgeber als auch andere Sozialarbeiter sowie die Klienten.
9. Aufgaben, die dem Sozialarbeiter nicht das Gefühl geben, eine signifikante Arbeit zu verrichten, zum Beispiel Verwaltungsarbeiten, sollten eine Bestätigung von außen erfahren, etwa durch Arbeitsgruppen. Klar definierte Zielsetzungen sollten für die Zukunft festgesetzt und sofortiges Feedback und angemessene Belohnung gegeben werden.
10. Jeder Sozialarbeiter sollte zum Ausdruck seiner Individualität und seiner Kreativität ermutigt werden.

Die strukturelle Dimension des Arbeitsplatzes

1. Negative äußere Bedingungen wie Lärm, Überbelegung von Räumen, schlechte Belüftung und schwache Beleuchtung sollten eliminiert werden.
2. Es sollte eine angenehme Arbeitsatmosphäre geschaffen werden, die die Erfüllung der individuellen Ziele begünstigt.
3. Den individuellen Bedürfnissen sollte maximale Aufmerksamkeit geschenkt und der jeweilige persönliche Geschmack bei der Büroeinrichtung und -dekoration berücksichtigt werden.

Die soziale Dimension des Arbeitsplatzes

1. Bezüglich der Klienten:

(a) Eine vernünftige Proportion zwischen Klientenzahlen und Betreuern sollte angestrebt werden.
(b) Die Sozialarbeiter sollten ein Maximum an Wahlmöglichkeiten haben in Bezug auf die Dienstleistungen, die sie erbringen.
(c) Kontakte mit sehr schwierigen Klienten sollten auf bestimmte Stunden und Tage beschränkt werden. Eine größere Auswahlmöglichkeit bezüglich der Klienten sollte gegeben sein, besonders in Fällen, wo sich Symptome wie Unselbstständigkeit, Aggression, Manipulation und Mangel an Motivation stets wiederholen.
(d) Das Personal sollte dazu angehalten werden, sich Klienten gegenüber besonders menschlich zu verhalten, um die Beziehungen zu ihnen zu verbessern.

2. Bezüglich der Kollegen:

(a) Personalsitzungen sollen abgehalten werden, in denen die Angestellten ihre Gefühle ausdrücken, ihre gemeinsamen Ziele abklären und entscheiden können, welche Veränderungen möglich sind und welche nicht. Die Angestellten geben und erhalten in diesem Rahmen Unterstützung, setzen sich mit Herausforderungen auseinander, und über arbeitsrelevante Veränderungen oder Richtungswechsel wird berichtet und diskutiert
(b) Eine Atmosphäre der Zusammenarbeit muss geschaffen werden, als Mittel zu mehr Vielfalt, Interesse und Herausforderung sowie Beteiligung aller an schwierigen Entscheidungen und Verteilung von Lasten gemäß den unterschiedlichen Situationen und Bedürfnissen der Sozialarbeiter.
(c) Die Organisation von Gruppenprogrammen sollte initiiert werden, mit Kursen und Workshops, aber auch Freizeitaktivitäten wie Partys oder Picknick.

3. Bezüglich der Verwaltung:

(a) Die Sozialarbeiter müssen das Gefühl haben, dass ihnen die Unterstützung der Verwaltung gewiss ist und dass diese notfalls ihre Interessen vertritt.

(b) Die Verwaltung muss die Ziele der Institution und das, was von den einzelnen Mitarbeitern erwartet wird, offen erklären.

(c) Positive Ziele und deren Wichtigkeit sollten in den Vordergrund gestellt werden.

(d) Die Verwaltung sollte sofortiges und angemessenes Feedback geben, darüber hinaus leistungsgerechte Kompensation in Form von Gehalt und anderen finanziellen Zuwendungen, aber auch Beförderung und Anerkennung. Stetiges Feedback ist besonders für diejenigen Sozialarbeiter wichtig, die schwierige Fälle betreuen und dabei kaum Fortschritte erzielen. Hier ist Feedback das vielversprechendste Mittel gegen Burnout. Der zentrale Faktor bei der Integration von neuen Mitarbeitern ist die Erhöhung ihres Kompetenzbewusstseins, besonders wenn sie sich um komplizierte Fälle zu kümmern haben. Die Unsicherheit der neuen Mitarbeiter, aber auch die der erfahreneren Kollegen, als Reaktion auf Rückschläge ist ein fundamentales Dilemma, welches auf das Selbstwertgefühl und das professionelle Selbstbewusstsein der Sozialarbeiter einwirkt. Wo Veränderungen minimal oder nicht-existent sind, sollte der Betreuer dennoch Feedback von der Institution bekommen, wenigstens über die kleinen sichtbaren Ergebnisse.

(e) Die Beziehung der Institution zu den Mitarbeitern sollte das Gleichgewicht widerspiegeln zwischen der Berücksichtigung der individuellen Bedürfnisse und den professionellen Notwendigkeiten, die das Funktionieren der Organisation gewährleisten. Die Mitarbeiter können gefordert werden, doch sollten diese Herausforderungen aus dem Respekt ihnen gegenüber erwachsen sowie aus dem Wunsch, ihren Bedürfnissen gerecht zu werden.

Die organisatorische Dimension des Arbeitsplatzes

1. In Bezug auf die Mitarbeiter:

(a) Der organisatorische Rahmen sollte dem Sozialarbeiter nicht aufgezwungen werden, sondern vielmehr sich diesem anpassen. Dies bedeutet eine gewisse Flexibilität in Arbeitsinhalten. So sollte es dem Betreuer möglich sein, sich bestimmte Aufgaben und Typen von Klienten auszusuchen, genauso wie auch seine Arbeitsstruktur, das heißt seine Arbeitszeiten und -orte.

(b) Die Bürokratie sollte stets hinterfragt werden, wobei man darauf achten muss, dass sie auf das notwendige Maß beschränkt bleibt. Beispielsweise sollte man auf überflüssige, zu lange Formulare verzichten und jegliche Verzögerung vermeiden, indem man den Service beschleunigt und verbessert. Administrative Abläufe können vereinfacht werden, indem man weniger, dafür aber logische und realistischere Regelungen schafft und die Kommunikationskanäle horizontal und vertikal öffnet, das Personal ermutigt, professionelle Informationen auszutauschen, und das Feedback auf allen Ebenen fördert. Organisatorische Veränderungen sollten in Einklang mit den Bedürfnissen der Sozialarbeiter gebracht werden, nicht nur mit denen der Institution. Dazu müssen individuelle Unterschiede berücksichtigt werden. Indem man die Sozialarbeiter ihre Aufgaben selbst aussuchen lässt, reduziert man Erschöpfung und Burnout und sorgt dafür, dass sie innerhalb der Institution besser funktionieren. Die Institution kann auch Flexibilität zeigen, indem sie die professionelle Entwicklung der Mitarbeiter fördert. Darüber hinaus sollten die Vorgaben gelockert und Rollentausch zumindest zeitweise erlaubt werden.

(c) Der Arbeitgeber kann seine menschliche und demokratische Seite demonstrieren, indem er es zulässt, dass die Mitarbeiter Einfluss auf die Politik und die Entscheidungen der Institution nehmen, vor allem wenn diese die Arbeit und die Zukunft der Mitarbeiter betreffen. Dadurch bekommen die Arbeitnehmer das Bewusstsein, wirklich dazuzugehören.

2. In Bezug auf die Rolle:

(a) Die Eliminierung von Rollenkonflikten sollte angestrebt werden, gleichgültig welche Ursachen diese haben, ebenso die Verhinderung von Rollenambiguität, indem man die Rollen und die Ziele und Erwartungen der Institution sowie die Verantwortlichkeitsbereiche klar darlegt. Das Tempo der Beförderungen sollte weder zu schnell noch zu langsam sein, der Status der einzelnen Rollen weder zu hoch noch zu niedrig. Das Gefühl der Sicherheit und der Beständigkeit kann durch Belohnungen wie Gehalt, andere finanzielle Zuwendungen, Beförderung und Anerkennung generiert werden (Piko, 2006; Tam und Mong, 2005). Darüber hinaus kann durch die Restrukturierung von Rollen Fortschritt erzielt werden. Dabei sollte der Kooperation mit den Angestellten eine Schlüsselposition zukommen. Weitere Veränderungen wie neue Ziele und neue Supervisionsstile können mit der Unstrukturierung der Rollen eingeführt werden.

(b) Wenn ein Mitarbeiter eine neue Rolle übernimmt, sollte er darin ausgebildet werden. Durch Fortbildungen kann man ihn auf die Probleme, die

die neue Aufgabe mit sich bringt, beziehungsweise auf deren Lösung vorbereiten.

3. In Bezug auf Burnout-Probleme:
Eine schlechte Arbeitsethik, Personalfluktuation, widrige Ereignisse, Abwesenheit von der Arbeit und schlechte Arbeitsleistungen sind Symptome von Burnout. In solchen Fällen sollte der Arbeitgeber einen Experten hinzuziehen, der dabei hilft, die Gründe für Burnout herauszufinden, und der Ratschläge geben kann, wie mit dem Phänomen umzugehen ist. Eine anerkannte Methode sind auch Workshops über Burnout für das gesamte Personal.

4. In Bezug auf die Personalentwicklung:
Mithilfe der Personalentwicklung kann der Arbeitgeber auf besonders positive Weise Einfluss nehmen auf das Erreichen von Zielen, Vorgaben und Erwartungen, auf die Umsetzung von Coping-Strategien und auf die Suche nach Problemlösungen. Außerdem sorgt er auf diese Weise für Gelegenheiten zu emotionaler Entspannung und gegenseitiger Hilfe (Halbesleben und Bowler, 2007; Krisemann, 2005). Die Fähigkeiten des Sozialarbeiters werden bereichert, und man hilft ihm dadurch, seine professionellen Ziele zu definieren und neue Coping-Strategien auszuprobieren.
(a) Orientierungsprogramme: Cherniss (1980) definiert die Situation der Sozialarbeiter nach der Absolvierung ihres Studiums als Konfrontation mit der „Backstage-Wirklichkeit". Orientierung und klare Richtlinien nutzen dem neuen Sozialarbeiter jedoch, um realistische Ziele festzusetzen, seine Selbstkontrolle und sein Selbstbild zu verbessern sowie Strategien zu finden, die Effizienz und eine positive Einstellung der Arbeit und der Institution gegenüber fördern. Diese Orientierung kann in Gesprächen mit dem Vorgesetzten und dem Supervisor sowie mit Kollegen erfolgen. Diese Kommunikation, die von Klarheit, Verständnis und der Verdeutlichung von gegenseitigen Erwartungen geprägt sein sollte, helfen dem neuen Mitarbeiter, sich in seiner Arbeitsumgebung zurechtzufinden.
(b) Burnout „Check-up": Die regelmäßige Bewertung der Mitarbeiter, der Qualität ihrer Arbeit und ihrer Bedürfnisse können dienlich sein, um Supervisionsziele festzulegen und notwendige Schritte für Fortbildungsprogramme und Personalentwicklung zu planen. In vielen Institutionen werden periodisch Tests durchgeführt, doch die wenigsten davon vermögen die Schwierigkeiten und Druckzustände innerhalb der helfenden Berufe zu evaluieren. Solche „Check-ups" sind jedoch wesentlich für das Bemühen, Burnout zu verhindern. Untersuchungen seitens der Supervi-

soren sollten sich auf die Bewertung der Performanz konzentrieren. Sie sollten die Zufriedenheit der Angestellten mit ihrer Arbeit einbeziehen, desgleichen aber auch die Analyse von Drucksituationen und Frustrationen, die zu Burnout führen können. Diese Maßnahmen sollten Veränderungen am Arbeitsplatz bewirken und den Sozialarbeitern Coping-Strategien an die Hand geben wie Rollen- oder Funktionsveränderungen, wechselnde Supervisoren und persönliche Anleitungen.

(c) Individuelle Beratung: Obwohl es sich bei Burnout um ein institutionelles Problem handelt, das innerhalb des Arbeitsrahmens von den Vorgesetzten, Supervisoren und Kollegen sowie durch Veränderungen in den Funktionen und Rollen gelöst werden muss, ist es manchmal notwendig, auf individuelle Beratung zurückzugreifen. Hierbei geht es nicht um eine lange psychotherapeutische Intervention, die alle Aspekte der Persönlichkeit und der Bedürfnisse des Sozialarbeiters einbezieht, sondern um Sitzungen, in denen arbeitsrelevante Ansätze und Verhaltensmuster beleuchtet werden. Diese Beratung sollte von einem Fachmann durchgeführt werden, der keine administrative Autorität über den Sozialarbeiter hat, oder durch den Supervisor, falls die Beziehung genügend Offenheit und Vertrauen gewährleistet.

(d) Unterstützungsgruppen innerhalb des Kollegiums: Sich Kollegen mitzuteilen, hilft dem Sozialarbeiter dabei, Entfremdung und Hoffnungslosigkeit zu bekämpfen, denn er bekommt Unterstützung, Kooperation und Ratschläge von einer Peergroup, deren Mitglieder selbst in geringerem oder stärkerem Maße von denselben Problemen und Stresssituationen betroffen sind oder waren und die es geschafft haben, damit umzugehen. Kollegen können sich gegenseitig unter die Arme greifen, die Zufriedenheit mit ihrer Arbeit teilen und ihre Leistungen vergleichen – nicht nur ihre Frustrationen und Unsicherheiten. Kooperation und Arbeitsteilung unter Kollegen setzt natürlich ein positives Verhältnis und Verbundenheit voraus (Maslach, 1976; McGrath, 1970; Pascale u. a., 2007). Pines und Aronson (1988) sowie Bruce u. a. (2005) fanden heraus, dass Berufstätige besser mit arbeitsrelevantem Druck umgingen, wenn sie ein soziales Unterstützungsnetzwerk besaßen. Sie konnten in dem Fall Coping-Strategien wie zum Beispiel Workshops planen, in denen die Mitarbeiter ihre Sorgen und Probleme miteinander austauschen konnten.

(e) Personalversammlungen erfüllen eine wichtige Funktion in den helfenden Berufen. Sie geben den Mitarbeitern Gelegenheit, sich anzufreunden, einander zu helfen oder um Rat zu fragen, Pläne zu diskutieren und die Politik der Institution zu beeinflussen. Dadurch leisten sie einen positiven Beitrag für den Sozialarbeiter, sowohl emotional als auch professionell (Cohen und Gagin, 2005; Strom und Mowbray, 2006).

(g) Arbeitsrelevante Interventionen: Fort- und Weiterbildungen erweitern die Kenntnisse der Mitarbeiter oder frischen sie auf. Dies führt zu mehr Mobilität und einem verbesserten Selbstbild.
Institutionelle Veränderungen (Mascha, 2007; Stalker u. a., 2007) und Workshops, die helfen sollen, mit Druckzuständen umzugehen, sollten folgende Punkte berücksichtigen: verbessertes Personalmanagement bezüglich Einstellung, Klassifizierung und Ausbildung der Mitarbeiter sowie angemessene Rollenzuteilung und Karriereplanung; verbesserte Professionalität durch Verringerung von Rollenkonflikten und durch die Einbeziehung des Mitarbeiters in Entscheidungsprozesse; Verbesserung der sozialen Umgebung durch Förderung von Gruppenarbeit, konstruktivere Kommunikation zwischen Mitarbeitern in unterschiedlichen Rollen und mit unterschiedlicher Autorität und durch das Anleiten von Mitarbeitern in verantwortlichen Positionen, wie soziale Unterstützung geboten und organisiert werden kann. In der Regel optimieren sich das soziale Klima, der Gemeinschaftsgeist und die Kollegialität durch diese Art der Kooperation.

(h) Das Studium der vielfältigen Aspekte der eigenen Rolle ist ein integraler Aspekt der Arbeit, deshalb sollten ständig rollenrelevante Fortbildungen innerhalb und außerhalb der Institution besucht werden, um die berufliche Entwicklung zu gewährleisten.

4.2.3 Supervision bei der Arbeit als zentrales Unterstützungssystem

Dieser Abschnitt beschäftigt sich mit dem großen Potential der Supervision für die Burnout-Bekämpfung. Zunächst sollen Zweck, Struktur und Funktion der Supervision beleuchtet werden.

Wie kann Supervision im Umgang mit Burnout eingesetzt werden?

Die allgemein anerkannte diagnostische Ansicht über die Ursachen von Burnout ist integrativ. Burnout entsteht demnach infolge der Interaktionen persönlicher und institutioneller Faktoren, die aus der Reibung und Inkompatibilität von Individuen und deren Arbeitsumgebung resultieren (Holloway und Wallinga, 1990). Die Diskussionen um die Gründe für Burnout belegen, dass die Supervision mit ihren Zielen und Funktionen eine wichtige Rolle bei der Bekämpfung dieser Faktoren spielt (Casey, 1998; Kadushin und Harkness, 2002; Krisemann, 2005; Latha, 2004; Maroon, 2003; ders., 2006; Maroon und Matoussek, 2004; Miller u. a., 1990).

Empirische Belege zeigen, dass die soziale Unterstützung ein wesentliches Element der Effizienz der Burnout-Bekämpfung darstellt (Etzion, 1984; Goldman und Manburg, 1985). Einige Studien beziehen sich hier auf das gesamte Personal, konzentrieren sich aber besonders auf die Bedeutung der Rolle des Supervisors (Cherniss, 1980; ders., 1990; Daley, 1979; Glicken, 1983; Goldman und Manburg, 1985; Maslach, 1982; Pines u. a., 1981). Die Supervision in ihren mannigfaltigen Formen – individuelle und Gruppensupervision, Supervision durch Kollegen – trägt zu einer Atmosphäre bei, die den Rollendruck zu verringern vermag (Houghton und Christensen, 2006; Jenkins und Elliot, 2004; Tadmor u. a., 2005).

Cherniss (1990) betont, dass das Verhältnis zwischen Supervisor und Supervisand die wichtigste von allen sozialen und interpersonellen Beziehungen innerhalb der Institution ist und somit starken Einfluss auf das Ausmaß von Stress hat. Er zitiert Studien aus den 1980er Jahren, die demonstrieren, dass der Mangel an Unterstützung seitens eines Supervisors zu den häufigsten und mächtigsten Ursachen von Druck, niedriger Moral und Burnout gehört. Unterstützung wurde hier in einem weit gefassten Kontext verstanden. Es wurden verschiedene Arten von Unterstützung untersucht, aber keine Informationen bezüglich deren Qualität und Quantität gesammelt.

Fineman (1986) führt diesen Aspekt noch weiter als Cherniss (1990) und stellt fest, dass Sozialarbeiter den Supervisor als den kritischen Faktor für ihre Fähigkeit, Druckzuständen zu widerstehen, ansehen. In einer emotional beladenen Berufswelt voller Überlastung, Ambiguität und Rollendruck kann der Supervisor der entscheidende Fokus und Stabilitätsfaktor sein. Darüber hinaus wurde herausgefunden, dass dort, wo Supervision zu klar definierten Rollen und damit zu der Verringerung von Rollenambiguität beiträgt, das Selbstbewusstsein der Sozialarbeiter wächst und ihre Frustration sinkt (Houghton und Christensen, 2006).

Supervision: Definitionen, Ziel und Zweck

Supervision ist der signifikanteste Prozess in der Sozialarbeit, denn hier werden Wissen und Fähigkeiten vom Supervisor an den Supervisanden oder Studenten weitergegeben. In ihrem Verlauf finden Führung, Koordination und die Überprüfung der beruflichen Entwicklung des Supervisanden statt. Supervision ist eingebettet in einen Rahmen von interpersonellen Beziehungen (Kadushin, 1992; Towle, 1954), in dem es hauptsächlich um persönliche Haltungen und Botschaften geht (Grossman u. a., 1991; Norman, 1987).

Bei der Supervision handelt es sich um einen erzieherischen Prozess von großer Wichtigkeit innerhalb der Sozialarbeit, dessen Zweck es ist, den Sozialarbeiter zur Höchstleistung zu bringen, indem man ihm die relevanten Materialien als „Berufsinstrumente" an die Hand gibt. Der Unterricht ist das Hauptelement der Supervision (Studien, Rollenbeschreibungen, Prinzipien, Techniken), aber sie hat auch administrative und unterstützende Aspekte (Casey, 1998; Kadushin und Harkness, 2002; Maroon, 2006; Maroon und Matousek, 2004; Pines und Aronson, 1988).

Supervision ist Sozialarbeit in einer aktiven Lernerfahrung, die durch die Beziehung zwischen Supervisor und Supervisand ebenso beeinflusst wird (Allen und Krause, 1988; Kadushin, 1992) wie durch die definierten Ziele und Richtlinien der Arbeitsumgebung.

Maroon (2003) weist auf die Wichtigkeit dieses Lernaspekts hin und bemerkt, dass hier einmalige Charakteristika und Zielsetzungen existieren, die diesen Lernprozess von anderen (wie zum Beispiel der Schulbildung oder der persönlichen Entwicklung) unterscheiden (Cohen, 1989). Außerdem ist die Supervision ein systematischer, geplanter und kontrollierter Prozess, der entwickelt wurde, um es dem Sozialarbeiter zu ermöglichen, seine Funktion innerhalb der Institution effektiver zu erfüllen. Ihm werden dabei Wissen, Fähigkeiten, Haltungen und Verhaltensmuster vermittelt (Maroon, 1997).

Die *Encyclopedia of Social Work* (Enzyklopädie der Sozialarbeit) (1965) definiert Supervision als einen erzieherischen Prozess, der die traditionelle Methode des Wissenstransfers und der praktischen Fertigkeiten der Sozialarbeit vom ausgebildeten Sozialarbeiter zum nicht ausgebildeten, vom erfahrenen zum unerfahrenen Sozialarbeiter oder Studenten vollzieht. Eine spätere Ausgabe (1995) fügt eine administrative Dimension hinzu: Supervision in der Sozialarbeit ist im Kern ein administrativer Prozess mit dem Ziel, die Arbeit auszuführen und der Verantwortung der Institution gerecht zu werden.

Barnard und Goodyear (1992) beschreiben Supervision als die Intervention, die ein dienstälteres Mitglied des Berufsstandes einem dienstjüngeren in der Absicht anbietet, dessen Leistung und Kenntnisstand zu verbessern.

Kadushin (1992) berücksichtigt die Veränderungen in der Sozialarbeit und deren Zielsetzungen sowie das Bedürfnis des Sozialarbeiters nach Unterstützung und stellt fest, dass die Supervision von einem Mitglied der Institution ausgeführt werden sollte, das die Autorität hat, zu leiten, zu koordinieren und die Arbeit des Supervisanden zu bewerten. Es hat persönliche

Kontrolle über diesen und dabei erfüllt es Funktionen, die gleichzeitig administrativ, erzieherisch und unterstützend sind. Dies ist kongruent mit den theoretischen Erkenntnissen über Lernen durch aktive Erfahrung im Rahmen der praktischen Arbeit.

Die Theoretiker betonen, dass Supervision ein Sozialisationsprozess ist (Cohen und Cohen, 1998). Sie liefert die Bedingungen für den Lernprozess und für verbesserte Leistung (Kaslow, 1986), ermutigt die Sozialarbeiter und ermöglicht es ihnen, ihre Fähigkeiten richtig einzuschätzen und ihr Potential zu erkennen (Fox, 1989), um ein Selbstbewusstsein zu wecken, das als Basis für veränderte Gedankenstrukturen und Leistungsfähigkeit (Robinson, 1978) sowie als Modell für ein Beziehungssystem dient (Kadushin, 1992).

Supervision selbst hat verschiedene Funktionen. In der pädagogischen Supervision geht es um die Vermittlung, Erweiterung und Vertiefung der Kenntnisse und Fähigkeiten, diese erzieherische Rolle schließt auch Diskussionen und die Analyse der Situation und der Bedürfnisse des Supervisanden sowie die Bewertung der ausgeführten Interventionen ein (Gitterman, 1989; Powell, 1996; Shulman, 1993). Dies ist die häufigste Form der Supervision, sie basiert auf stetigem Feedback an den Supervisanden und betont das kognitive Lernen mit dem Supervisor als Lehrer und Erzieher des Supervisanden.

Administrative Supervision beschäftigt sich mit der Arbeitsumgebung, hier wird die Arbeit im Einklang mit den Richtlinien der Institution angeleitet, dem Supervisanden werden Anweisungen gegeben und seine Tätigkeiten werden beaufsichtigt (Mordock, 1990; Nel, 1996; Walsh 1990).

Die unterstützende Supervision ergänzt diese Funktionen, indem sie sich um die emotionalen Bedürfnisse des Supervisanden kümmert. Sie hilft diesem, sich abzureagieren und mit den emotionalen Belastungen, die aus den Interaktionen mit Klienten, Kollegen und Vorgesetzten erwachsen, zurechtzukommen und dem Druck, dem Stress und den Frustrationen, die die Sozialarbeit mit sich bringt, zu widerstehen (Kadushin und Harkness, 2002; Knight, 1996; Mroczeck u. a., 2005; Munson, 1993).

Die Supervision besitzt acht Hauptziele:

1. Die Entwicklung von spezifischen Behandlungsfertigkeiten bezüglich der Aufdeckung von Emotionen sowie der Bereitschaft, die Behandlung anzunehmen, Zielsetzungen festzulegen, die Aufzeichnung sämtlicher Behandlungsphasen und die Schulung der Fähigkeit, verschiedene Behandlungsmodelle anzuwenden.

2. Die Entwicklung kritischen Denkens und konzeptualen Verständnisses, von Werten und der Fähigkeit, theoretisches Wissen in der Praxis umzusetzen.
3. Die Entwicklung der Fähigkeit, die eigene Richtung zu finden und sich selbstständig Wissen anzueignen.
4. Die Bereicherung der persönlichen Qualitäten im Zusammenhang mit professionellen Fähigkeiten wie Flexibilität, Eigeninitiative und Risikobereitschaft.
5. Die Entwicklung von Führungsqualitäten, Kommunikationsfähigkeit und Engagement gegenüber Klienten und sozialen Veränderungen.
6. Die Entwicklung der Fähigkeit, effektive zwischenmenschliche Beziehungen aufzubauen.
7. Den Erwerb von Kenntnissen über die Ressourcen der Gemeinschaft durch den Umgang mit Klienten, durch Konzipieren von Plänen und durch die Bewältigung der anfallenden Arbeit.
8. Die Entwicklung von administrativen Fertigkeiten und der Fähigkeit zur Selbstevaluierung.

Supervisionsmodelle – Rolle und Zielsetzung bei der Behandlung von Burnout

In der Vergangenheit konzentrierte sich die Supervision auf Behandlungsmethoden mit psychoanalytischem Ansatz (Holloway, 1987).

Inzwischen liegt der Schwerpunkt eher auf der Entwicklung des Supervisanden im Hinblick auf seine Fähigkeiten und Fertigkeiten zur Problemlösung. Dabei soll die Professionalität des Supervisanden gefördert werden, indem man ihn Instrumentarien lehrt, die ihm dabei helfen, mit Stress umzugehen. Der Akzent liegt auf zwei verschiedenen Ebenen. Die erste Ebene ist emotionaler Natur: Der Sozialarbeiter soll eigenständig agieren können, sein Selbstbewusstsein, seine einmaligen Qualitäten und seine Identität sollen gefördert werden. Auf der zweiten Ebene geht es darum, den Sozialarbeiter zu befähigen, Kenntnisdefizite aufzuholen, indem er Behandlungsfertigkeiten erwirbt, so dass er schließlich die unterschiedlichen Behandlungstheorien versteht, sie internalisiert und unter ihnen zu wählen vermag (Friedman und Kaslow, 1988; Maroon, 1997; ders., 2003).

Der Supervisionsprozess – ein psychodynamisches Modell

Das psychodynamische Modell der Supervision impliziert, dass beide, Supervisor und Supervisand, die Probleme von Übertragung und Widerstand ebenso erkennen wie die Wichtigkeit des Unterbewussten – und dass ihnen die frühe Entwicklungsgeschichte einschließlich der Objekt-Relation bekannt ist.

Dieses Modell war anfangs umstritten. Einige Theoretiker favorisierten die didaktische Methode, andere die Supervision während der Therapien. Inzwischen neigt man immer mehr dazu, der psychodynamischen Orientierung auch Einfluss auf Art und Stil der Supervision zuzugestehen, nicht nur auf deren Inhalte.

Davis und Barrett (1981) betrachten es als essentiell für die Supervision, dass diese den Supervisanden mit geordnetem Wissensstoff über das menschliche Verhalten, die soziale Umgebung sowie mit einem Leistungs- und Behandlungsplan ausstattet. Der Supervisionsprozess zielt indirekt darauf ab, bestimmte, für die therapeutische Interaktion zentrale Einstellungen bei den Supervisanden zu entwickeln, genauer gesagt: Diese müssen ihr defensives Verhalten und ihre Angstreaktionen ändern.

Kahn (1979) stellt in seinen Betrachtungen über die psychodynamischen Prinzipien der Supervision fest, dass hier kognitive und emotionale Elemente zusammenkommen bei dem Versuch, Wissen in Aktion umzusetzen. Wenn der Supervisand dem Supervisor, also einem Experten, gegenübersitzt, erlebt er erneut die alten, festen Muster der Übertragung sowie Muster von Abhängigkeit, Autonomie, Unterwerfung vor Autorität, Überlegenheit, Wettbewerb, Angst vor Kritik und Scheitern, Vergnügen und Selbstverwirklichung.

Der Hauptzweck der Supervision besteht darin, berufliches Wissen und professionelle Entwicklung zu fördern sowie ein stabiles, unabhängiges Selbst beim Supervisanden zu schaffen. Hierzu führt der Supervisor zunächst eine Lerndiagnose durch. Dabei bietet er ein System an, das den Supervisanden nicht verurteilt. Dieser darf innerhalb des Systems Wissenslücken zeigen, Fehler machen und neue Verhaltensmuster ausprobieren, auch wenn der Supervisand weiß, dass der Supervisor ihn bewerten wird. In dieser Atmosphäre soll der Supervisand seine persönlichen Probleme lösen, so dass er fortan anderen helfen kann.

Beim psychodynamischen Supervisionsmodell wird dem Parallelprozess, der Hauptinhalt der Supervision ist, viel Bedeutung beigemessen. Er wird auch Spiegelphänomen genannt, und ihm wurde hauptsächlich im Zusammenhang mit der Ausbildung von Psychotherapeuten und Psychoanalytikern Aufmerksamkeit geschenkt, jedoch weniger in der Forschungsliteratur über Sozialarbeit. Kahn (1979) beschreibt das Phänomen als ein simultanes Auftreten von ähnlichen psychodynamischen Prozessen in der Supervision und in der Therapie. Die beiden Systeme sind insofern miteinander verbunden, als die Gefühle, die in der Beziehung zwischen Therapeut und Klient aufkommen, auch in der Beziehung zwischen Supervisor und Supervisand Ausdruck finden. Der Parallelprozess beginnt mit der Beziehung des Klienten zum Sozialarbeiter. Unter bestimmten Umständen wird unterbewusstes emotionales Material beim Klienten erweckt und auf die innere Erfahrung mit dem Sozialarbeiter übertragen, der dieses ebenfalls unterbewusst annimmt. Diese Inhalte können auch in der Supervision unterbewusst aktiviert werden, in der angemessenen intellektuellen Analyse werden sie jedoch als zum Klienten gehörend identifiziert (Kahn, 1979). Der Supervisor erfährt davon nur, wenn der Sozialarbeiter während des Supervisionsprozesses Inhalte aktiviert, die er bei der Behandlung von Klienten erfahren hat.

Forscher haben darauf hingewiesen, dass der Supervisor einen signifikanten Einfluss auf die Einstellung des Supervisanden sich selbst gegenüber hat sowie auf die Art und Weise, wie dieser Behandlungen durchführt. Worby (1971) bemerkt, dass, obwohl die Methodologie der Supervision nicht die Konfrontation mit den Identitätsproblemen des Supervisanden vorsieht, der Supervisor diese dennoch stets im Auge behalten sollte. Wenn das psychodynamische Problem des Supervisanden die Behandlung des Klienten stört, sollte der Supervisor so detailliert wie möglich darauf eingehen. Sowohl kognitive als auch auf Erfahrung basierende Interventionen haben sich als effektiv erwiesen, um zu verhindern, dass die Behandlung in eine Sackgasse gerät. Absolute Priorität hat die gemeinsame Klärung der sich entwickelnden Beziehungen zwischen Supervisor und Supervisand. Laut Worby kann beispielsweise das regelmäßige Einhalten eines festen Terminplans innerhalb der Supervisionssitzungen als Modell für die geordnete Interaktion mit dem Klienten dienen.

Durch den Prozess, der parallel zur Behandlung verläuft, kommen die sensiblen Themen des Sozialarbeiters zum Vorschein. Wenn der Supervisor diese berücksichtigt, fällt es ihm leichter, die komplexen Situationen zu verstehen. Er kann den Parallelprozess auch nutzen, um bereits stattgefundene Burnout-Vorgänge zu identifizieren, wenn er beispielsweise Veränderungen im Laufe der Supervision bemerkt. Der Supervisor, dessen Rolle es ist, seine Erkenntnisse dem Supervisanden nahe zu bringen, muss natürlich mit äußerster Behutsamkeit vorgehen. Wenn der Parallelprozess erkannt ist, kann man mit der Einsicht arbeiten, zunächst in der Supervision und später auch bei der Behandlung des Klienten.

Vom Supervisor wird Sachverstand über die Gefühle der Gegenübertragung erwartet. Diese sind bei den helfenden Berufen und unter Angestellten in der Psychiatrie weit verbreitet und drücken sich durch exzessiven Narzissmus und Identifikation mit dem Aggressor aus. Pines (1982) bemerkt, dass solche Emotionen potentielle Ursachen von Burnout sein können. In diesen Fällen kann der Supervisor durchschauen, warum die Behandlung an einen toten Punkt geraten ist oder warum der Sozialarbeiter unter Druck steht. Letztlich kann er also verhindern, dass der Burnout-Prozess weiter voranschreitet. Wenn diese Themen jedoch nicht erkannt und isoliert werden, kann Burnout zu einem späteren Zeitpunkt ausbrechen, ohne dass der Supervisor noch imstande wäre, der Kette von Ereignissen zu folgen oder ihr Einhalt zu bieten.

Die Befürworter des psychodynamischen Modells betonen, dass das tiefe Verständnis, das dabei in der Beziehung zwischen Supervisor und Supervisand entsteht, höchst signifikant für den Umgang mit Burnout ist. Mithilfe der erhaltenen Informationen ist es dem Supervisor nicht nur möglich, den Druck auf den Sozialarbeiter zu regulieren, sondern er kann ihm auch die Art von Klienten zuteilen, die er behandeln kann, ohne Gefahr zu laufen, auszubrennen. Alternativ kann der Sozialarbeiter auch auf seine Tendenz aufmerksam gemacht werden, negative Gefühle gegenüber den Klienten zu entwickeln; denn wenn er diese nicht abstellt, ist Burnout nur eine Frage der Zeit. Deshalb sollten im Vorfeld Schritte unternommen werden, Burnout zu reduzieren oder zu verhindern.

Brearley (1985) diskutiert die Wichtigkeit von Supervision für diejenigen, die Probleme bei ihrer Arbeit haben, in Bezug auf den psychodynamischen Ansatz und den institutionellen Rahmen. Sie betrachtet Supervision als diejenige Instanz, mithilfe derer der Sozialarbeiter die komplexen institutionellen Phänomene, die auf ihn einwirken, verstehen lernen kann. Sie ist der Meinung, dass nur das psychoanalytische Verständnis von Angst zusammen mit dem psychoanalytischen Verständnis von institutionellem und Gruppenverhalten dem Sozialarbeiter dabei unterstützen kann, mit den Druckzuständen, die durch seinen Beruf entstehen, fertig zu werden.

Der Supervisionsprozess – ein kognitiv-behavioristisches Modell

Das kognitiv-behavioristische Supervisionsmodell untersucht die emotionalen Reaktionen, die durch Gedanken oder persönliche Haltungen bedingt werden, mit dem Ziel, negative Gefühle durch Einstellungsänderungen zu reduzieren. Dieses Modell konzentriert sich hauptsächlich auf die kognitive Aktivität des Supervisanden (Schmidt, 1979).

Der Anspruch der Supervision ist hier, den Supervisanden mit einem kognitiven System auszustatten, das ihm erlaubt, objektiv, kreativ und frei zu funktionieren. Ein Sozialarbeiter, der durch Beobachtung und durch die

Rückmeldung des Klienten in der Lage ist, Vermutungen bezüglich des Denkens, der Emotionen und der problematischen Verhaltensweisen dieses Klienten anzustellen, wird auch fähig sein, angemessene Interventionstechniken zu analysieren, auszusuchen und sogar zu modifizieren.

Für Schmidt sind die Meinungen und Anschauungen, die der Sozialarbeiter in die therapeutische Situation einbringt, der wichtigste Fokus der Supervision. Man kann mithilfe kognitiver Konstruktion damit arbeiten, zunächst indem die persönlichen Einstellungen klar herausgefunden werden und anschließend indem diese durch logischere und sachlichere Denkweisen ersetzt werden. Kurpius und Morran (1988) untersuchen die technischen und kognitiv-behavioristischen Interventionspläne, die in der Supervision angewendet werden können, im Detail. Sie konstruieren tatsächliche und hypothetische Situationen im Hinblick auf die Entwicklung von Empathie und professionellen Fertigkeiten.

Die kognitiv-behavioristische Supervision basiert auf dem Prinzip des Behandlungskontakts (Schmidt, 1979). Hier ist der Kontakt strukturierter und detaillierter als im psychodynamischen Modell. Berücksichtigt werden die Ziele der Supervision, die Verantwortlichkeit des Supervisors und des Supervisanden, spezifische Fertigkeiten und operative Faktoren wie die Häufigkeit und die Länge der Sitzungen oder die Art und die Zahl der Klienten sowie das Ausmaß, in dem der Supervisor dem Supervisanden hilft, seine eigenen Einstellungen der Therapie und den Klienten gegenüber zu untersuchen.

Das Konzept der zusätzlichen Ebene, des Parallel-Prozesses, das durch die psychoanalytische Literatur eingeführt wurde, findet hier ebenfalls Berücksichtigung. Schmidt betont, dass dieses Konzept sowohl für den Supervisor als auch für den Supervisanden nützlich ist. Es steht dem kognitiven Ansatz nicht entgegen, sondern wird vielmehr durch ihn noch verdeutlicht.

Das kognitiv-behavioristische Modell bestimmt eine Reihe von aktuellen Themen, die bei jeder Sitzung aufgeworfen werden sollten. Bestimmte Themen sollten dabei zu bestimmten Zeiten genauer beleuchtet werden. Die Komponenten, die jeder Diskurs in der Begegnung zwischen Supervisor und Supervisand enthalten sollte, sind folgende:

1. Kurze Präsentation der positiven und negativen Aspekte und Erfahrungen.
2. Präsentation der schwierigen und problematischen Themen des Suvervisanden. Themenwechsel richten sich nach den Erfahrungen des Supervisanden und den jeweiligen KlTientypen: Die Betonung verlagert sich in der Regel vom Verhalten des Klienten auf die Probleme des Supervisan-

den, zum Beispiel auf sein Gefühl der Langeweile während der Behandlung, Müdigkeit, Zorn oder Hilflosigkeit. Die Gründe für das Aufkommen der Misere sollten herausgearbeitet werden, denn diese könnte nämlich auch in der Langeweile, der Müdigkeit, dem Zorn oder der Hilflosigkeit des Supervisanden selbst begründet liegen. Hat der Supervisand folgende Punkte eventuell nicht verstanden?

(a) die Situation des Klienten und die Art seines Problems;

(b) den Klienten als Person, etwa weil der Supervisand unzureichende Informationen über den Klienten besitzt, weil es ihm an theoretischem Wissen zur Interpretation der Erkenntnisse fehlt oder weil es ihm an Sensibilität mangelt;

(c) die Zielsetzungen und die Beschränkungen des Behandlungsplans;

(d) das Verhältnis zwischen den Schritten, die als Teil des Plans zur Zeit eingeleitet werden, und dem endgültigen Ziel;

(e) das Verhältnis zwischen den Richtlinien, Prozeduren oder Vereinbarungen seiner eigenen Institution und den anderer Einrichtungen.

Weitere Fragen, denen nachgegangen werden sollte, sind: Mangelt es dem Sozialarbeiter an Lernfähigkeit oder an praktischen Fertigkeiten in einem der Behandlungsbereiche? Ist der Sozialarbeiter in irgendeiner Weise emotional mit dem Klienten oder dem Supervisor verbunden? Wo liegen die Stärken des Sozialarbeiters (Verhältnis zu Klienten, Sensibilität, Motivation)? Welche theoretischen Möglichkeiten bezüglich der Signifikanz von problematischen oder schwierigen Themen gibt es? – Hier sollte der Supervisand dazu ermutigt werden, Theorien bezüglich des Verhaltens der Klienten zu äußern. Auf diese Weise gibt man der Diskussion eine abstraktere Richtung und reduziert die Ängste des Supervisanden, indem man seine Fähigkeit entwickelt, Annahmen über Klienten zu analysieren. Die Ängste des Supervisanden verringern sich, weil der Klient im Fokus steht und nicht er selbst. – Wie sind die emotionalen Reaktionen des Supervisanden gegenüber dem problematischen Thema? Persönliche Einstellungen sollten einbezogen werden, um diejenigen Gefühle, die einer effektiven Intervention im Wege stehen, zu verringern. Die üblichen Gefühle in diesem Zusammenhang sind Wut, Langeweile, Schuld und Angst. Sie werden durch persönliche Einstellungen generiert, und man kann ihnen durch den strukturell-kognitiven Ansatz entgegentreten. Der Parallel-Prozess steht im Zentrum der Versuche, mit solchen Emotionen umzugehen. Klient und Supervisand teilen fast immer Gefühle von Schuld, Zorn, Langeweile und Kontrollverlust. Indem der Supervi-

sand sie analysiert, folgt er dem Leitfaden des Supervisors und findet dadurch heraus, wie er seinerseits dem Klienten helfen kann.
Außerdem arbeitet der Supervisor ebenfalls an seinen Gefühlen während der Sitzungen und dient damit dem Supervisanden als Rollenmodell dafür, wie dieser während der Behandlung des Klienten mit seinen eigenen Empfindungen umgehen kann. Diese Kenntnis wird dem Sozialarbeiter noch lange nach den Supervisionssitzungen von Nutzen sein.
Dem Supervisanden sollte auch gezeigt werden, wie spezifische Techniken und Ansätze anzuwenden sind und wie er die angemessene Technik für eine bestimmte Behandlung auswählen kann. Techniken können durch Rollenspiele erlernt werden, durch Beobachtung, Modelle, Lektüre und Analyse. Es ist ebenfalls hilfreich, die Erfahrungen des Supervisors als Therapeut zu diskutieren.
3. Zusammenfassung der Diskussion;
4. Rückblick auf die Arbeit der Woche;
5. Lernmappe mit den Inhalten der Supervision;
6. Zusammenfassung der Sitzung;
7. Plan für die Sitzung der nächsten Woche.

Die definierte und strukturierte Art des Supervisionsmodells ist an sich schon ein Vorteil und ein wichtiger Faktor im Umgang mit Burnout. Eine Vereinbarung beispielsweise schafft Klarheit bezüglich der Erwartungen, Verpflichtungen und der Kompensation und trägt dazu bei, Lücken in der Beziehung zwischen Supervisor und Supervisand und zwischen Sozialarbeiter und Institution zu überbrücken. Ambiguität und Rollenkonflikte werden dadurch genauso vermieden wie Druckzustände und schließlich Burnout.

Der kognitiv-behavioristische Ansatz sieht Gedanken und Gefühle in den persönlichen Einstellungen begründet, die aber verändert werden können. Er beschäftigt sich nicht mit fundamentalen persönlichen Strukturen, psychologischen Problemen oder Hintergründen. Die Vereinbarung zwischen Supervisor und Supervisand bezüglich der Ziele der Supervision liegt in der Verantwortlichkeit der beiden Parteien, und operative Prozeduren ziehen eine klare Grenze. So kann die Angst des Supervisanden, dass drohende Konfliktinhalte an die Oberfläche kommen, im Zaum gehalten werden. Dies ist besonders wichtig, wenn der Supervisor gleichzeitig ein Vorgesetzter innerhalb der Institution ist oder zumindest auf die Karriere des Sozialarbeiters Einfluss zu nehmen vermag.

Eine nähere Untersuchung bringt die Wichtigkeit des kognitiv-behavioristischen Modells für die Behandlung von Burnout an den Tag. In genau dem Ausmaß, in dem der Supervisor sich über die Details in der Persönlichkeit des Sozialarbeiters, die zu Burnout führen, bewusst wird, kann er diesem Problem auch begegnen. Solche Details können zum Beispiel Neurosen sein, die ein hohes Burnout-Risiko bergen aufgrund der strengen Einstellung, mit der jeglicher Erfolg, der sich nicht vollständig mit den persönlichen Erwartungen deckt, abgelehnt wird. Auch die persönlichen Haltungen, die nur vier typische emotionale Reaktionen zulassen, nämlich Wut, Langeweile, Schuld und Angst, gehören dazu.

Schmidt (1979) meint, dass dem Supervisanden geholfen werden kann, sich realistische Ziele zu setzen. Die Unterstützung des Supervisors wird ihm darin dienlich sein, mit den negativen Emotionen umzugehen.

Die Vielfalt an Techniken, die der Supervision zur Verfügung stehen (Kurpius und Morran, 1988; Schmidt, 1979), trägt zum gesteigerten Interesse des Sozialarbeiters bei und bereichert ihn um professionelle Instrumente, die ihm bei der Behandlung von Klienten und innerhalb der Supervisionssitzungen direkt helfen. Diese Vielfalt an sich kann bereits Burnout verhindern.

Da der Kontrollverlust in der Therapie unvermeidbar ist, muss man, wie Schmidt (1979) konstatiert, lernen, damit umzugehen oder man muss alternative Kontrollmethoden in unterstützender Weise einbringen. Dies ist eine Schlüsselaufgabe der Supervision. Deshalb sollte der Supervisor dem Supervisanden Behandlungsprozeduren wie Entspannungsmethoden beibringen, die diesem das Gefühl geben, die Situation wieder unter Kontrolle zu haben.

Spontaneität kann eine positive Eigenschaft sein, doch bei manchen Supervisanden, besonders den Berufsanfängern, verstärkt sie die Ängste erst recht (Cherniss, 1980). Das strukturierte Modell mit seinen klaren Grenzen ist ein Vorteil für junge Sozialarbeiter, die aufgrund von Unsicherheit, Wissenslücken und Mangel an Kontrolle, die sie am neuen Arbeitsplatz empfinden, Gefahr laufen, Burnout zu entwickeln.

Vieles spricht also dafür, dass die kognitive Strategie hilfreich bei der Bekämpfung von Burnout ist. Angestellte in helfenden Berufen sind es gewohnt, durch signifikante kognitive Interventionen in das Leben ihrer Klienten einzugreifen. Wenn sie das Gefühl haben, dass ihnen die Mittel für ausreichenden Einfluss und Kontrolle fehlen, vermeiden sie die Konfrontation und flüchten in Vermeidungsverhalten. Sie sollten deshalb üben, effektive Konfrontationstechniken anzuwenden, das heißt, sie müssen den Ursachen von Druck entgegentreten und diese verändern sowie positive Aspekte der Situation herausarbeiten. Das Modell gibt klare Ziele vor und verwandelt sie in Ergebnisse, neutralisiert Rollenambiguität im Voraus und hat dadurch direkten Einfluss auf Burnout.

Das psychodynamische Modell dagegen berücksichtigt eine Reihe wichtiger Faktoren nicht – wie zum Beispiel einen spezifischen Inhalt –, jedenfalls nicht in jeder einzelnen Sitzung. Die Richtlinien des kognitiv-behavioristischen Modells verhindern das Versinken in Parallel-Prozesse oder das ständige Abklären der Beziehung zwischen Supervisor und Supervisand. Im psychodynamischen Ansatz wird versucht, diese Themen zu vermeiden, und so wird auch die Konfrontation mit den Ängsten und den Parallel-Prozessen vermieden. Daher besteht die Gefahr, sich während der Supervisionssitzungen zu tief in die Therapie zu verstricken, anstatt sich auf die Supervision selbst zu konzentrieren.

In der kognitiven Supervision werden die Gedanken und Gefühle des Supervisanden nicht auf einen fundamentalen Persönlichkeitsstil, psychische Zustände oder auf den jeweiligen individuellen Hintergrund zurückgeführt. Die Vereinbarung spezifiziert Ziele, Verantwortlichkeit und die operativen Aspekte der Beziehung und zieht eine klare Linie zwischen Supervision und Therapie. Dadurch, dass die Ängste gebändigt werden, ist Kooperation möglich. Es werden Techniken verwandt, die effektiv für die Verhinderung von Angst sind, wie Rollenspiele, Beobachtung, Rollenmodelle und geleitete Vorstellung. Diese erlauben größere Kontrolle und Effizienz, was wiederum Autonomie ermöglicht, während das psychodynamische Modell Abhängigkeit fördert.

Die Funktionen der Supervision bei der Verhinderung und Behandlung von Burnout – die Rolle des Supervisors

Die Hauptfunktionen des Supervisors sind die Unterweisung, Verwaltung, Beratung, Unterstützung und die Leistungsbewertung. All diese Rollen sind integrale Bestandteile des Erziehungs- und Lernprozesses.

Pädagogische Supervision

Diese fördert und entwickelt die berufsrelevanten Fähigkeiten des Sozialarbeiters, indem sie Wissen und Fertigkeiten vermittelt. Der Supervisor ist hier ein professioneller Berater und nicht notwendigerweise an dem Prozess selbst beteiligt.

Die pädagogische Supervision als am weitesten verbreitete Form basiert auf konsistentem Feedback an den Supervisanden und betont das kognitive Lernen mit dem Supervisor als Lehrer und Erzieher (Goldfarb, 1978). Der Supervisand wird dazu ermutigt, Entscheidungen zu treffen und Verantwortung für seine Arbeit zu übernehmen, er soll in die Tiefe gehen, forschen und selbst zu Erkenntnissen gelangen, um auf diese Weise ein Maximum an Selbstständigkeit zu erreichen (Dublin, 1989).

Grundlage dieser Form von Supervision sind die zentralen Prinzipien der Lerntheorien, die den Lernprozess motivieren (Cohen, 1986; Lowy, 1983; Kadushin, 1985). Das dynamische Lernen führt die Bedeutung von Gefühlen in die Supervision ein. Der Übergang vom Klassenzimmer zur praktischen Arbeit erweckt natürlicherweise Ängste aufgrund des Ungleichgewichts, das durch den beruflichen Sozialisationsprozess entsteht. Es kommen Verteidigungsmechanismen und Übertragung ins Spiel, ebenso Schwierigkeiten bei der Identifikation und unzureichende Kenntnisse. Die Erwartungen bezüglich des Berufs sind unrealistisch, und es entstehen Konflikte in Bezug auf die eigene Rolle als Supervisor.

Das Lernelement innerhalb des Supervisionsprozesses wird als erzieherisch angesehen, denn es geht um mehr als nur um Wissensvermittlung. Lernen ist das zentrale Ziel der Supervision der Sozialarbeit, deshalb sind alle Funktionen des Supervisors erzieherischer Natur (Gitterman und Miller, 1977; Kadushin, 1985; ders., 1992). Bei Hawkins und Shohat (1989) finden sich sieben Aspekte der Erziehungsaufgabe des Supervisors:

1. Der Supervisor soll dem Supervisanden helfen, die Klienten zu verstehen, Situationen zu analysieren und diagnostische Pläne zu erarbeiten;
2. Der Supervisand soll mit Hilfe des Supervisors vielfältige Arbeitspläne ausführen;
3. Der Supervisand soll bei der praktischen Anwendung von Fertigkeiten, die bestimmten Situationen angepasst wurden, unterstützt werden;
4. Der Supervisand soll Hilfe bei der Arbeitsplanung erhalten (Prioritäten setzen, Termine verwalten);
5. Dem Supervisanden soll Zeit und Raum gegeben werden, um Inhalte und Prozesse der Supervision mit dem Supervisor zu diskutieren;
6. Der Supervisand soll in die Lage versetzt werden, seine Rolle in der therapeutischen Verbindung und im Kontext der Supervision zu verstehen;
7. Der Supervisor soll dem Supervisanden helfen, professionelle Ressourcen zu entdecken und sie in die Praxis umzusetzen.

Burnout und die pädagogische Funktion von Supervision

Die Hauptaufgabe der erzieherischen Funktion von Supervision besteht darin, Wissen und konzeptionelle Modelle zu vermitteln, die für den Sozialarbeiter die Quelle der Entscheidungsfindung, für Aktivität und Zufriedenheit im Beruf darstellen. Ein zentraler Aspekt der Supervision ist es, das Bedürfnis des Sozialarbeiters nach Wissen zu befriedigen und ihm beim Lernen zu helfen (Kadushin, 1985; Daley, 1979).

Die Supervision hilft dabei, das Vorwissen des Supervisanden mit der aktuellen Situation zu verbinden oder gegebenenfalls neue Informationen zu erwerben. Die maßgebliche konzeptuelle Basis für Entscheidungen und Handlungen verschafft dem Sozialarbeiter einen festen Standpunkt bei Unsicherheit, intensiven Gefühlen oder Zeitdruck, die sonst seine Fähigkeit zur Identifikation der richtigen Maßnahmen für bestimmte Situationen beeinträchtigen würden. Der Supervisor muss sicherstellen, dass der Supervisand die institutionellen Abläufe versteht und so das Verhalten von Individuen und der Arbeitsumgebung einschätzen kann. Die Unkenntnis der verfügbaren Hilfe trägt zu Druckzuständen und Burnout bei (Davis und Barrett, 1981; Marks und Pennycook, 1985).

Wie bereits erwähnt, konzentriert sich der Supervisor als Erzieher auf Wissen, Fertigkeiten und Techniken der Sozialarbeit. Auf diese Weise blockiert die Supervision Burnout und verstärkt das Gefühl der Leistungsfähigkeit und der professionellen Kompetenz (Cohen und Gagin, 2005; Gray u. a., 1989; Kadushin und Harkness, 2002). Die Zufriedenheit bei der Arbeit verhindert nach diesem Verständnis ein „Ausgebranntsein“ und verbessert die Kenntnisse über die eigene Rolle. So können institutionelle Strukturen, Anforderungen, Prozeduren und Autoritätsbereiche leichter aufgedeckt werden.

Bezüglich der individuellen Ebene verweist die Forschung auf die persönlichen Eigenschaften, die für die Sozialarbeit benötigt werden, wie Empathie, Respekt, Ehrlichkeit, Wärme und Selbsterkenntnis. Das Selbstbewusstsein und die Effizienz, die aus diesen Qualitäten erwachsen, können sich als die stärksten Anker für den Sozialarbeiter erweisen, angesichts der Wellen unberechenbaren Verhaltens seitens der Klienten. Erworbene Kenntnisse und Fertigkeiten sind wichtige Verbündete bei der Bekämpfung von Burnout. Es können nicht alle Fähigkeiten durch die Supervision neu erlernt werden, doch kann diese helfen, von den Bestehenden Gebrauch zu machen (Edelwich und Brodsky, 1980).

Administrative Supervision

Supervision hat auch verwaltungsrelevante Aspekte und Ziele (Manz und Sims, 1991). Sie beschäftigt sich mit der Arbeitsumgebung und organisiert die Arbeit gemäß den Richtlinien der Institution. Dazu gehören auch die Einstellung von neuen Mitarbeitern und die Verteilung von deren Einsatzgebieten sowie die Überwachung von Aufgaben. Der Supervisor hat somit also auch Einfluss auf Veränderungen.

Er sollte die Arbeitsplanung und den Einsatz der Sozialarbeiter in einer Weise koordinieren, die sowohl die Eigenschaften der Klienten als auch die der Helfer berücksichtigt (Mordock, 1990; Walsh, 1998).

Darüber hinaus stimmt der Supervisor die Aufgaben der Sozialarbeiter mit denen der Kollegen innerhalb der Arbeitseinheit oder mit anderen relevanten Stellen ab. Dies ist eine horizontale administrative Rolle, die sich von seiner Stellung in der vertikalen Hierarchie unterscheidet. Dadurch ist er auch in die Konflikte zwischen den Abteilungen involviert sowie darin, die Sozialarbeiter an Ressourcen heranzuführen und sie dadurch in die Lage zu versetzen, ihre Aufgaben zu erfüllen. Dazu muss der Supervisor mit den Kanälen und den Quellen der Macht gut vertraut sein (Knight, 1996; Roger, 1996).

Der Supervisor dient als Kommunikationskanal, er ist der Knotenpunkt, über welchen die Informationen in beide Richtungen laufen, denn moderne Institutionen sind oft zu komplex, um eine offene Kommunikation zwischen der oberen Verwaltungsebene und den Sozialarbeitern zu haben. Die Sozialarbeit benötigt jedoch in besonders starkem Maße einen funktionierenden Informationsfluss, denn ihre Ziele sind selten ganz klar umrissen. Dies ist von großer sozialer Relevanz bei der Supervision von Studenten und neuen, noch unerfahrenen Sozialarbeitern, die bei der Nachverfolgung von Fällen viel Unterstützung brauchen.

Die Funktionen der Supervision auf dieser Ebene werden durch den Arbeitgeber bestimmt und richten sich nach dessen Rollendefinition und Autorität. In der Regel sind die administrativen Aspekte der Supervision durch folgende Komponenten charakterisiert (Kadushin, 1992):

1. Einführung von Richtlinien und Prozeduren sowie ihre Verbreitung bei den Mitarbeitern;
2. Die Übertragung der Richtlinien auf die Arbeitspläne;
3. Führung des Mitarbeiterstabes;
4. Planung und Budgetierung von Projekten;
5. Berichterstattung an die Vorgesetzten;
6. Koordinierung der Kommunikation innerhalb der Institution;
7. Festsetzung von Aufgaben und Delegieren von Autorität;
8. Planung von institutionsinternen Fortbildungen;
9. Verwaltung von Personalaufgaben wie Urlaubsplanung, Festsetzen von Arbeitsstunden und Koordinierung bei Personalausfällen;

10. Nachverfolgung, Kontrolle und Bewertung der Leistungen von Mitarbeitern;
11. Repräsentation der Institution bei der Zusammenarbeit mit anderen Stellen;
12. Umgang mit Beschwerden von Klienten.

Burnout und die administrative Funktion von Supervision

Kraft seiner Autorität und seiner Position kann der Supervisor verwaltungsbedingte Druckzustände, die zu Burnout führen, abmildern oder ihnen zuvorkommen. Er kann für mehr Kongruenz zwischen dem Sozialarbeiter und seiner Rolle sorgen, wo es Unklarheiten bezüglich der Definitionen und Erwartungen gibt. Er kann den Sozialarbeiter mit Material und interpersonalen Ressourcen ausstatten, die für das Ausfüllen von dessen Rolle essentiell sind. Außerdem obliegt ihm die Kontrolle über die Arbeitsumgebung.

Eine andere Funktion der Supervision ist das Reglementieren von sachgemäßem Umgang mit den Ressourcen. Der Supervisor kontrolliert in seiner Rolle als Administrator die Arbeitsbelastung des Sozialarbeiters und verhilft ihm zu einem angemessenen Platz innerhalb der Institution, indem er Prozeduren und Ziele definiert und verdeutlicht. Fineman (1986) weist auf das Dilemma des Supervisors als Fallmanager hin. Da die Ressourcen von Institutionen meist begrenzt sind, sollten die Dienste denjenigen zur Verfügung stehen, die die Interventionen am effektivsten nutzen können. Dies ist die Aufgabe des Supervisors als Fachmann und kundiger Beurteiler. Wenn der neue Sozialarbeiter nicht darüber informiert wird, in wen und wann er seine Energien investieren soll, verbraucht er diese eventuell an Klienten, die nicht das Potential haben, davon zu profitieren. Resultat sind Enttäuschung und Frustration.

Unterstützende Supervision

Die berufliche Entwicklung des Supervisanden ist sowohl ein emotionaler als auch ein intellektueller Prozess. Die unterstützende Supervision stellt die psychologischen und instrumentellen Ressourcen bereit, die ein Sozialarbeiter braucht, um sich in der eigenen Haut und bei seiner Arbeit wohl zu fühlen und somit seine Rolle effizient auszufüllen. Da die unterstützende Supervision einen Ventilationsprozess enthält, hilft sie dem Sozialarbeiter beim Umgang mit persönlichen und zwischenmenschlichen Spannungen und stärkt so die persönliche und professionelle Identität. Potentielle Quellen von emotionalen Spannungen beim Supervisanden sind:

1. Administrative Supervision löst beim Sozialarbeiter Ängste aus, die in ihn gesetzten Erwartungen nicht zu erfüllen. Es wird von ihm verlangt,

dass er die Richtlinien der Institution befolgt, wobei es zu Konflikten zwischen den bürokratischen und den professionellen Anforderungen kommen kann.

2. Die erzieherische Supervision stellt Lernanforderungen. Lernen erfordert Veränderung, die zeitweilig das Gleichgewicht des Sozialarbeiters stört, da er das Gefühl hat, alten Modellen gegenüber unloyal zu sein. Auf diese Weise verliert er einen Teil seiner Unabhängigkeit.
3. Die Begegnung mit Klienten, die oft emotional aufgeladen ist, setzt den Sozialarbeiter Ängsten, Zorn und Depression aus. Sogar eine physische Gefährdung ist bei aggressiver und feindseliger Reaktion des Klienten möglich. In der Behandlung selbst sind Situationen oft unklar und Einzelinteressen können miteinander in Konflikt geraten.
4. Das Wesen und die Inhalte der Aufgaben bedingen spezifische Situationen, wie beispielsweise das Thema der Trennung, eine Kluft zwischen Klient und Gesellschaft, eine Anhäufung von schwierigen Fällen, unklare Zielsetzungen, Anfragen und Bedürfnisse, auf die keine Reaktion erfolgt, sowie die Notwendigkeit, mit anderen Institutionen oder Berufsgruppen in Kontakt zu treten.
5. Die Beziehung zwischen Supervisor und Supervisand ist natürlicherweise sehr intensiv, intim und emotional beladen. Sie ist eine signifikante Beziehung im Leben des Supervisanden und enthält Elemente, die mit Konfliktprozessen verbunden sind, wie Übertragung, Ambivalenz und Widerstand.
6. Rückschläge und Scheitern bei der Behandlung von Klienten könnten vom Sozialarbeiter als persönliche Niederlage betrachtet werden, was Gefühle von Schuld, Angst und Frustration generiert. Hier muss die Supervision eingreifen und Druckzustände abbauen.

Da die unterstützende Supervision sich mit emotionalen Schwierigkeiten beschäftigt, hat sie die Verpflichtung, aktuelle Spannungsquellen beim Supervisanden zu lokalisieren und ihm anschließend zu helfen, negative Gefühle, die ihn beim Kontakt mit Klienten, Kollegen und Supervisoren behindern, zu bekämpfen. Außerdem leitet der Supervisor den Sozialarbeiter an, mit arbeitsimmanenten Spannungen und Frustrationen umzugehen und repräsentiert ihn gegenüber dem Management sowie bei Stellen außerhalb der Institution (Kadushin, 1985; ders., 1992; Knight, 1996). Kadushin (1992) betont, dass die unterstützende Funktion einen Lernprozess initiiert, der es ermöglicht, externe Bedrohungen abzubauen und eine ruhigere Atmosphäre voller Vertrauen und Respekt zu schaffen, die der freien Meinungsäußerung förderlich ist. Dies wiederum setzt intellektuelle Energien frei, die für theoretische Studien notwendig sind.

Die Aufgaben des Supervisors

Die Aufgaben des Supervisors haben den Schwerpunkt, sich auf solche Verhaltensmuster zu konzentrieren, die den positiven Aspekt in der Beziehung zwischen Supervisor und Supervisand betonen. Das Hauptziel ist, Stress und Ängste zu verhindern oder zumindest zu reduzieren und den Sozialarbeiter in die Lage zu versetzen, effektiv zu funktionieren (Kadushin, 1992).

Die unterstützende Supervision wirkt auf zwei unterschiedlichen Ebenen. Auf der einen Ebene soll der Sozialarbeiter zeitweilig von Spannungen befreit werden, Fälle und Ziele werden seinen Fähigkeiten angepasst, und ihm werden Lernoptionen und Aufgaben angeboten, die ihm in Zukunft eine erfolgreiche Tätigkeit ermöglichen. Auf der anderen Ebene hat die Supervision das Ziel, exzessive administrative und pädagogische Anforderungen zu verringern. Hier müssen emotionale Bedürfnisse Berücksichtigung finden. Indem man ihnen begegnet, kann sich der Supervisand dem Prozess öffnen – durch Akzeptanz, empathisches Verständnis und eine authentische Beziehung zum Supervisor. Solche Bedingungen schaffen eine Atmosphäre, in der der Sozialarbeiter Gefühle und Meinungen ausdrücken und Fragen stellen kann. Es sollte eine Atmosphäre der Kooperation herrschen, die Aktivität stimuliert. Die unterstützenden Techniken bieten Ermutigung, Anerkennen von Leistung, Vertrauensäußerungen und Lob. Der Supervisor soll ebenfalls seine Emotionen offenlegen, seine Probleme mit dem Supervisanden teilen, ihn beurteilen, aber auch sein Recht anerkennen, Fehler zu machen, und ihn zu Selbstständigkeit ermuntern.

Burnout und die unterstützende Funktion von Supervision

Kadushin und Harkness (2002) definieren sie als Hilfe für den Supervisanden bei der Bekämpfung von arbeitsimmanenten Spannungen und beim Entwickeln von Haltungen und Gefühlen, die es ihm erlauben, seine Arbeit optimal zu verrichten. Die Vermittlung von Informationen und Methoden reicht nicht aus, Unterstützung ist ebenfalls nötig, um Burnout zu bezwingen.

Neben ihren pädagogischen und administrativen Funktionen hat die Supervision auch die Aufgabe, Druckzustände zu verringern. Sie soll sensibel und unterstützend mit dem Supervisanden umgehen und ihm die Chance geben, Gefühle auszudrücken. Unterstützung bekräftigt die Selbstachtung des Supervisanden und mindert seine Frustrationen. Sie ist umso notwendiger, als der Sozialarbeiter schwierige Entscheidungen treffen und Verantwortung übernehmen muss und dabei (als Burnout-Faktor) der Kritik und Unzufriedenheit des Klienten ausgesetzt ist. Die Unterstützung des Supervisors hilft, den Druck in schwierigen Situationen zu lindern. Der Sozialarbeiter braucht auch Rückhalt bei der Umsetzung von Richtlinien, bei der Anwendung von neuen Kenntnissen, Fertigkeiten und Techniken und um mit Unvorgesehenem fertig zu werden. Der Supervisor bietet eine Gelegenheit, Rat zu suchen, eine Rückmeldung über die eigenen Fortschritte zu erhalten oder bei Scheitern Trost zu erfahren – mit anderen Worten: eine Schulter, um sich auszuweinen.

In der unterstützenden Supervision interveniert der Supervisor, um die Fähigkeiten des Sozialarbeiters, mit arbeitsimmanenten Druckzuständen zurechtzukommen, zu stärken. Er zeigt die notwendigen zwischenmenschlichen und psychischen Instrumente für effektives Arbeiten. Diese bestehen aus Ermutigung, Anerkennung von Leistung, Einverständnis und Katharsis sowie aufmerksamem und empathischem Zuhören. Kadushin und Harkness (2002) fügen hinzu, dass, selbst wenn Burnout bereits im starken Maße vorhanden ist, die unterstützende Supervision eine Intervention darstellt, die rehabilitierende Eigenschaften hat. Ohne diese unterstützende Funktion verlieren die anderen Interventionselemente ihren Wert. Das Interesse des Supervisors ist nicht auf die Arbeit beschränkt, sondern erstreckt sich auch auf die Probleme des Supervisanden außerhalb des unmittelbaren beruflichen Kontextes. Die Autoren sind der Meinung, dass die unterstützende Supervision Druck verringert, indem sie die Probleme der Rollen- und Leistungswahrnehmung löst. Kein Supervisor kann Konflikte innerhalb der Arbeitswelt verhindern, doch er kann dem Sozialarbeiter helfen, mit ihnen umzugehen und trotzdem leistungsfähig zu bleiben. Dem Supervisor obliegt es, für eine freundliche und kameradschaftliche Atmosphäre in den Sitzungen zu sorgen, so dass Stress verursachende Elemente innerhalb der Arbeitssituation untersucht werden können. In einer kalten, rigiden und gespannten Stimmung ist es dem Sozialarbeiter unmöglich, Probleme zur Sprache zu bringen, er behält sie für sich und baut Schritt für Schritt Frustration auf. Dadurch wird die berufliche Entwicklung blockiert, und der Sozialarbeiter macht ausgiebigen Gebrauch von Verteidigungsmechanismen, die direkt in den Burnout-Prozess münden (Leiter und Maslach, 2005).

Kadushin und Harkness (2002) betonen die Wichtigkeit der physischen und emotionalen Verfügbarkeit. Sie meinen, dass das Gefühl der Isolation und der Hilflosigkeit die Hauptursache für Burnout bei Sozialarbeitern ist. Wenn diese jedoch wissen, dass jeder Zeit ein Kontakt zu ihrem Supervisor möglich ist und dass sie von ihm Ermutigung und Feedback erhalten, nehmen diese negativen Gefühle ab (Munson, 1993).

Leistungsevaluation während des Prozesses von Kraftfindung, Befriedigung von Bedürfnissen und Verhinderung von Burnout

Die Leistungsevaluation ist ein zentrales Element, um beurteilen zu können, wie gut ein Sozialarbeiter funktioniert, wo seine Schwierigkeiten liegen und wie man ihm in den einzelnen Phasen helfen kann, falls er bereits unter Burnout leidet (Ellison, 1996; Kadushin und Harkness, 2002).

Die Evaluation stellt laut Kadushin (1992) eine objektive Untersuchung der Leistung des Supervisanden bei seiner Arbeit während eines bestimmten Zeitraumes dar. Sie ist ein systematischer Prozess, der sich auf beobachtbare und messbare Verhaltensmuster konzentriert (Barretti, 2004; Reid u. a., 1996). Es soll sich dabei um einen modifizierenden Vorgang handeln, in dessen Verlauf der Supervisor den Sozialarbeiter mit Mitteln für die täglichen Aufgaben ausstattet sowie zu dessen Potential und Lernschwierigkeiten Stellung nimmt. Dabei wird die Arbeitsleistung in Hinblick auf festgesetzte Ziele bewertet (Cuzzi und Holden, 1997; Dore u. a., 1992; Furman u. a., 2004; Huffman, 1990).

Es gibt zwei Hauptansätze der Evaluation. Einer davon sieht sie als einen systematischen Prozess der Informationssammlung (Guba und Lincoln, 1981) und konzentriert sich auf das beurteilende Element, dessen Funktion es ist, herauszufinden, in welchem Ausmaß der Sozialarbeiter die vorab festgelegten Standards erfüllt hat. Der andere Ansatz zweifelt am Wert der Beurteilung und betrachtet Evaluation eher als systematische Untersuchung von Ereignissen, die innerhalb eines Rahmens von existierenden Plänen stattfinden oder deren Ergebnis sind (Cronbach u. a., 1980). Dieser Ansatz berücksichtigt die Verhältnismäßigkeit, der Fokus liegt auf dem Ausmaß, in dem vorab festgesetzte Ziele erreicht wurden, ohne sie dabei zu bewerten.

Die Evaluation ist außerordentlich wichtig für den Sozialarbeiter, weil sie ihn zu motivieren und anzuleiten vermag. Dieser kann das Gelernte besser integrieren sowie Schwierigkeiten und mangelhafte Leistung leichter erkennen. Die Evaluation zeigt Gebiete auf, die verstärkte Aufmerksamkeit erfordern, und lenkt somit das Lernen auf bestimmte Ziele hin (Bogo und Vayda, 1990; Karni, 2003; Maroon, 1997; Wilson, 1981).

Sie sollte die Kompetenz des Sozialarbeiters auf den Gebieten, die ihm bei seiner Arbeit begegnen, reflektieren (Biggerstaff, 2000; Buchan u. a.,

2004; Cournoyer, 2001; Gelman, 2004; Hackett, 2001; O'Hara u. a., 1996; Wilson, 1981).

Wilson (1981) hebt hervor, dass das Instrument der Evaluation klare und detaillierte Kriterien für eine operative Interpretation der Lernziele haben sollte und diese in eine messbare Form gefasst werden müssen. Die Abwesenheit von klaren qualitativen und quantitativen Standards macht die Evaluation subjektiv und schafft Unsicherheit darüber, ob die Ziele erreicht wurden (American Evaluation Association, 1995; Maroon, 2003; Shulman, 1993; Stake, 2004).

Die aktuellen Instrumente zur Leistungsevaluation von Sozialarbeitern basieren in der Regel auf verschiedenen inhaltlichen Faktoren, wobei sich die Schwerpunkte je nach der Phase der Supervision verlagern können:

1. Der Fähigkeit des Sozialarbeiters, einen signifikanten professionellen Kontakt mit dem Klienten herzustellen und aufrecht zu erhalten;
2. Beruflichen Kenntnissen und Fertigkeiten;
3. Funktionieren innerhalb einer Institution und vertrautem Umgang mit deren Strukturen;
4. Harmonischen Beziehungen zu Kollegen;
5. Funktionierenden Beziehungen zu Gemeinden und Gemeinschaften, Anwendung von deren Ressourcen im Interesse der Klienten;
6. Dem Sozialarbeiter als Supervisand;
7. Professionellen Haltungen und Verhaltensmustern, Arbeitsethik.

Eine andere Dimension der direkten Arbeit mit Klienten ist der Erfolg oder das Scheitern der Behandlung. Sie kann ebenfalls durch die Leistungsevaluation des Sozialarbeiters bestimmt werden.

Daley (1979) und Edelwich (1980) behaupten, dass es keinen präzisen Maßstab gibt, um den Erfolg der Behandlung in der Sozialarbeit festzustellen. Dies macht es dem Supervisor schwer, zu beurteilen, ob die Klienten angemessen betreut wurden oder nicht, und er hat somit das Problem, dem Sozialarbeiter eine angemessene Bestätigung zu geben, was bei diesem ein potentieller Burnout-Faktor ist. Hier kommt dem Feedback, als integralem Bestandteil von Supervision, eine besonders wichtige Rolle zu, um dem Sozialarbeiter zu zeigen, wo er steht und warum er mit seiner Methodik erfolgreich war oder gescheitert ist.

Pines u. a. (1981) bemerken, dass Feedback ein administratives Instrument sei, das die Wertschätzung des Sozialarbeiters gegenüber der Wichtigkeit der eigenen Arbeit steigert. Feedback muss spezifisch sein und sich auf erreichbare Ziele beziehen. Wenn es auf angemessene Weise vorgebracht wird, kann es die Arbeitsleistung direkt verbessern und dem Sozialarbeiter ein Erfolgsgefühl vermitteln. Je höher der Sozialarbeiter auf der Depersonalisationsskala liegt, desto geringer sind seine Kenntnisse über den Ausgang der Behandlung – auf diese Tatsache konzentrieren sich Maslach und Jackson (1983). Das bedeutet, dass die Abwesenheit von Information und Feedback dazu führt, dass der Sozialarbeiter den Eindruck erhält, seiner Arbeit mangele es an Signifikanz und Erfolg, was Burnout bewirken kann.

Es gibt sieben Gebiete, auf die sich Supervision konzentriert und die alle jeweils ihre drei Funktionen repräsentieren, die pädagogische, die administrative und die unterstützende. Zusammen stehen sie für die professionellen Fähigkeiten, die den Sozialarbeiter mit einer Perspektive versehen, die sein Selbstvertrauen steigert und die Burnout kontrolliert und verringert.

1. Die Fähigkeit, Kern und Ursachen der Probleme von Klienten zu verstehen. Sie ist eine absolute Voraussetzung für einen Interventionsplan. Ohne diese Fähigkeit können lediglich kleinere, akute Probleme behoben werden;
2. Die Fähigkeit, mit Themen umzugehen, die sich auf den verschiedenen Stufen der Behandlung ergeben, zum Beispiel, Kontaktaufnahme, Analyse und Interventionsplanung;
3. Kenntnis über die Probleme der Klienten, die im Vorfeld nur teilweise identifiziert wurden oder für die dem Sozialarbeiter angemessenes theoretisches Wissen fehlt, zum Beispiel für den Umgang mit der Trennungskrise;
4. Die Fähigkeit, einen stabilen, langfristigen Kontakt mit dem Klienten aufzubauen;
5. Die Fähigkeit, Interventionsziele zu planen, zu entwickeln und zu erreichen;
6. Die Fähigkeit, Nutzen aus dem Feedback des Supervisors zu ziehen;
7. Überlegte und unterstützende Reaktionen auf die Probleme, denen der Sozialarbeiter begegnet, vor allem auf diejenigen, die Angst auslösen.

4.3 Fallstudien – Wie Burnout überwunden werden kann

Die Menschen reagieren unterschiedlich auf Burnout. Die individuelle Reaktion hängt von einer komplexen Kombination aus persönlichen und umweltrelevanten Variablen ab. Der Verlauf und die Reaktionen fallen aufgrund der persönlichen Wahrnehmung der unvermeidlichen Druckzustände im Privatleben und bei der Arbeit verschieden aus. So können Individuen mit identischem Stress auf vielfältige Weise umgehen.

Dem bekannten Psychologen Lazarus (1991) zufolge hängt jede emotionale Erfahrung von einem mentalen Gleichgewicht von Kontakten mit der Umwelt ab sowie von deren Signifikanz für das betreffende Individuum. Dieselben Reize mögen gänzlich unterschiedliche Reaktionen bei den Menschen hervorrufen, je nach deren Vorgeschichte und persönlichen Eigenschaften. So kann ein Mensch auf einen bestimmten Reiz mit Zorn reagieren, ein anderer mit Depression, Angst oder Schuldgefühl, wiederum andere betrachten dieselbe Situation vielleicht als Herausforderung.

Unterschiede in der Persönlichkeit vermitteln zwischen umweltrelevantem Druck und der Burnout-Erfahrung. Menschen haben sowohl unterschiedliche Prioritäten und Bedürfnisse als auch verschiedene Methoden, auf Druck zu antworten. Der Prozess des mentalen Ausgleichs und andere Mittler prägen den psychischen Raum, in dem eine Person funktioniert, und definieren somit auch den zeitlichen Rahmen von Burnout und dessen Intensität. Da die Ursachen von Burnout eher umweltrelevant sind als individuell, können Institutionen beeinflussen, was mit ihren Angestellten passiert. Werden die meisten sich für die Kündigung entscheiden, ihren Arbeitsplatz innerhalb der Institution wechseln oder den Beruf ganz aufgeben? Werden einige die Karriereleiter „hinaufgeschoben", um administrative Aufgaben zu erledigen, nachdem sie bei der Behandlung von Klienten gescheitert sind? Dies alles hängt vom Ausmaß des Drucks ab, der auf den Sozialarbeiter einwirkt, von der sozialen und professionellen Unterstützung, von der Kompensation und vor allem von der Flexibilität innerhalb der Arbeitsumgebung. Wenn die Kompensation hoch ist und man seinen Arbeitsplatz behalten kann, auch wenn man eine mangelhafte Leistung zeigt, werden die Angestellten bleiben, selbst wenn sie emotional ausgebrannt sind. Wenn sie andererseits der Meinung sind, dass sie mit Leichtigkeit eine andere Arbeit finden, werden sie bei den geringsten Anzeichen von Burnout ihre Stellung aufgeben.

Bei chronischem Druck jedoch und ohne angemessene Unterstützung fühlt jeder sich zu einem gewissen Grad physisch, mental und emotional ausgelaugt. Deshalb ist es sowohl aus theoretischer als auch aus praktischer Sicht effektiver, sich verstärkt auf die Umwelteinflüsse und weniger auf die individuellen Faktoren zu konzentrieren.

Einige Sozialarbeiter geben ihren Beruf für immer auf. Vor allem bei denjenigen, die lange Jahre in ihre Berufsausbildung investiert haben, ist dies eine bittere Erfahrung, die von Schuldgefühlen, der Gewissheit des Versagens und der Zeitverschwendung begleitet wird. Hier sollte klar unterschieden werden zwischen der Flucht aus dem Beruf aufgrund von Burnout und einem Karrierewechsel aus Enthusiasmus für einen neuen, interessanten Beruf. Letzteres ist ein positiver Schritt, trotz des Auftretens möglicher neuer Probleme, die er verursachen mag.

Andere geben nicht den Beruf, sondern lediglich ihren Arbeitsplatz auf, wenn sie ausgebrannt sind. Manchmal nehmen sie eine andere Stelle innerhalb derselben Institution an , z.B. in einer anderen Abteilung derselben Wohlfahrtsbehörde. Bedauerlicherweise stoßen sie dort meist auf dieselben oder auf sehr ähnliche Probleme. Im Falle einer permanenten Wiederholung entwickelt der Angestellte ein Gefühl fortwährenden Scheiterns und verliert seine Hoffnung.

Manche Individuen steigen die Karriereleiter hinauf und „flüchten" in die Verwaltung. Dies ist meist bei Angestellten in helfenden und pflegenden Berufen der Fall, die einen langen und ermüdenden Kontakt mit Bedürftigen hinter sich haben. Es scheint ein logischer Schritt zu sein, den viele als erstrebenswert ansehen, doch der versteckte Preis ist hoch: Nichts verursacht mehr Burnout innerhalb einer bestimmten Arbeitsumgebung als ausgebrannte Verwaltungsbeamte. Man stelle sich die Situation vor: Ein junger, energischer und enthusiastischer neuer Sozialarbeiter trifft auf einen Direktor, der statt ihn zu ermutigen und sein Ersuchen zu unterstützen, ihn mit Ratschlägen abschreckt wie: „Nur die Ruhe, junger Mann/junge Frau, Sie werden noch früh genug herausfinden, dass hier die Dinge nicht so schnell voranschreiten. Alles, was Sie sich ausdenken, haben wir schon mehrmals ausprobiert. Jeder lernt durch eigene bittere Erfahrung, dass er seine Ideen nicht so einfach verwirklichen kann."

Es gibt auch Sozialarbeiter, die ihren Posten nie aufgeben. Ihr Hauptgrund ist die finanzielle Sicherheit, sofern sie eine unbefristete Stellung innehaben und sie sich Pensionsansprüche erwerben können. Die Arbeit, die sie verrichten, ist minimal, gerade so, dass es nicht zu sehr auffällt und sie nicht entlassen werden. Ihre typische Antwort auf Probleme lautet: „Ich weiß es nicht... ich arbeite hier nur." Diese Angestellten sind eindeutig abträglich für die Institution. Doch sie schaden auch sich selbst, denn sie haben jeglichen Ehrgeiz, sich zu verändern und zu verbessern, verloren. Selbst wenn man ihnen interessantere und passendere Arbeit anbietet, können sie nicht mehr genug Energie aufbringen, um davon zu profitieren.

Aber nicht alle Auswirkungen von Burnout sind negativ. Die „Überlebenden" erfahren manchmal eine wichtige Lektion. Der Prozess löst bei ihnen die Entwicklung neuer Fähigkeiten und den Erwerb neuer Kenntnisse aus. Sie lernen, effektiv mit Druck umzugehen und gewinnen möglicherweise eine realistischere Weltsicht. Außerdem hilft ihnen die Erfahrung, besser mit den Bedürfnissen der Klienten umzugehen, was wiederum dazu führt, dass sie größere Zufriedenheit aus ihrer Tätigkeit ziehen. Der Ausgang des Burnout-Prozesses hängt jedoch auch von der Kompetenz der Therapeuten und von den sozialen Unterstützungssystemen ab.

Im Folgenden werden einige Fälle von Sozialarbeitern geschildert, die Supervision und Beratung in Burnout-Situationen erhalten haben.

Der Fall Lucas

Lucas, ein Einzelfallhelfer, begann seine Arbeit bei der örtlichen Wohlfahrt vor 25 Jahren. Er kümmerte sich hauptsächlich um Familien in Notsituationen. „Es bleiben mir noch 16 Jahre bis zur Pensionierung", berichtet er und zählt bereits die Jahre, Monate und Wochen. Bald wird er anfangen, die Tage und die Stunden zu zählen. Doch früher lagen die Dinge anders. Er wählte den Beruf wegen seiner „sozialen und moralischen Ideale", hatte große Pläne. Er dachte, er würde beruflich aufsteigen aufgrund seiner Auffassungsgabe, seiner Beharrlichkeit und seiner Bemühungen und würde eines Tages sogar Leiter der örtlichen Behörde sein. Aber es kam nicht wie erhofft. Da Lucas so gewissenhaft und sorgfältig war, wurden ihm mehr Fälle aufgetragen, was auch auf seine eigene Initiative zurückging. Schnell stapelten sich die Akten auf seinem Schreibtisch.

„Sie sind der Einzige, auf den ich mich blind verlassen kann", hatte der Leiter der Behörde zu ihm gesagt. Zunächst betrachtete Lucas die zusätzliche Arbeit als Kompliment und war sich sicher, dass seine Bemühungen ihm bald die Beförderung einbringen würden. Doch mit der Zeit begann er, sich ausgelaugt zu fühlen und war unzufrieden mit seiner Kompensation – andere wurden vor ihm befördert, und finanzielle Prämien wurden willkürlich verteilt. Er bekam auch die beantragten Budgets nicht, und die Gemeinde, für die er zuständig war, verkam immer mehr.

„Ich begann mich wie ein wertloses Rädchen im Getriebe zu fühlen", sagt er. „Warum soll ich mich abmühen, wenn das niemanden kümmert? Die Klienten sind gleichgültig, und im Büro ist es auch allen egal." Lucas begann über Kündigung nachzudenken, doch dies brachte bei ihm Ängste und schließlich Alpträume hervor. Als Kind von Eltern, die lange Perioden der Arbeitslosigkeit erlebt hatten, war finanzielle Sicherheit für ihn von größter Wichtigkeit. Er hatte Angst, zu kündigen, doch er konnte auch nicht mehr so weitermachen wie bisher. Also verließ er seinen Arbeitsplatz nicht physisch, sondern geistig – er kündigte innerlich. Er blieb in seinem Beruf, doch investierte er nur noch ein Minimum an Mühe, gerade einmal so viel, dass er nicht entlassen wurde. Etwas starb jeden Tag in ihm, wenn er die Stufen zu seinem Büro erklomm. Er kam morgens pünktlich und leistete seine Stunden ab, doch niemand wusste, woran er arbeitete. Während der Arbeitsstunden versuchte er jeglichen Kontakt mit Kollegen zu vermeiden. Er war formell und distanziert, ließ sich selten blicken und entschuldigte sich mit dem Satz: „Ich habe zu tun.“ Irgendwann hörten die Leute auf, mit ihm reden zu wollen, und nur hin und wieder fragte sich jemand: „Was macht Lucas eigentlich den ganzen Tag?“

Lucas kommt aus einer Familie von Lehrern, die sich in der Nachbarschaft sehr engagiert hatten. Er erinnert sich, dass während seiner Kindheit seine Freunde ihm die intimsten Probleme erzählten, weil er gut zuhören konnte und sie spürten, dass er ehrlich interessiert war. So erschien seine Berufswahl zum Sozialarbeiter sowohl ihm selbst als auch seiner Umgebung als natürlich. Wie der früher zitierte amerikanische Sozialarbeiter, der dachte, er sei der Martin Luther King der Alkoholiker, dachte auch Lucas, er würde die Menschen „ins Gelobte Land führen“.

Eine seiner Klientinnen war eine Frau aus den Slums, eine Mutter mit vielen Kindern. Ihr Mann war Alkoholiker und sein einziger Beitrag zum Familienleben sein monatliches Auftauchen: er kam, um sie zu verprügeln und ihr den Großteil ihrer Sozialhilfe wegzunehmen. Mit dem Rest des Geldes musste sie ihre Kinder und ihre alte Mutter durchbringen. Drei ihrer Kinder trieben sich auf der Straße herum und waren bereits polizeilich auffällig geworden. Ein anderes war in die Psychiatrie eingewiesen worden. Lucas tat alles, was er nur konnte, um der Klientin zu helfen – finanziell, emotional und sozial. Er schaffte es, eine besondere Therapie für sie und ihre straffällig gewordenen Kinder zu bekommen. Der Ehemann begann eine Entziehungskur, die übrigen Kinder wurden von der Jugendhilfe betreut, und die Frau machte eine Ausbildung als Friseurin. Lucas hatte ein großartiges Erfolgsgefühl, das jedoch nicht lange anhielt. Nach dieser Klientin folgten weitere Fälle von Müttern mit vielen Kindern und tief in Armut versunken, ohne Familie und soziale Unterstützungsnetzwerke.

Lucas bekam langsam das Gefühl, dass selbst wenn er sein ganzes Leben den Bedürftigen in seiner Obhut widmete, er dennoch keinen signifikanten Einfluss auf die Ursachen für deren verzweifelte Lage nehmen würde. Die Bürokratie in der Wohlfahrtsbehörde, endloser Papierkrieg und Mangel an Unterstützung von Vorgesetzten beschleunigten noch sein emotionales Burnout. Er wusste, wenn er sich selbst nicht vor denen schützte, die seine Hilfe wollten, würde er zusammenbrechen. Also schützte er sich. Er richtete sein Büro so ein, dass ihn ein großer Schreibtisch von allen trennte, die zu ihm hereinkamen. Er vermied Augenkontakt mit seinen Gesprächspartnern, seine Haltung wurde distanziert und gleichgültig, und er beschränkte Hausbesuche auf das Minimum. Wenn er mit seinen Kollegen über seine Klienten sprach, imitierte er sie auf böswillige Weise und machte sie für ihr Schicksal selbst verantwortlich.

In dem Maße wie sich seine Einstellung seinen Klienten gegenüber veränderte, veränderte sich auch sein Selbstbild. Er sah, dass er hartherzig, zynisch und bitter geworden war. Mit Erschrecken wurde ihm klar, dass ein radikaler Einschnitt in seinem Leben notwendig war.

Er nahm unbezahlten Urlaub, ging wieder auf die Universität und erwarb einen Magistertitel in Verwaltungswesen. Nach seiner Rückkehr in die Behörde stieg er in die Verwaltungsebene ein, wo er keinen Kontakt zu Klienten mehr hat. Er genießt die Macht seiner neuen Position und ist zufrieden damit, nur noch mit Akten statt mit Menschen zu arbeiten. „Sie geraten nie außer Kontrolle, und man kann sie einfach in der Schublade verstauen", sagt er. Lucas fühlt sich mittlerweile weit, weit weg von den enthusiastischen neuen Sozialarbeitern, die frisch aus der Ausbildung kommen.

Der Fall Anna

Anna ist 28 Jahre alt, ledig und lebt bei ihren Eltern. Ihr Vater ist Psychologe, ihre Mutter arbeitet ehrenamtlich in der Gemeinde. Sie wuchs in einem konservativen Elternhaus auf, wo die Hilfe für die Schwachen und Glücklosen stets als sehr wichtig erachtet wurde. Auch sie sehnte sich danach, die Unglücklichen „ins Gelobte Land zu führen".

Ihre Eltern, die sie sehr verehrt, lenkten sie dazu, einen helfenden Beruf zu ergreifen. Ihr Traum war es, eine ranghohe Sozialarbeiterin zu werden, einer Stiftung vorzustehen und Hilfe zu bringen für alle, „die nach Gottes Ebenbild geschaffen wurden". Sie wollte den Kranken helfen, den Familien in Not und jungen Menschen in Schwierigkeiten.

Mit 19 Jahren nahm Anna ihr Studium auf, das sie später mit Auszeichnung abschloss, und leistete während ihrer Ausbildung freiwillig Hilfe in der Gemeinde. In den drei Jahren nach ihrem Abschluss arbeitete sie in einer Wohlfahrtsbehörde. Mit mehreren anderen Kollegen gründete sie außerdem ein Heim für Drogenabhängige, das sie auf ehrenamtlicher Basis leitete und für das sie Spendengelder organisierte. Dorthin ging sie täglich nach ihrer anstrengenden Arbeit mit bedürftigen Familien und alten Menschen.

Anna wollte stets alles unter Kontrolle behalten und über alles Bescheid wissen: Kollegen, Pläne und deren Durchführung. Sie vermied es, in Urlaub zu fahren wegen der starken Bindungen zu den Klienten der Behörde und vor allem zu denen im Heim. „Niemand kann mich ersetzen“, sagte sie.

Bei ihrer Arbeit, besonders im Heim, traf sie auf akute Fälle von jungen Menschen in Krisensituationen und Patienten, die intensive Pflege und Aufmerksamkeit seitens der Helfer benötigten, aber auch alltägliche Dinge wie Kleidung, ärztliche Versorgung und Therapie. Viele wurden rückfällig, nahmen wieder Drogen und wurden erneut kriminell. Auch in der Wohlfahrtsbehörde wurden Familien über Jahre hinweg betreut, ohne erkennbaren Erfolg. Weder in der Behörde noch im Heim gab es Supervision für das Personal.

Anna setzte sich selbst unter Leistungsdruck und ignorierte ihre wachsende Ermattung. Sie verlor weder die Kontrolle noch ihre Toleranz und vermied es, mit Kollegen über eventuelle Schwächen zu sprechen. Eines Tages wurde ihr schwindlig, und sie erlitt einen Schwächeanfall. Im Krankenhaus brach sie in Tränen aus und bat um Hilfe: „Ich kann nicht mehr!“

Anna, ermutigt von ihrer Familie, hatte große Träume und viel Energie, doch ihre Erwartungen waren unrealistisch. Ihre Einschätzung der eigenen Leistungsfähigkeit sowie der Kooperationsbereitschaft und -fähigkeit der Klienten war übertrieben. Sie arbeitete schwer über eine längere Zeit hinweg und dehnte ihre Kraft bis zum Punkt der totalen Frustration und Erschöpfung. Auch erfüllten sich ihre persönlichen Erwartungen bezüglich der Entwicklung ihrer Karriere nicht. Nach einer vielversprechenden Anfangsphase wurde die Arbeit zur belastenden und frustrierenden Routine. Nach drei Jahren suchte sie endlich Hilfe.

Der Supervisor ermutigte sie, über ihre Gefühle, ihr Privatleben und ihre Hobbys zu sprechen. Er war erstaunt, wie isoliert sie war, ohne ein enges Unterstützungsnetzwerk – sie schien Nähe geradezu zu meiden. Es gab für sie außerdem keine Trennung von Arbeit und Privatleben.

Der erste Durchbruch kam nach zwei Sitzungen mit dem Supervisor, in denen sie ihre tiefen Gefühle offenbarte und zugab, dass sie 18 Stunden täglich arbeitete, wochentags und auch am Wochenende, weil sie einerseits ihre Arbeit liebte, andererseits aber auch Angst vor Einsamkeit hatte.

Nach mehreren Sitzungen erklärte sie sich einverstanden, sich für vier Monate beurlauben zu lassen – davor hatte sie sich keinen einzigen Tag freigenommen. Trotz ihrer Bedenken, für das Heim, das sie gegründet hatte und das ihr am Herzen lag, einen Ersatz für sich selbst finden zu müssen, stimmte sie schließlich zu. Von besonderer Bedeutung war die Sitzung, in der es um die Stärken und Fähigkeiten der Klienten ging. Der Konsens war, dass diese mehr innere Ressourcen haben als gemeinhin angenommen, wie dies auch aus einer Fallstudie hervorging, die Anna zur Diskussion stellte.

Anna flog nach Kanada, um Freunde zu besuchen, und verbrachte einige Zeit in dem Urlaubsort, wo diese wohnten. Sie machte Ausflüge mit ihren Freunden, las Bücher und dachte über ihren Lebensstil und ihre Prioritäten nach. Erstmalig lief sie nicht davon, ließ ihren Gedanken freien Lauf und war bereit, die eigenen Schwächen zuzugeben. Sie ließ sich zum ersten Mal ein wenig treiben, schlief 14 Stunden am Tag und rief nur einmal pro Woche bei der Arbeit an, um den Kontakt zu halten und Grüße zu schicken. Sie trieb viel Sport und genoss die Freizeit mit ihren Freunden. Dies alles verringerte die Spannungen, die ihr Leben vorher bestimmt hatten, erheblich.

Zurück aus dem Urlaub, gab sie ihre Beschäftigung bei der Wohlfahrtsbehörde auf und stellte einen zweiten Leiter für das Heim ein. Sie verpflichtete auch einen Supervisor für das Personal und arbeitet heute nur noch acht bis zehn Stunden täglich, fünf Tage pro Woche. Sie treibt regelmäßig Sport und nimmt sich alle paar Monate einmal frei. Die Beziehung zu ihren Eltern und ihren Freunden hat sich seitdem verbessert und intensiviert.

Anna suchte Hilfe, als sie erschöpft war und das Gefühl hatte, nicht mehr so weitermachen zu können. Sie hörte auf, ihre Gefühle zu verleugnen, war bereit für Veränderungen und nahm die Unterstützung von außen an. All dies half ihr, sich zu erholen.

Der Fall Sara

Sara, eine Sozialarbeiterin mit einem Magisterabschluss, arbeitet seit der Beendigung ihres Studiums vor drei Jahren in der Kinder-Intensivstation eines Krankenhauses. Sie ist 28 Jahre alt, verheiratet und hat eine dreijährige Tochter. Sie sieht ihren Mann nur abends, denn sie machen beide meistens Überstunden. Sara war eine hervorragende Schülerin in der Highschool und half freiwillig in einem Altersheim. Während ihres Studiums an der Universität spezialisierte sie sich auf den Gesundheitsdienst, besonders auf Patienten mit akuten oder tödlichen Krankheiten. „Ich liebe Herausforderungen und helfe gerne Menschen in allergrößter Not", erzählte sie ihren Freunden.

Sie erhielt Zertifikate, die ihre Professionalität bestätigten, ihre Motivation und Empathie für die Patienten und deren Familien waren groß. Sara ging in den Gängen des Krankenhauses auf die Verwandten der Patienten zu, sprach mit ihnen und bot ihre Hilfe an.

Das Leiden, Kranke im letzten Stadium und der Tod waren ein Bestandteil von Saras Leben, ebenso das Schluchzen, die Ohnmacht und Hoffnungslosigkeit der Familien von Patienten, „besonders bei den Kindern, deren Eltern, oder bei den Eltern, deren Kinder starben". Wenn es den Patienten besser ging, wurden sie in andere Abteilungen verlegt, so dass Sara ihre eventuelle Genesung und die damit verbundene Erleichterung nicht mehr mitbekam.

Sara vermied es, um Hilfe oder eine Reduzierung der Arbeitsbelastung zu bitten, obwohl der Supervisor ihre große Erschöpfung bemerkte. Eines Tages herrschte sie eine Krankenschwester an, als diese den Raum betrat, in dem sie mit der Familie eines gerade verstorbenen Kindes sprach: „Warum lächeln Sie? Es ist gerade jemand gestorben, haben Sie kein Herz?" Dann brach sie in Tränen aus.

Sie redete mit dem Supervisor über ihre Erschöpfung, ihre Schuldgefühle und den Mangel an Professionalität. „Ich arbeite viel, aber ich bin nicht gut genug. Es sterben immer wieder Patienten, und ihre Verwandten verzweifeln daran." Auf die Frage über die Beziehung zu ihrem Ehemann, antwortete sie zynisch, da gäbe es keine. Sie würden zusammenwohnen, aber sie hätte ihm nichts zu sagen. Sie würde bei ihm bleiben, um das Zuhause ihrer Tochter, um die sich ihr Mann kümmere, nicht zu zerstören. Es gäbe keine Intimität mehr zwischen ihnen und sie würden keine Zeit zusammen verbringen, auch nicht am Wochenende.

Sara vermied es, sich mit den problematischen Aspekte ihrer Persönlichkeit oder ihres Verhaltens zu konfrontieren, ebenso mit ihren Gefühlen, die von Ermattung, verbrauchten Kräften sowie Entfremdung von ihrem Mann gekennzeichnet waren. Gleichzeitig versuchte sie, Beziehungen an ihrem Arbeitsplatz aufrecht zu halten und ganz für die Patienten und deren Familien da zu sein. Die steigende Arbeitsbelastung und ihre sich erschöpfenden Kräfte führten sie in eine Situation, in der der kleinste Vorfall eine Krise auslösen konnte.

Als sie sich endlich öffnete und über ihre Schwächen zu reden begann, gab sie zu, dass sie schon oft, besonders in den letzten zwei Jahren, am Rande eines Ausbruchs gewesen ist, doch es sei ihr gelungen, die Kontrolle zu behalten und es nicht zu einer impulsiven Reaktion kommen zu lassen.

Sara träumte davon, das Leiden der Patienten zu lindern und den Familien zu helfen, mit der Angst und dem schmerzlichen Verlust umzugehen. Sie bestand darauf, diese Herausforderung anzunehmen und lehnte eine Rotation, durch die sie auch in andere Abteilungen versetzt würde, vehement ab. Sie setzte sich selbst unter Leistungsdruck, obwohl sie es mit vielen Patienten zu tun hatte, die sich im letzten Stadium ihrer Krankheit befanden.

Sie begann unter Burnout zu leiden, was persönliche und professionelle Unsicherheit nach sich zog. Sie hatte plötzlich ernsthafte Zweifel, ob sie sich überhaupt für die Sozialarbeit eignete. Obwohl viele ihrer Kollegen, die dieselbe Erfahrung gemacht hatten, ihren Arbeitsplatz oder sogar den Beruf aufgaben, wollte sich Sara nicht dazu entschließen.

Ihr wurde die Aufgabe zugeteilt, die Familien von ambulanten Patienten zu betreuen. Sie fand jedoch unter dem Pflegepersonal niemanden, der ihre Arbeit verstand, und sie vermisste den Anspruch. Die Probleme der Patienten waren meist einfacher Natur und wiederholten sich. „Meine Kenntnisse sind sehr viel größer, aber ich kann sie hier nicht anwenden“, protestierte sie.

Da ihre Tätigkeit mehr und mehr monoton und zur Routine wurde, investierte sie immer weniger darin. Sie verlor das Interesse an den Klienten und an der Klinik und damit auch die Befriedigung, die sie aus der Arbeit zog. Sara war bereits eine ranghohe Sozialarbeiterin, und es fiel ihr sehr schwer, das Feld zu verlassen, auf dem sie sich einen professionellen Ruf erworben hatte. Darüber hinaus war sie wegen des Kaufs eines neuen Hauses in einer teuren Gegend und eines neuen Autos hoch verschuldet. Statt ihren Beruf zu genießen, arbeitete sie nur noch für das Geld.

Je größer die Arbeitsbelastung wurde, desto weniger Zeit fand Sara, um mit den Kindern und ihren Eltern zu sprechen, sie lernte sie nicht mehr richtig kennen. Sie litt immer wieder an Depressionsschüben, fragte sich, ob ihr Leben und ihre Arbeit noch einen Wert hatten. Sie fühlte sich in einer Falle gefangen, die sie selbst aufgebaut hatte, aber nicht verlassen konnte, träumte jedoch von dem Tag, an dem sie ihre Arbeit aufgeben würde.

Sara ist ein Fall von Überidentifikation, exzessiver Hingabe und Verlust professioneller Objektivität, die zu Verwirrung und Überinvestition geführt haben. Die möglichen Veränderungen im Leben der Patienten waren per se stark beschränkt und mussten unter Saras Erwartungen bleiben. Dies hat sie all ihrer Kräfte bis zur Erschöpfung beraubt.

Der Fall Max

Der 42-jährige Max ist Sozialarbeiter im Gemeindewesen mit 18 Jahren Berufserfahrung, verheiratet und Vater von drei Töchtern, die 19, 13 und 11 Jahre alt sind. Trotz seiner langen Dienstzeit wurde er nicht zu Verwaltungsaufgaben oder auf eine Supervisoren-Stelle befördert, weil andere Kollegen sich mehr darum bemüht hatten oder ihre Beziehungen spielen ließen. Er empfand diese Kollegen als aggressiv und hielt sie für charakterlich ungeeignet für die Sozialarbeit – er wollte nicht so sein wie sie.

Als hingebungsvoller Sozialarbeiter entwickelte er viele Projekte, die von großem Nutzen für die armen Einwanderer-Familien in dem benachteiligten Viertel waren, wo er arbeitete.

Max ist von Natur aus ehrlich und vertrauensvoll. Aufgrund seiner Erfahrungen und Datenerhebungen ist er davon überzeugt, dass die Wohlfahrtsdienste unzureichend sind, und er hat stets versucht, dieses Defizit durch übergroßes Engagement zu kompensieren.

In den letzten Jahren konzipierte er ein sozialpädagogisches Projekt, in dem es um ein Mehrzweckzentrum ging, in welchem es verschiedene Programme für die sozial benachteiligten Jugendlichen aus der Nachbarschaft geben sollte (unter anderem diverse Kurse und Sozialtherapie). Er besuchte mehrmals pro Woche die Universitätsbibliothek, um auch bezüglich der theoretischen Aspekte der Jugendarbeit auf dem aktuellen Stand zu bleiben und um sich über ähnliche Projekte in anderen Ländern zu informieren.

Für die Gruppensitzung, in der er das Projekt seinem Vorgesetzten und seinen Kollegen vorstellte, bereitete Max einen 39-seitigen Bericht vor, der den relevanten theoretischen Hintergrund, detaillierte Pläne und Zielvorgaben, in Frage kommende Partner, einen Kostenplan und eine Liste bereits akquirierter Sponsoren enthielt. In der Woche vor seiner Präsentation arbeitete er 18 Stunden pro Tag, um seinen Bericht zu perfektionieren, und erschien schließlich sehr aufgeregt zu der Sitzung.

Der Direktor bedankte sich bei ihm, bemerkte aber, dass Max in letzter Zeit nicht genug geschlafen habe, was seine roten Augen und sein Gähnen bezeugen würden. Max hatte im Vorfeld eine Zusammenfassung für alle Kollegen vorbereitet, und der Zweck der Konferenz war, das Projekt zu diskutieren und eventuelle Verbesserungen vorzuschlagen. Nach der Präsentation kam die Zeit für Kommentare. Die meisten Kollegen lobten Max für sein Engagement, für seine Gründlichkeit und Detailgenauigkeit.

Ein Kollege machte den Vorschlag, zu erwägen, ob die örtliche Erziehungsbehörde in das Projekt einbezogen werden könne, um sowohl pädagogische als auch soziale Elemente zu berücksichtigen. Der Supervisor hieß den Vorschlag gut, weil dies interdisziplinäre Arbeit und Ressourcen ermöglichen würde. Die meisten Kollegen stimmten dem Supervisor zu, bemerkten aber, dass Max in seinem Bericht die Erziehungsbehörde bereits eingeschlossen hatte, die Leitung des Projekts jedoch der Wohlfahrtsbehörde lassen wollte.

Max begann, sich unwohl zu fühlen und geriet in Wut, als der Vorgesetzte mit der Bemerkung intervenierte, man solle den Plan genauer diskutieren. Max biss sich auf die Nägel und fragte sich: „Was verstehen die schon von Gemeindewesenarbeit? Sie versuchen, mich zu Fall zu bringen!“ Als er nach seiner Meinung gefragt wurde, blieb er still, wurde aber immer unruhiger, und sein Gesicht rötete sich. Schließlich stand er auf, ging hinaus und warf die Tür hinter sich zu.

In Max' Fall hatte nichts darauf hingedeutet, dass er unter Druck litt. Doch wie in den meisten Fällen von Burnout erschöpften sich seine Ressourcen nach und nach, und sein Unbehagen wuchs. Die Kritik und die Vorschläge während der Sitzung waren der Auslöser für seinen für ihn eigentlich völlig untypischen Wutausbruch. Selbst erschrocken, flüchtete er, indem er aus dem Raum lief. Sein übliches Auftreten, das stets Sicherheit und Kontrolle ausstrahlte, fehlte komplett. Er konnte seine innere Schwäche, seine Erschöpfung und seinen Zorn nicht mehr im Zaum halten. Es gab in ihm einen anderen Max, den er unterdrückt hatte, den er im Umgang mit anderen nie zeigte, der aber nun aus ihm ausbrach.

Während der Sitzung versuchte er, ruhig und gefasst zu wirken und intendierte mit Sicherheit nicht, eine Auseinandersetzung zu beginnen. Er kannte jedoch die Kraft seiner eigenen Wut nicht und hatte den Punkt erreicht, an dem er die Rolle eines total kontrollierten Menschen nicht mehr spielen konnte.

Er nahm an einem Supervisions-Programm teil, in dem die positiven Aspekte seiner beruflichen Persönlichkeit wie Engagement und Empathie unterstützt wurden, um sein grundlegendes Vertrauen wiederherzustellen. Er lernte, Grenzen zu setzen, die positive Kommunikation zu verbessern, die Anderen weniger zu kritisieren und ihre Strategien und Ziele zu verstehen. Außerdem erfuhr Max, wie er Klienten und Kollegen aktivieren und beeinflussen, selbst Verantwortung übernehmen und Bemühungen koordinieren konnte.

Der Fall Lili

Lili ist eine 31-jährige empathische, hoch motivierte und sensible Sozialarbeiterin mit einem Magisterabschluss. Obwohl sie schon immer Menschen helfen wollte, brannte sie aufgrund der unerwarteten Druckzustände während ihrer siebenjährigen Arbeit in der Psychiatrie aus.

Nach drei Jahren begann sie, Sinnlosigkeit, Gleichgültigkeit und Druck zu spüren und hatte das Gefühl, dass sie ihre Stelle aufgeben sollte. „Die

Arbeit mit chronisch Kranken machte mich mürbe. Wir hatten keine Zeit für psychosoziale Therapie, die Hauptarbeit bestand darin, Medikamente auszuteilen und den Patienten zu helfen, innerhalb der Institution zurechtzukommen. Es sind Menschen in höchster Not und völlig abhängig, was sehr anstrengend ist. Obwohl ich manchmal Veränderungen bei jüngeren Patienten gesehen habe, waren diese sehr geringfügig." Lilis Geschichte steht exemplarisch für die Art von Burnout, wie sie besonders bei Helfern in psychiatrischen Einrichtungen häufig vorkommt. Sie wählte ihren Beruf, weil sie Menschen in Not helfen wollte, doch wie so oft wurde sie nicht ausreichend auf das vorbereitet, was sie in der Praxis erwartete. Die Supervision, die sie erhielt, war kurz und nicht ausreichend.

Die Hauptursache von Burnout war bei Lili das Gefühl, völlig unfähig zu sein, eine Veränderung bei den chronisch Geisteskranken zu bewirken, und trotz großer Bemühungen nur minimale Verbesserungen zu erkennen. Ihre Reaktion war typisch: Erschöpfung, Zorn auf Kollegen, Beschwerden gegen Patienten, das Gefühl, nichts mehr für die Bedürftigen tun zu können, Zynismus gegenüber dem Leben im Allgemeinen und dem eigenen Leben im Besonderen. All diese Symptome sind charakteristisch für Berufstätige, die ihren Weg als Idealisten angefangen haben und die die Menschheit liebten.

Seit sie sich erinnern kann, wollte Lili Sozialarbeiterin werden. Ihre Eltern fanden ebenfalls, dass dies ein passender Beruf für sie war.

Sie hatte nie an ihrer Wahl gezweifelt, bis sie mit der praktischen Arbeit begann. Dann allerdings setzten bohrende Zweifel ein. Es gab etwas zutiefst Erschreckendes in ihrem Alltag. Die meisten ihrer zahlreichen Patienten hatten chronische Probleme und zeigten keinerlei Fortschritte. Lili begann in den ersten zwei Berufsjahren eine professionelle Unsicherheit zu empfinden. Mit dieser Unsicherheit konnte sie ihren Arbeitsplatz nicht wechseln. Was würden ihre Eltern sagen, ihre Freunde und Bekannte? Sie musste es weiter versuchen. Im dritten Jahr wusste sie, dass sie nicht mehr so weitermachen konnte. Sie fühlte sich zerbrechlich und hilflos, und die Patienten waren nicht nur schwach, sondern auch unwillig, sich um Veränderungen zu bemühen.

Von Tag zu Tag war Lili emotional und physisch mehr ausgelaugt. „Ich dachte, jemand würde mich irgendwann vom Boden aufsammeln. Wenn ich nach Hause kam, setzte ich mich in den Sessel und war unfähig, irgendetwas anderes zu tun, als Nahrung in meinen Mund zu schieben. Ich hörte auf, mich mit Freunden zu treffen, auszugehen, zu lesen, ich hörte auf, zu leben", sagt sie. Sie begann, ihre Arbeit und ihre Kollegen zu hassen und ihre

Patienten zu verachten. Dann verlor sie ihren Appetit, was zu starkem Gewichtsverlust führte.

Lili verstand schließlich, dass sie die Sozialarbeit verlassen musste, wenn sie nicht für den Rest ihres Lebens unglücklich sein wollte. Sie kündigte und nahm eine Stellung in einer Bank an. Dies war vor zwei Jahren, und sie ist seither zufrieden.

Zusammenfassung und Folgerungen für die Praxis der Sozialarbeit

Maslach (1982) liefert eine sehr prägnante Übersicht zum Thema Burnout: Wenn wir all unser Wissen über Burnout und all unsere Ratschläge, wie dieses Phänomen zu bekämpfen ist, mit einem einzigen Wort zusammenfassen würden, wäre dieses Wort „Gleichgewicht". Das Gleichgewicht zwischen Geben und Nehmen, zwischen Ruhe und Stress, zwischen Arbeit und Privatleben – es steht im krassen Gegensatz zu Arbeitsüberlastung, Personalknappheit, Über-Engagement und anderen Faktoren, die zu Burnout führen.

Zusammenfassend kann festgehalten werden, dass es verschiedene Aspekte bezüglich der Entwicklung und der Behandlung von Burnout gibt, die besondere Betonung verdienen:

1. Burnout ist so gut wie unvermeidbar bei Berufstätigen, die die meiste Zeit direkt mit Klienten arbeiten. Es ist auf den spezifischen Druck der Therapie-Situation zurückzuführen.
2. Die Charakteristika von Burnout bei helfenden Berufen sind emotionale Ermüdung und das Absinken von persönlicher und professioneller Selbstachtung, was in Depersonalisation, Entmenschlichung und negativem Verhalten gegenüber Klienten und der Arbeit im Allgemeinen münden kann.
3. Die Symptome von Burnout sind vorhersehbar. Sie stehen sowohl mit der persönlichen Sphäre des Sozialarbeiters als auch mit dessen beruflichem Engagement in Beziehung.
4. Der Burnout-Prozess ist dynamisch und enthält viele Variablen.
5. Frühe Diagnose und Intervention durch Supervision, zusammen mit Unterstützungsnetzwerken am Arbeitsplatz, können Burnout lindern und einen chronischen Verlauf verhindern.

Bibliografie

Acker, G. (1999). The impact of clients' mental illness on social workers' job satisfaction and burnout, *Health & Social Work*, 24, 113-119.

Adali, E., Priami, M. (2002). Daylight exposure and the other predictors of burnout among nurses in a university hospital, *International journal of nursing studies*, 42, 549-555.

Adams, B. (1967). Interaction theory and social network, *Sociometry*, 30, 64-78.

Adams, C. (1992). Finding psychic rewards in today's schools: A rebuttal, *Clearing House, 65,* 343-348.

Adams, R., Boscarino, J., Figley, C. (2006). Compassion fatigue and psychological distress among social workers: a validation study, *American-Journal-of-Orthopsychiatry*, 76, 103-108.

Allen, J., Krause, A. (1988). Perception of counselor supervision: An examination of Stoltenberg's model from the perspective of supervisor and supervisee, *Journal of Counseling Psychology*, 35, 77-80.

Allen, N., Meyer, J. (1990). The measurement and antecedents of affective, continuance and normative commitment to the organization, *Journal of Occupational Psychology*, 63, 1-18.

Angle, H., Perry, J. (1981). An empirical assessment of organizational commitment and organizational effectiveness, *Administrative Science Quarterly*, 26, 1-13.

Arches, J. (1991). Social Structure, burnout and job satisfaction, *Social work*, 36, 202-206.

Ashforth, B., Lee, R. (1997). Burnout as a process: Commentary on Cordes, Dougherty and Blum. *Journal of Organizational Behavior, 18,* 703-708.

Babcock, J. (2003). *Burnout among Liescenced Master social workers in Maine*, University of Southerm maine, MA Thesis.

Bacharah, S., Bamberger, P., Mitchel, S. (1990). Work design, role conflict and role ambiguity: The case of elementary and secondary school, *Education & Evaluation and policy analysis*, 12, 415-432.

Bacon, D. (1978). "Mass in Welfare – The Inside Story", *U.S. News and World Report,* February, 21-24.

Badr, H., Aciteli, L., Duce, S., Carl, W. (2001). Weaving social support and relationships together. In: Saeason, B., Duce, S. (eds.). *Personal relationship: Implications for clinical and community psychology*, Chichester: John Wiley & Sons.

Bakker, A., Demerouti, E., Schaufeli, W. (2002). Validation of the Maslach Burnout Inventory general survey: An Internet study, Anxiety, *Stress and Coping*, 15, 245-260.

Bakker, A., Heuven, E. (2006). Emotional Dissonance, Burnout, and In-Role Performance Among Nurses and Police Officers, *International-Journal-of-Stress-Management*, 13, 423-440.

Bakker, A., Schaufeli, W., Sixma, H., Bosveld, W., Van Dierendonck, D. (2001). Patient demands, Lack of Reciprocity, and burnout: A five-year longitudinal study among general practitioners, *Journal of Organizational Behavior, 21,* 425-441.

Balas, M. (2004). Unresolved Tension Can Lower Workplace Productivity, Increase Turnover, *Knight Ridder: Tribune Business News*, 1.

Bandura, A. (1982). Self efficacy mechanism in human agency, *American psychologist*, 37, 122-147.

Bandura, A. (1986). *Social foundations of thoughts and action: Asocial cognitive theory.* Englewood Cliffs, NJ: Prentice-Hall.

Bandura, A. (1997). *Self-efficacy: the exercise of control*, New York: Freeman and Company.

Barling, J., Taylor, B. (2004). Identifying sources and effects of career fatigue and burnout for mental health nurses; A qualitative approach, *International journal of mental health nursing*, 13, 117-125.

Barnard, Debbie, Street, A., Love, A. (2006). Relationships Between Stressors, Work Supports, and Burnout Among Cancer Nurses, *Cancer-Nursing*, 29, 338-345.

Barnett, R., Barnnan, R., Gareis, K. (1999). A close look at the Measurement of burnout, *Journal of Applied Biobehavioral Research*, 4, 65-78.

Barrera, M. (1986). Distinctions between social support concepts, measures, and models, *American Journal of Community Psychology*, 14, 413-445.

Barretti, M. (2004). What do we know about the professional socialization of our students?, *Journal-of-Social-Work-Education*, 40, 255-283.

Becker, T., Billings, R. (1993). Profiles of commitment: An empirical test. *Journal of Organizational Behavior*, 14, 177-190.

Bell, H., Kulkarni, S., Dalton, L. (2003). Organizational prevention of vicarious trauma, *Families in Society*, 84, 463-470.

Bell, R. (1981). *Worlds of friendship*, Beverly Hills: Sage Publications.

Bellani, M., Furlani, F., Gnecchi, M., Pezzotta, P., Trotti, E., Beellotti, G. (1996). Burnout and related factors among HIV-AIDS health care workers, *AIDS care*, 8, 207-222.

Ben-Peretz, M., Kremer-Hayon, L. (1988). *Teacher's Professional Dilemmas*, Paper presented at the Annual Meeting of the American Education. Research Association, (New Orleans, LA).

Berkeley planning association (1977). *Evaluation of child abuse and neglect demonstration projects*, 1974-1977, unpublished paper.

Bernard, J., Goodyear, R. (1992). *Fundamentals of clinical supervision*, Boston: Allyn and Bacon.

Bidwell, C. (1965).*The School as a Formal Organization*, Chicago: Rand McNally and Company.

Biggerstaff, M. (2000). Development and validation of the Social Work Career Influence Questionnaire, *Research-on-Social-Work-Practice*. 10, 34-54.

Billing, A., Moos, R. (1982). Work stress and buffering roles of work and family resources, *Journal of occupation and behaviour*, 3, 215-232.

Bishop, J., Scott, K. (2000). An examination of organizational and team commitment in self-directed team environment, *Journal of Applied Psychology*, 85, 439-450.

Bogo, M., Vayda, E. (1999). *The Practice of Field Instruction in Social Work: Theory and Process*, New York: Columbia University Press.

Borritz, M., Rugulies, R., Christensen, K., Villadsen, E., Kristensen, T. (2006). Burnout as predictor of self-reported sickness absence among human service workers: Prospective findings from three years follow up of the PUMA study, *Occupational and environmental medicine*, 63, 98-106.

Bott, E. (1972). *Families and social networks*, New York: The free press.

Bowlby, J. (1982). Attachment and loss, *American Journal of Orthopsychiatry*, 52, 93-104.

Boyd, B., Pasley, B. (1989). Role stress as contributor to burnout in child care professional, *Child and youth care quarterly*, 18, 243-258.

Brearley, J. (1985). Anxiety in the organizational context Experiences of consultancy, *Journal of social work practice*, 1, 33-47.

Brissie, J., Hoover-Dempsey, K., Bassler, O. (1988). Individual situational contributors to teacher burnout, *Journal of Educational Research, 8*, 106-112.

Broedling, L. (1975). Relationship of internal-external control to work motivation and performance in an expectancy model, *Journal of Applied Psychology*, 60, 65-70.

Brohl, K. (2006). Understanding and Preventing Worker Burnout, *Children's Voice*, 15, 32-34.

Brouwers, A., Tomic, W. (2000). A longitudinal study of teacher burnout and perceived self efficacy in classroom management, *Teaching and Teacher Education, 16*, 239-253.

Bruce, S., Conageln, H., Conageln, J. (2005). Burnout in physicians: A case for peer-support, *Internal medicine journal*, 35, 272-278.

Buchanan, B. (1974). Building organizational commitment. The socialization of managers in work organizations, *Administrative Science Quarterly*, 19, 533-546.

Burke, R., Greenglass, E. (1995). A longitudinal study of psychological burnout in teachers, *Human Relations*, 48, 187-203.

Burke, R., Meir, T. (1977). Marital helping relationships: The moderators between stress and well being, *Journal of Psychology*, 95, 121-130.

Burrows, G. (2007). Editorial, *Stress-and-Health:-Journal-of-the-International-Society-for-the-Investigation-of-Stress*, 23, 71.

Canaff, A. (2005). *Recognizing Job Burnout*, Alexandria: The American counselling association.

Caplan, G. (1974). *Support Systems and Community Mental Health*, New York: Behavioral Publications.

Caplan, G. (1981). Mastery of stress: Psychological Aspects, *American Journal of Psychiatry*, 138, 413-420.

Caplan, G., Killilea, M. (1976). (eds.). *Support system and mental help: multidisciplinary exploration*, New York: Grune & Straton.

Caplan, R. (1987). Person-environment fit theory and organization: Commensurate dimensions, time perspectives, and mechanisms, *Journal of Vocational Behavior, 31*, 248-267.

Carayon, P. (1993). A longitudinal test of Kaarasek's job strain model among office workers, *Work Stress*, 7, 299-314.

Casey, M. (1998). *Communication stress and burnout: Use of resource replacement strategies in response to conditional demands in community-based organizations*, Unpublished doctoral dissertation, Michigan State University, City of East Lansing, MI.

Cherniss, C. (1980). *Staff Burnout: Job stress in the human services*, New York: Prager.

Cherniss, C. (1990). *The role of professional self efficacy in the ideology of burnout*, paper presented in the first international research conference of professional burnout.

Cherniss, C. (1993). Role of professional self efficacy in the etiology and amelioration of burnout. In: Schaufeli, W., Maslach, C., Marek, T. (eds.). *Professional burnout: Recent Developments in Theory and Research*, Washington, DC: Taylor and Francis.

Cherniss, C. (1995). *Beyond burnout: Helping teachers, nurses, therapists, & lawyers recover from stress and disillusionment*, New York: Routledge.

Claxton, R., Catalan, J., Burgess, A. (1998). Psychological distress and burnout among buddies: demographic, situational and motivational factors, *ADIS care*, 10, 175-190.

Cobb, S. (1976). Social support as a moderator of life stress, *Psychosomatic Medicine*, 5. 300-314.

Cohen, B. (1986). The supervision is the message: A McLuhanian exploration of a medium. *The Clinical Supervisor, 3*, 73-80.

Cohen, B. (1989). The Ethics of social work supervision Revisted, *Social work*, 32, 194-196.

Cohen, J., Cohen B. (1998). Graduating social work students' communication competencies and motivation: Their effects on satisfaction with social work, *International Social Work*, 41, 357-370.

Collins, L. (2005). Embracing spirituality as an element of professional self-care, *Social-Work-and-Christianity*, 32, 263-274.

Conrad, D., Kellar-Guenther, Y. (2006). Compassion fatigue, burnout, and compassion satisfaction among Colorado child protection workers, *Child-Abuse-and-Neglect*, 130, 1071-1080.

Cooper, C., Payne, R. (eds.). (1991). *Personality and Stress: individual differences in the stress process*, Chichester: John Wiley & Sons Ltd.

Cordes, C., Dougherty, T. (1993). A review and an integration of research on job burnout. *Academy of management Review*, 18, 621-656.

Cordes, C., Dougherty, T., Blum, M. (1997). Patterns of burnout among managers and professionals: A comparison of models, *Journal of Organizational Behavior*, 18, 685-701.

Cournoyer, B. (2001). Assessment of student learning in social work education the Indiana Model, *Advances-in-Social-Work*, 2, 128-151.

Cox, T., Kuk, G., Leiter, M. (1993). "Burnout, Health, Work Stress, and Organizational Healthiness". In: Schaufeli, W., Maslach, C., Marek, T. (eds.). *Professional Burnout: Recent Developments in Theory and Research*, Washington: Taylor & Francis.

Coyle, D., Edwards, D., Hannigan, B., Fothergill, A., Burnard, P. (2005). A systematic review of stress among mental health social workers, *International-Social-Work*, 48, 201-211.

Cronbach, L., Amborn, S., Dotnusch, S., Hess, R., Hormik, R., Philips, D., Wallker, D., Weiner, S. (1980). *Towards reform of program evaluation*, San Francisco: Jossey-Bass.

Curtona, C., Russell, D. (1990). Type of social support and specific stress: Toward a theory of optimal matching. In: Sarason, B., Sarason, I., Pierce, G. (eds.). *Social support: An interactional view*, New York: Wiley.

Cuzzi, L., Holden, G. (1997). Evaluating social work instruction: Rotations versus year-long placement, *Research on social work practice*, 7, 402-414.

Dahan, P. (1996). *Relations between supervision and weariness among social welfare agents*, MA thesis, Social Work School, Bar-Ilan University.

Daley, R. (1979). Preventing worker burnout in child welfare, *Child welfare*, 33, 443-450.

Dane, B. (2002). Duty to inform: Preparing social work students to understand vicarious traumatization, *Journal of Teaching in Social Work*, 22, 3-19.

Davis, E., Barrett, M. (1981). Supervision for management of worker stress, *Administration in social work*. 5, 55-64.

Deary, J., Augis, R., Sadler, A. (1996). Personality and stress in consultant psychiatries, *International Journal of Social Psychiatry*, 42, 112-123.

Demerouti, E., Bakker, A., Nachreiner, F., Schaufeli, W. (2000). A model of burnout and life satisfaction amongst nurses, *Journal of Advanced Nursing*, 32, 454-464.

Demir, A., Ulusoy, M., Ulusoy, M. (2003). Investigation of factors influencing burnout levels in the professional and private lives of nurses, *ternational journal of nursing studies*, 40, 807-827.

Demmer, C. (2004). Burnout: The health care worker as survivor, *The AIDS Reader*, 14, 522-537.

Dolan, S., Piaol, M., Cannings, K. (2003). Psicootoxologia de la vida laboral: el caso del personal medico de Suecia, (Psycological risk factors affecting the quality of working life: The case of burnout among Swedish medical doctors), *Revista de Psicologia del RTrabaje y de las Organizaciones*, 19, 117-133.

Donald, I., Spector, P., Cooper, C., Siu, O. (2001). Age differences in coping and locus of control: A study of managerial stress in Hong Kong, *Psychology and Aging*, 16, 707-710.

Dore, M., Epstein, B., Herrerias, C. (1992). Evaluating student's micro practice field performance: Do universal learning objectives exist?, *Journal of Social work Education*, 28, 353-362.

Dorman, J. (2003). Testing model of teacher burnout, Australian journal of *educational and developmental psychology*, 3, 35-47.

Dublin, R. (1989). Supervision and leadership styles, *Social Casework*, *70*, 617-621.

Edelwich, J., Brodsky, A. (1980). *Burnout: Stages of disillusionment in the helping professionals*, New York: Human Science Press.

Ellison, M. (1996*). A study effective and ineffective field instructor behaviors*. Unpublished doctoral dissertation, University of South California.

Emener, W. (1979). Professional burnout: Rehabilitation's hidden handicap, *Journal of rehabilitation*, 53-58.
Erikson, E. (1963). *Childhood and society*, New York: Norton.
Errera, I. (1989). Role ambiguity in public welfare organizations, *Administration in social work*, 13, 67-82.
Etzion, D. (1984). Moderating effect of social support on the stress-burnout relationship, *Journal of Applied Psychology*, 4, 20-26.
Etzion, D. (1989). Burning out in management, a comparison of women and men in matched organizational positions, *Israel social science research*, 5, 147-163.
Etzion, D., Pines, A. (1986). Sex and culture in burnout and coping among human service professionals, *Journal of cross cultural psychology*, 17, 191-209.
Evans, S., Huxley, P. (2006). "Mental health, burnout and job satisfaction among mental health social workers in England and Wales": Author's reply, *British-Journal-of-Psychiatry*, 189, 84-85.
Farber, B. (1983). Stress and burnout in the human service professions, New York: Pergamon.
Farber, B. (1991). *Crisis in Education: Stress and Burnout in the American Teacher,* San Francisco, CA: Jossey-Bass.
Farber, B. (2000). Introduction: Understanding and treating burnout in a changing culture. *Psychotherapy in Practice*, 56, 589-594.
Fernando-Domenech, B. (2006). Stressors, Self-Efficacy, Coping Resources, and Burnout among Secondary School Teachers in Spain, *Educational Psychology*, 26, 519-529.
Fitzpatrick, J. (2007). Mental health and work, *Archives-of-Psychiatric-Nursing*, 21, 69.
Folkman, S. & Lazarus. (1980). An analysis of coping in a middle-aged community sample. *Journal of Health and Social Behavior, 21 (3)*, 219.
Fox, R. (2003). Traumaphobia: Confronting personal and professional anxiety, *Psychoanalytic Social Work*, 10, 43-55.
Frese, M. (1982). Occupational socialization and psychological development: A underemphasized research perspective in industrial psychology, *Journal of occupational psychology*, 55, 209-224.
Freudenberger, H. (1974). Staff burnout. *Journal of Social Issues* 30, 159-165.
Freudenberger, H. (1977). Burnout, occupational hazard of the child care worker, *Child care quarterly*, 6, 9-19.
Freudenberger, H. (1982). Counseling and dynamics treating the end-stage person. In: Paine, S. (ed.). *Job stress and burnout research, theory and intervention perspectives*, Beverly Hills: Sage Publication.

Freudenberger, H., Richelson, G. (1980). *Burnout: The high cost of high achievement*, New York: Doubleday.

Friedman, D., Kaslow, N. (1986). The development of professional identity in psychotherapist: six stages in supervision process. In: Kaslow, F. (ed.). *Supervision and Training Models, dilemma and chalenges*, New York: Haworth Press.

Friedman, I. (2000). Burnout in teachers: Shattered dreams of impeccable professional performance, *Journal of Clinical Psychology, 56*, 595-606.

Friedman, I., Farber, B. (1992). Professional self-concept as a predictor of teacher burnout, *Journal of Educational Research, 86*, 28-35.

Fromm, E. (1976). *To have or to be*, New York: Harper & Row.

Furman, R., Jackson, R., Downey, E., Seiz, R. (2004). Using the bio-psychosocial approach to resolve student dilemmas in field placements, *Journal-of-Teaching-in-Social-Work*. 24, 129-139.

Garden, A. (1987). Depersonalization: A valid dimension of burnout, *Human Relations*, 40, 545-560.

Garrett, D., McDaniel, A. (2001). A new look at nurse burnout: The effects of environmental uncertainty and social climate, *The journal of nursing administration*, 31, 91-96.

Gelman, C. (2004). Anxiety experienced by foundation-year MSW students entering field placement: implications for admissions, curriculum, and field education, *Journal-of-Social-Work-Education*. 40, 39-54.

Gil-Monte, P., Ma Peiro, J. (1998). A study on significant sources of the 'burnout syndrome' in workers at occupational centers for the mentally disabled, *Psychology in Spain*, 2, 116-123.

Gist, M., Mitchell, T. (1992). Self efficacy: A theoretical analysis of its determinants and malleability, *Academy of management review*, 17, 183-211.

Gitterman, A. (1989). Field instruction in social work education: Issues, Tasks, and Skills, *The Clinical Supervisor*, 7, 77-91.

Gitterman, A., Miller, I. (1977). Supervisors as educators. In: Kaslow, F. (Ed.). *Supervision, consultation and staff training in the helping professions*, San Francisco: Jossey-Bass.

Glass, D., Mcknight, D. (1996). Perceived control, depressive symptomalogy, and professional Burnout: review of the evidence, *Psychology and Health*, 11, 23-43.

Gleason-Wynn, P., Mindel, C. (1999). A proposed model for predicting job satisfaction among nursing home social workers, *Journal of Gerontological Social Work*, 23, 65-79.

Glicken, M. (1983). A counseling approach to employee burnout. *Personnel journal*, 62, 222-228.

Goddard, R., O'Brien, P., Goddard, M. (2006). Work environment predictors of beginning teacher burnout, *British-Educational-Research-Journal*, 32, 857-874.

Goldfrab, N. (1978). Effects of supervisory style on counselor effectiveness and facilitative responding, *Journal of counseling psychology*, 25, 454-460.

Goldman, R., Manburg, A. (1985). Relationships among child care professional; A model of collaborative supervision, *Journal of child care*, 2, 53-60.

Golembiewski, R., Boudreau, R., Sun, B., Luo, H. (1998). Estimates of burnout in public agencies: Worldwide how many employees have which degress of burnout, and with what consequences?, *Public Administration Review*, 58, 59-65.

Golembiewski R., Munzenrider R. (1988). *Phases of Burnout: Development in Concepts and Application*, New York: Praeger.

Gray, S., Alperin, D., Wik, R. (1989). Multidimensional expectations of student supervision in social work, *The clinical supervisor*, 7, 89-103.

Greenglass, E., Fiksenbaum, L., Burke, R. (1994). The relationship between social support and burnout over time in teachers, *Journal of Social Behavior and Personality*, 9, 219-230.

Greenhaus, J., Bentell, N. (1985). Sources & conflict between work and family role, *Academy of Management Review*, 10, 76-88.

Growler, D. (1975). *Managerial stress*, Essex: Gower Press.

Guba, E., Lincoln, Y. (1981). *Effective evaluation*, San Francisco: Jossey-Bass.

Hackett, S. (2001). Educating for competency and reflective practice: Fostering a conjoint approach in education and training. *Journal of Workplace Learning*, 13, 103-112.

Halbesleben, J., Bowler, W. (2007). Emotional Exhaustion and Job Performance: The Mediating Role of Motivation, *Journal-of-Applied-Psychology*, 92, 93-106.

Halbesleben, J., Buckley. M. (2004). Burnout in organizational life, *Journal of Management*, 30, 859-879.

Halm, M., Peterson, M., Kandels, M., Sabo, J., Balock, M., Braaden, R., Gryczman, A., Krisko-Haagel, K., Larson, D., Lemat, D., Sisler, B., Strom, L., Topham, D. (2005). Hospital nurse staffing and patient mortality, emotional exhaustion, and job dissatisfaction, *Clinical Nurse Specialist*, 19, 241-251.

Hastings, R., Bham, M. (2003). The relationship between student behaviour patterns and teacher burnout, *School Psychology International*, 24, 115-127.

Hawkins, P., Shohet, R. (1989). *Supervision in the helping professions*, Cambridge: Open University Press.

Henderson, S., Byrne, D., Duncan, J. (1981). *Neurosis and the social environment*, New York: Academic Press.

Hobfoll, S. (1998). *The psychology and philosophy of stress, culture, and community*, New York: Plenum Press.

Hobfoll, S., Freedy, J. (1993). Conservation of resources: A general stress theory applied to burnout. In: Schaufeli, W., Maslach, C., Marek, T. (eds.). *Professional burnout: Recent developments in theory and research*, Washington, DC: Taylor & Francis.

Holloway, D., Wallinga, C. (1990). Burnout in child life specialists; The relation of role stress, *Children's health care*, 19, 10-18.

Holloway, E. (1987). Developmental models of supervision: Is it development? *Professional Psychology, 18*, 209-216.

Houghton, F., Christensen, S. (2006). Evaluating the need for a staff support/counselling service in a palliative care setting, *Irish-Journal-of-Psychological-Medicine*. 23, 161.

Iacovides, A., Fountoulakis, K., Kaprinis, S., Kaprinis, G. (2003). The relationship between job stress, burnout and clinical depression, *Journal of Affective Disorders*, 75, 209-221.

Iwanicki, E., Schwab, R. (1981). A cross validation of the Maslach Burnout Inventory, *Educational and Psychological Measurement*, 41, 1167-1174.

Jackson, E. (1983). Participation in decision making – A strategy for reducing job-related strain, *Journal of Applied Psychology*, 68, 3-19.

Jackson, E. (1989). Does job control control job stress? In: Sauter, S., Hurrell, J., Cooper, C. (eds.), *Job Control and Workers Health*, New York University, USA: Wiley.

Jackson, S. (1985). Organizational practices for preventing burnout. In: Sethi, A., Shuler, R. (eds.). *Organizational Stress Coping Strategies*, Boston: Ballinger.

Jackson, S., Maslach, C. (1982). After effects of job related stresses: Families as victims, *Journal of Occupational Behavior*, 3, 63-77.

Jacobs, J., Gerson, K. (1997). The endless day or flexible office? working hours, work-family conflict, and gender equity in the modern workplace, (*Report to Alfred P. Sloan foundation*).

Jenaro-Rio, C., Flores-Robaina, N., Gonzalez-Gil, F. (2007). Sindrome de burnout y afrontamiento en trabajadores de acogimiento residencial de menores / Burnout syndrome and doping in child protection workers, *International-Journal-of-Clinical-and-Health-Psychology*, l7, 107-121.

Jenkins, R., Elliot, P. (2004). Stressors, burnout and social support: Nurses in acute mental health settings, *Journal of advances nursing*, 48, 622-631.

Joyce, A. (2004, May 16). Give Peace a Chance; Face up to office conflict before it has time to fester; (Final Edition) *The Washington Post*.

Kadushin, A. (1992). *Supervision in social work*, New York: Columbia University Press.

Kadushin, A., Harkness, D. (2002). *Supervision in social work*, New York: Columbia University Press.

Kahn, R. (1978). Job burnout: Preventions and remedies, *Public Welfare*, 36, 61-63.

Kahn, R., Wolfe, D., Quinn, R., Snoek, J., Rosenthal, A. (1964). *Organizational stress: studies in role conflict and ambiguity*, New York: Wiley.

Karni, Y. (2003). *Effectiveness of field instruction and the development of professional identity in social work students*, Haifa: MA degree thesis, Haifa University.

Kaslow, F. (1986). Supervision, Consultation and staff Training-Creative Teaching\Learning process in the Mental health profession, *The Clinical Supervisor*, 4, 1-16.

Katz, D., Kahn, R. (1978). *Social Psychology of Organizations*, New York: Wiley.

Kimmons, G., Greebhaus, J. (1976). Relationship between Locus of Control and reaction of employee to work characteristics, *Psychological Reports*, 39, 815-820.

Kirkman, B., Rosen, B. (1999). Beyond self management: Antecedents and consequences of team empowerment, *Academy of Management Journal*, 42, 58-74.

Kokkinos, C. (2006). Factor structure and psychometric properties of the Maslach Burnout Inventory-Educators survey among elementary and secondary school teachers in Cyprus, *Stress-and-Health:-Journal-of-the-International-Society-for-the-Investigation-of-Stress*, 22, 25-33.

Kokkinos, C. (2007). Job stressors, personality and burnout in primary school teachers, *British-Journal-of-Educational-Psychology*, 77, 229-243.

Kremer-Hayon, L., Hofman, J. (1985). Teachers' professional identity and burn-out, *Research in Education*, 34, 90-96.

Kriseman, N. (2005). *The caring spirit approach to eldercare: a training guide for professionals and families*, Baltimore: Health Professions Press.

Kurpius, O., Morran, D. (1988). Cognitive-behavioral techniques and the interventions for applications in counselors supervision, *Counselor education and supervision*, 27, 368-376.

Kyriacou, J. (1987). Teacher stress and burnout. An international review, *Educational Research*, 29, 146-152.

Langballe, E., Falkum, E., Innstrand, S., Aasland, O. (2006). The Factorial Validity of the Maslach Burnout Inventory-General Survey in Representative Samples of Eight Different Occupational Groups, *Journal-of-Career-Assessment*, 14, 370-384.

Lappin, B., Morton, I., Lanham, T. (1990). *Community change through Project Renewal*, New York: University Press of America.
Latha, K. (2004). Work-related stress among health professionals and coping mechanisms, *Indian-Journal-of-Social-Work*, 65, 190-212.
Latham, M., Leddy, M. (1987). Source of recruitment and employee attitudes: An analysis of job involvement, organizational commitment, and job satisfaction, *Journal of Business and Psychology*, 1, 230-235.
Lau, P., Yuen, M., Cham, R. (2005). Do demographic characteristics make a difference to burnout among Hong Kong secondary school teachers? *Social indicator research*, 71, 491-516.
Lazarus, R. (1966). *Psychological stress and the Coping processes*, New York: Mcgraw-hill.
Lazarus, R. (2000). Towards better research on stress and coping, *The American psychologist*, 55, 665-673.
Lazarus, R., Averill, J., Opton, E. (1974). The psychology of coping, Issues of research and assessment. In: Collo, G., Hamburg, D., Adams, E. (eds.). *Coping and Adaptation*, New York: Basic Books.
Le Blanc, M., Hox, J., Schaufeli, B., Taris, W., Peeters, W. (2007). Take Care! The Evaluation of a Team-Based Burnout Intervention Program for Oncology Care Providers, *Journal-of-Applied-Psychology*, 92, 213-227.
Lee, L., Wang, H. (2002). Perceived occupational stress and related factors in public health nurses, *The Journal of Nursing Research*, 10, 253-260.
Lee, R., Ashforth, B. (1996). A meta-analytic examination of the correpates of three dimensions of job burnout, *Journal of Applied Psychology, 81*, 123-133.
Leiter, M. (1988). Burnout as a function of communication patterns: A study of a multidisciplinary mental health team, *Group & Organizational Studies*, 13, 111-128.
Leiter, M. (1991). Coping patterns as predictors of burnout: A longitudinal study, *Human Relations*, 43, 1067-1083.
Leiter, M. (1992). Burn-out as a crisis in self-efficacy: Conceptual and practical implications, *Work and Stress*, 6, 107-115.
Leiter, M. (2005). Perception of Risk: An Organizational Model of Burnout, Stress Symptoms, and Occupational Risk, *Anxiety, Stress, & Coping*, 18, 131-144.
Leiter, M., Maslach, C. (2005). *Banishing burnout: Six strategies for improving your relationship with work*, San Francisco: Jossey-Bass.
Leiter, M., Meechan, K. (1986). Role structure and burnout in the field of human services, *Journal of Applied Behavioral Science*, 22, 47-52.

Leiter, M., Schaufeli, W. (1996). Consistency of the burnout construct across occupation, *Anxiety, Stress & Coping*, 9, 229-243.

Lessen, D., Buss, M., Panagopoulos, G., Levine, R., Von Roenn, H., Arnold, R., Block, S. (2005). Burnout and associated characteristics in oncology fellows, *Journal of clinical oncology*, 23, 68-81.

Lewin, G. (ed.). (1948). *Resolving Social Conflict*, New York: Harper.

Lewin, K. (1951). *Field theory in social science*, New York: Harper.

Lewis, O. (1966). *The Culture of Poverty*, New York: Scientific American.

Manlove, E. (1994). Conflict and ambiguity over work roles: The impact on child care worker burnout, *Early Education and Development*, 5, 40-54.

Manz, C., Sims, H. (1991). Super leadership: Beyond the myth of heroic leadership, *Organizational Dynamic*, 19, 18-35.

Marks, F., Pennycook, W. (1985). The themes and consequences of consultation between a psychiatrist and tutorial class teacher working with children from a deprived inner-city area, *Child care, health and development*, 11, 61-69.

Maroon, I. (1997). *Becoming a professional social worker: Developmental processes and challenges in supervision, theory and practice*, Hildesheim: Georg Olms Verlag.

Maroon, I. (2003). *Field Education in der Sozialen Arbeit*, Freiburg: Lambertus Verlag.

Maroon, I. (2006). Evaluation of student performance in field practice: Theory and assessment tools, *Soziale Arbeit*. October, 382-387.

Maroon, I., Matousek, O. (2004). Field Education in der Sozialarbeit: Ein Entwicklungsprozess – von der Theorie zur Praxis, *Soziale Arbeit*, September, 342-349.

Maroon, I., Matousek, O. (2005). Working with the multiproblem families: Social work theory and practice, *Soziale Arbeit*, September, 322-328.

Mascha, K. (2007). Staff morale in day care centres for adults with intellectual disabilities, *Journal-of-Applied-Research-in-Intellectual-Disabilities*, 120, 191-199.

Maslach, C. (1976). Burn-out, *Human Behavior* 5, 16-22.

Maslach, C. (1978). The client role in staff burnout, *Journal of Social Issues*, 34, 111-124.

Maslach, C. (1981). *Understanding Burnout: Problems, Progress and promise*, Proceeding of the First national Conference of Burnout.

Maslach, C. (1982). *Burnout: The cost of caring*, New York: Prentice Hall.

Maslach, C., Jackson, S. (1981). *Maslach Burnout inventory manual*, Palo Alto CA: Consulting Psychologists Press.

Maslach, C., Jackson, S., Leiter, M. (1996). *The Maslach Burnout Inventory* (3rd ed.). Palo Alto, CA: Consulting Psychologists Press.

Maslach, C., Leiter, M. (1997). *The truth about burnout: How organizations cause personal stress and what to do about it,* San Francisco, CA: Jossey-Bass.

Maslach, C., Schaufeli, W. (1993). Historical and conceptual development of burnout. In: Schaufeli, W., Maslach, C., Marek, T. (eds.). *Professional burnout: Recent developments in theory and research,* Washington, DC: Taylor & Francis.

Maslach, C., Schaufeli, W., Leiter, M. (2001). Job burnout. In: Fiske, S., Schacter, S., Zahn-Waxler, C. (eds.), *Annual Review of Psychology,* 52, 397-422.

Mathieu, J., Zajac, D. (1990). A review and meta-analysis of the antecedents, correlates and consequences of organizational commitment, *Psychological Bulletin*, 108, 171-194.

Mayer, J., Rosenblatt, A. (1975). Objectival supervisory styles; Students' Reviews, *Socail work*, 20, 3.

Mayer, J., Stevens A. (1993). An emerging understanding of the reflective (meta-) experience of mood, *Journal of Research in Personality*, 28, 351-373.

Mazur, P., Lynch, M. (1989). Differential impact of administrative, organitional and personality factors on teacher burnout, *Teaching and Teacher Education*, 5, 337-353.

McClelland, D. (1961). *The achieving society,* Princeton: Van Nostrand.

McDough, D. (2000). Job in security and health, *Journal of Health Services Research and Policy*, 30, 453-467.

Mcgill, E. (2002). Stressors effecting self-contained comprehensive development class teachers, *Dissertation- Abstracts- international Section A: Humanities and Social Sciences,* 62, 33-43.

McLean, J., Andrew, T. (2000). Commitment, satisfaction, stress and control among social services managers and social workers in the UK, *Administration in Social Work*, 23, 93-117.

Mead, D. (1990). *Effective supervision: A task oriented model for mental health professions*, New York: Brunner/Mazel.

Meyer, J., Allen, N., Smith, C. (1993). Commitment to organizations and occupations: Extension and test of a three-component conceptualization, *Journal of Applied Psychology*, 78, 538-551.

Miceli, M., Mulvey, P. (2000). Consequences of satisfaction with pay systems: Two field studies, *Industrial Relations*, 39, 14-20.

Michelle, R. (1998). Hardiness as stress mediating factor of burnout among healthcare providers, *American Journal of Health Studies,* 14, 16-21.

Miller, K., Birkholt, M., Scott, C., Stage, C. (1995). Empathy and burnout in human service work: An extension of a communication model, *Communication Research*, 22, 123-147.

Miller, K., Ellis, B., Zook, E., Lyles, J. (1990). An integrated model of communication, stress, and burnout in the workplace, *Communication Research*, 17, 300-326.

Miller, K., Zook, E., Ellis, B. (1989). Occupational differences in the influence of communication on stress in the workplace, *Management Communication Quarterly*, 3, 166-190.

Mintzberg, H. (1983). *Power in and around organizations*, Englewood Cliffs, N.J.: Prentice-Hall.

Mirvis, D., Graney, M., Kilpatrick, A. (1999). Burnout among leaders of the department of veterans affairs medical centers: Contributing factors as determined by a longitudinal study, *Journal of health and human services administration,* 21, 390-412.

Monat, A., Lazarus, R. (1977). *Stress and Coping*, New York: Columbia University Press.

Monat, A., Lazarus, R. (1991). *Stress and coping: An anthology*, New York: Columbia University Press.

Mordock, J. (1990). The new supervisor: Awareness of problems experienced and some suggestions for problem resolution. *The Clinical Supervisor*, 8, 81-92.

Mroczeck, J., Mikitarian, J., Vieria, E., Rotarius, T. (2005). Hospital design and staff perceptions: An exploratory analysis, *The health care manager*, 24, 233-244.

Munson, C. (1993). *An introduction to clinical social work supervision*, New York: Te Haworth Press.

O'Brien, S., Page, S. (1994). Self efficacy, perfectionism and stress in Canadian nurses, *Journal Nurses Research*, 26, 49-61.

O'Hara, P., Harper, D., Chartrand, L., Johnston, S. (1996). Patient death in a long-term care hospital: A study of the effect on nursing staff, *Journal of Gerontological Nursing*, 22, 27-35.

Oginska-Bulik, N. (2006). Occupational Stress and its Consequences in Healthcare Professionals: The Role of Type D Personality, *International-Journal-of-Occupational-Medicine-and-Environmental-Health,* 19, 113-122.

Painter, J., Akroyd, D. (1998). Predictors of organizational commitment among occupational therapists, *Occupational Therapy in Health Care*, 11, 1-15.

Paoli, P., Merllie, D. (2001). *Third European survey on working conditions 2000*, Luxembourg, Germany: Office for Official Publications of the European Communities.

Payne, N. (2001). Occupational stresses and coping as determinates of burnout in female hospice nurses, *Journal of Advanced Nursing*, 33, 396-405.

Perron, B., Hiltz, B. (2006). Burnout and secondary trauma among forensic interviewers of abused children, *Families-in-Society*, 87, 216-234.

Peters, M., Rutte, C. (2005). Time management behavior as a moderator for the job demand-control interaction, *Journal of Occupational Health Psychology*, 10, 64-75.

Piko, B. (2006). Burnout, role conflict, job satisfaction and psychosocial health among Hungarian health care staff: A questionnaire survey, *International-Journal-of-Nursing-Studies*, 43, 311-318.

Pines, A. (1982). Helpers motivation and the burnout syndrome. In: Will, T. (ed.). *Basic processes in helping*, New York: Academic Press.

Pines, A. (1984). *Mental Burnout*, Tel-Aviv: Chrikuber.

Pines, A., Aronson, E. (1981). *Burnout – from tedium to personal growth,* New York, Free Press.

Pines, A., Aronson, E. (1988). *Career burnout: causes and cures*, New York: Free Press.

Pines, A., Aronson, E., Kafry, D. (1981). *Burnout: From tedium to personal growth*, New York: Free Press.

Pines, A., Kafry, D. (1978). Occupational tedium in the social services, *Social work*, 23, 499-507.

Pines, A., Maslach, C. (1978). Characteristics of staff burn-out in mental health settings, *Hospital and community psychiatry*, 29, 233-237.

Pines, A., Yafe, O. (2001). Unconscious determinants of career choice and burnout. Theoretical model and counseling strategy, *Journal of Employment Counseling*, 38, 170-174.

Poulin, J., Walter, C. (1992). Retention plans and job satisfaction of gerontological social workers, *Journal of Gerontological Social Work*, 19, 99-114.

Powell, D. (1996). A peer consultation model for clinical supervision, *The Clinical Supervisor,* 14, 163-169.

Prins, T., Hoekstra, M., Gazendam, M., Sprangers, van-der-Heijden, A. (2007). The role of social support in burnout among Dutch medical residents, *Psychology,-Health-and-Medicine*, 12, 1-6.

Quick, J., Murphy, L., Hurrel, J. (1992). *Stress and well-being at work*, Washington, DC: American Psychological Association.

Rafferty, A., Ball, J., Aiken, L., Fagin, C. (2001). Are teamwork and professional autonomy compatible and do they result in improved hospital care? *Quality in Health care*, 10, 32-37.

Raiger, J. (2005). Applying a cultural lens to the concept of burnout, *Journal of Transcultural Nursing,* 16, 71-76.

Randall, D. (1990). The consequences of organizational commitment: Methodological investigation, *Journal of Organizational Behavior*, 11, 361-378.
Ray, E., Miller, K. (1991). The influence of communication structure and social support on job stress and burnout, *Management Communication Quarterly*, 4, 506-527.
Rayner, N., Pratt, M., Roses, S. (1977). Aids involvement in decision-making and quality of care in institutional setting, *American Journal of mental deficiency*, 81, 570-577.
Reid, W., Bailey-Dempsay, C., Viggiani, P. (1996). Evaluating student field education: An empirical study, *Journal of Social Work Education*, 32, 45-52.
Reilly, N. (1994). Exploring a paradox: Commitment as a moderator of the stressor-burnout relationship, *Journal of Applied Psychology*, 24, 397-414.
Rizzo, J., House, R., Lirtzman, S. (1970). Role conflict and ambiguity in complex organization, *Administration Sscience Quarterly*, 15, 150-163.
Rogers, G. (1996). Training field instructors British style, *Journal of Social Work Education*, 32, 265-276.
Ross, M. (1955). *Community organization: Theory and principles*, York, Harper & Brothers.
Ross, M., Carswell, A., Dalziel, W. (2002). Staff burnout in long term care facilities, *Geriatrics Today*, 5, 132-135.
Roy, A. (1999). CSF 5-HIAA correlates with neuroticism in depressed patients, *Journal Affect Disorder*, 52, 247-249.
Rupert, P., Kent, J. (2007). Gender and Work Setting Differences in Career-Sustaining Behaviors and Burnout Among Professional Psychologists, *Professional-Psychology:-Research-and-Practice*, 38, 88-96.
Ryan, G., Lane, S. (1997). The impact of sexual abuse on the interventionist. In: Ryan, G., Lane, S. (eds.). *Juvenile Sexual Offenders: Causes, Consequences, and correction*, San Francisco, CA: Jossey-Bass.
Salanova, L., Garcia-Renedo, M., Burriel, R. (2005). Toward a four-dimensional model of burnout: A multigroup factor-analytic study including depersonalization and cynicism, *Educational and Psychological Measurement*, 65, 901-913.
Sarros, J., Sarros, A. (1992). Social support and teacher burnout, *Journal of Educational Administration*, 30, 55-69.
Schaubroeck, J., Cotton, J., Jennings, K. (1989). Antecedents and consequences of role stress; A covariance structure analysis, *Journal of organizational behavior*, 10, 35-58.
Schaufeli, W., Enzmann, D. (1998). *The burnout companion to study and practice: A critical analysis*, Washington, DC: Taylor & Francis.

Schaufeli, W., Maslach, C., Tadeusz, M. (1993). *Professional burnout, recent developments in theory and research*, Washington: Taylor and Francis.
Schmidt, J. (1979). Psychotherapy supervision: A cognitive-behavioral model, *Professional psychology*, 6, 278-284.
Schmidt, K. (2007). Organizational Commitment: A Further Moderator in the Relationship Between Work Stress and Strain? *International-Journal-of-Stress-Management*, 14, 26-40.
Schneider, G. (1998). *Becoming a helper*, New York: Brooks/Cole.
Schwaezer, R., Greenglass, E. (1999). Teacher burnout from a social-cognitive perspective: A theoretical position paper. In: Vandenberghe, R., Huberman, A. (eds.). *Understanding and preventing teacher burnout*, London: Cambridge University Press.
Seley, H. (1976). Stress without distress, New York: Macgrow Hill.
Seligman, M. (1979). *Learned Helplessness*, San Francisco: Freeman.
Shea, C. (1990). *The Emotional Exhaustion Aspect of Burnout and Stressors in Resource LD Teachers* Unpublished paper.
Shirom, A. (1989). Burnout in work organization. In: Cooper, C., Robertson, I. (eds.). *International review of industrial and organizational psychology*, New York: John Wiley & Sons.
Shirom, A. (2003). Job-related burnout: A review. In: Quick, J., Tetrick, L. (eds.). *Handbook of occupational health psychology*, Washington: American Psychological Association.
Shneiger, F. (1978). *The worker burnout phenomenon: implications of current research for the child protective system*, New York: community council of greaten Special Newsletter.
Shulman, L. (1993). *Interactional supervision*, Washington, DC: NASW Press.
Skirrow, P., Hatton, C. (2007). 'Burnout' amongst direct care workers in services for adults with intellectual disabilities: A systematic review of research findings and initial normative data, *Journal-of-Applied-Research-in-Intellectual-Disabilities*, 20, 131-144.
Smylie, M. (1999). Teacher stress in a time of reform. In: Vandenberghe, R., Huberman, A. (eds.). *Understanding and preventing teacher burnout*, London: Cambridge University Press.
Soderfeldt, M., Soderfeldt, B., Warg, L. (1995). Burnout inn social work, *Social Work*, 40, 638-646.
Spector, E., Dwyer, J., Jex, M. (1988). Relation of job stressor to affective, Health and performance outcomes: a comparison to multiple data and sources, *Journal of applied psychology*, 77, 11-19.

Spector, P. (1986). Perceived control be employees: A meta analysis of studies concerning autonomy and participation at work. *Human Relation*, 39, 1005-1016.

Spector, P. (1994). Using self-report questionnaires in OB research: a comment on the use of controversial method, *Journal of Organizational Behavior*, 15, 385-392.

Spiegel, D., Wissler, T. (1986). Family environment as a predictor of psychiatric rehospitalization, *American Journal of Psychiatry*, 143, 56-60.

Stake, R. (2004). *Standards-Based & Responsive evaluation*, Thousand Oakes: Sage Publication.

Stalker, C., Mandell, D., Frensch, K., Harvey, C., Wright, M. (2007). Child welfare workers who are exhausted yet satisfied with their jobs: How do they do it?, *Child-and-Family-Social-Work*, 112, 182-191.

Stave, A. (1982). *Burnout among rehabilitation professionals working in treatment of loss situations involving physical disability and bereavement* (unpublished paper).

Stout, J., Posner, J. (1984). Stress, role ambiguity and role conflict, *Psychological reports*, 55, 747-753.

Strom, K., Mowbray, D. (2006). Who heals the helper? Facilitating the social worker's grief, *Families-in-Society*, 77, 9-15.

Sze, W., Ivker, B. (1986). Stress in social workers: The impact of setting and role, *Social Casework*, 67, 141-148.

Takeda, F., Lbaraki, N., Yokotoma, E., Miyake, T., Ohida, T. (2005). The relationship of job type to burnout in social workers at social welfare offices, *Journal of Occupational health*, 47, 119-125.

Talmor, R., Reter, S., Feigin, N. (2005). Factors relating to regular education teacher burnout in inclusive education, *European Journal of Special Needs Education*, 20, 215-229.

Tam, T., Mong, L. (2005). Job stress, perceived inequity and burnout among school social workers in Hong Kong, *International-Social-Work*, 48, 467-483.

Templeton, M., Satcher, J. (2007). Job burnout among public rehabilitation counselors, *Journal-of-Applied-Rehabilitation-Counseling*, 38, 39-45.

Thomas, K., Tymon, W. (1994). Does empowerment always work: Understanding the role of intrinsic motivation and personal interpretation, *Journal of Management Systems*, 6, 54.

Truchot, D., Deregard, M. (2001). Perceived inequity, communal orientation and burnout: The role of helping models. *Work and Stress*, 15, 347-356.

Truchot, D., Keirsebilk, L., Meyer, S. (2000). Communal orientation may not buffer burnout, *Psychological Report*, 86, 872-878.

Tuettemann, E., Punch, K. (1992). Psychological distress in secondary teachers: Research findings and their implications, *Journal of Educational Administration,* 30, 43-54.

Turton, D. (2007). Review of British Methodism: What circuit ministers really think, *Mental-Health,-Religion-and-Culture*, 10, 85-88.

Unger, D. (1980). *Superintendent Burnout: Myth or Reality*, Ph.D dissertation, Columbus: The Ohio State University.

Van Dick, R., Wagner, U. (2001). Stress and strain in teaching: A structural equation approach, *British Journal of Educational Psychology*, 71, 243-259.

Vanheule, S., Rosseel, Y., Vlerick, P. (2006). The factorial validity and measurement invariance of the Maslach Burnout Inventory for human services, *Stress-and-Health:-Journal-of-the-International-Society-for-the-Investigation-of-Stress*, 23, 87-91.

Veninga, L., Spradley, P. (1982). *The work stress connection: How to cope with job burnout*, Philadelphia: Lippincott & Wilkins.

Vinokur-Kaplan, D., Jayaratne, S., Chess, W. (1994). Job satisfaction and retention of social workers in public agencies, non-profit agencies, and private practice: The impact of workplace conditions and motivators, *Administration in Social Work*, 18, 93-121.

Wagner, A. (1984). Conflicts of consciousness, imperative cognition can lead to knots of thinking. In: Halkes, R., Olson, J. (eds.). *Teacher Thinking: A New Perspective on Persisting Problems in Education,* The Netherlands: Lisse, Svets & Zeitlinger.

Wall, J. (2001). Trauma and the clinician: Therapeutic implication in clinical social work with clients, *Clinical social Work Journal*, 29, 43-55.

Walsh, J. (1990). From clinician to supervisor: Essential ingredients for training. Families in Society, *The Journal of Contemporary Human Services*, 71, 82-87.

Walsh, J. (1998). A model for integrating research practice, and field instruction in the undergraduate curriculum, *Journal of teaching in social work*, 17, 49-63.

Westman, M. (1992). Moderating effects of decision latitude on stress-strain relationship: Does organizational level matter?, *Journal of organizational Behavior*, 13, 713-722.

Westman, M., Etzion, D. (1995). Crossover of stress, strain and resources from one spouse to another, *Journal of organizational behavior*, 16, 161-181.

Wiesel, R. (2003). Expectation of costs and rewards: Students versus practicing social workers, *International Social Work*, 46, 323-332.

Wilson, C. (1981). *Field instruction*, New York: The Free Press.

Wisniewski, L., Gargiulo, R. (1997). Occupational stress and burnout among special educators: A review of the literature, *The Journal of Special Education,* 31, 325-346.

Woosley, S. A. (2001). Social networks, teacher stress, and self efficacy, *Humanities and Social Sciences,* 61, 45-25.

Worby, C. (1971). The first year psychiatric resident and the professional identity crisis, *Mental hygiene*, 54, 374-377.

Wright, S. (2005). Burnout – A spiritual Crisis, *Nursing Standard*, 19, 2-23.

Zahn-Waxler, C., Cole, P., Barnett, K. (1991). Guilt and empathy: Sex differences and implications for the development of depression. In: Dodge, K., Gardner, J. (eds.). *The development of emotion regulation and dysregulation,* New York: Cambridge University Press.